Steffen Röber

Ökonomische Prinzipien im argentinischen Bundesstrafprozess

Reihe Rechtswissenschaft

Band 218

Steffen Röber

Ökonomische Prinzipien im argentinischen Bundesstrafprozess

Centaurus Verlag & Media UG

Steffen Röber war wissenschaftlicher Angestellter des Dekanats der Rechtswissenschaftlichen Fakultät der Albert-Ludwigs-Universität Freiburg. Er absolvierte einen einjährigen Forschungsaufenthalt an der Universidad Buenos Aires und dem Tribunal Superior de la Ciudad Buenos Aires. Derzeit ist er Rechtsreferendar am Kammergericht Berlin.

Bibliografische Informationen der Deutschen Nationalbibliothek
Die Deutsche Nationalbibliothek verzeichnet diese Publikation in der Deutschen Nationalbibliografie; detaillierte bibliografische Daten sind im Internet über http://dnb.d-nb.de abrufbar.

Gedruckt auf säurefreiem und chlorfrei gebleichtem Papier.

ISBN 978-3-86226-178-9   ISBN 978-3-86226-915-0 (eBook)
DOI 10.1007/978-3-86226-915-0

ISSN 0177-2805

© *CENTAURUS Verlag & Media KG, Freiburg 2012*
www.centaurus-verlag.de

Satz: Vorlage des Autors
Umschlaggestaltung: Jasmin Morgenthaler, Visuelle Kommunikation

Meinen Eltern

Vorwort

Die vorliegende Arbeit wurde im Sommersemester 2012 von der Rechtswissenschaftlichen Fakultät der Albert-Ludwigs-Universität Freiburg als Dissertation angenommen. Sie ist maßgeblich geprägt durch einen längeren Forschungsaufenthalt in Buenos Aires, Argentinien, und des Weiteren während der Zeit meiner Tätigkeit als wissenschaftlicher Angestellter des Dekanats der Rechtswissenschaftlichen Fakultät der Albert-Ludwigs-Universität Freiburg erstellt.

Mein ganz besonderer Dank gilt meinem Doktorvater, Herrn Prof. Dr. Walter Perron. Er hat mir bei der Themenwahl große Freiräume gewährt und mich bei der Erarbeitung der Dissertation in seiner ruhigen und herzlichen Art stets unterstützt und gefördert. Herrn Prof. Dr. Dr. h.c. Hans-Jörg Albrecht danke ich für die schnelle Erstellung des Zweitgutachtens. Ferner gilt mein Dank dem Deutschen Akademischen Austauschdienst sowie der Bund-Stiftung des Stiftungsfonds der Universität Freiburg für deren Förderung. Dem Max-Planck-Institut für ausländisches und internationales Strafrecht habe ich für die Nutzungsmöglichkeit der dortigen Bibliothek zu danken.

Mein besonderer Dank geht an Herrn Prof. Dr. Julio B. Maier und Herrn Prof. Dr. Daniel Pastor, die in meiner Zeit in Argentinien durch ihre Förderung und Ratschläge das Gelingen dieser Arbeit möglich gemacht haben. Neben der wissenschaftlichen Unterstützung erlebte ich bei ihnen eine überaus herzliche Gastfreundschaft. Herrn Alberto Nanzer kann ich für die unzähligen Gespräche, seine Anregungen und seine Kritik gar nicht dankbar genug sein.

Alle genannten Personen und Institutionen sind Glieder einer Kette, welches jedes für sich unverzichtbar war, genauso unverzichtbar wie der Rat und die Unterstützung durch viele hier nicht namentlich genannte Personen. Sie sollen sich durch meinen herzlichen Dank ebenfalls angesprochen fühlen.

Berlin, im Mai 2012

Steffen Röber

Inhaltsverzeichnis

Abkürzungsverzeichnis

A.	Auflage
a.A.	andere Ansicht
a.F.	alte Fassung
aaO.	am angegebenen Ort
Alt.	Alternative
AMRK	Amerikanische Menschenrechtskonvention
Anm.	Anmerkung
AO	Abgabenordnung
Art.	Artikel
Arts.	Artikel (Plural)
AT	Allgemeiner Teil
Az	Aktenzeichen
B.	Band
B.O.	*Boletín Oficial de la República Argentina* (Gesetzblatt des Bundes)
Begr.	Begründer
BGBl.	Bundesgesetzblatt
BGH	Bundesgerichtshof
BGHSt	Entscheidungen des BGH in Strafsachen
BOCBA	*Boletín Oficial de la Ciudad de Buenos Aires* (Gesetzblatt der autonomen Stadt Buenos Aires)
Bsp.	Beispiel
bspw.	beispielsweise
BT-Drs.	Bundestagsdrucksache
BVerfG	Bundesverfassungsgericht
BVerfGE	Entscheidungen des Bundesverfassungsgerichts
bzgl.	bezüglich
bzw.	beziehungsweise
ca.	circa
CDJP	*Cuadernos de Doctrina y Jurisprudencia Penal* (Zeitschrift für Lehre und Rechtsprechung im Strafrecht, Hrsg. Esteban Righi, Ad-hoc)

CDJP-Casación	*Cuadernos de Doctrina y Jurisprudencia Penal – Casación* (Zeitschrift für Lehre und Rechtsprechung im Strafrecht – Kassation, Hrsg. Gustavo Bruzzone und Daniel Pastor, Ad-hoc)
CN	*Constitución de la Nación Argentina* (Verfassung der argentinischen Nation)
CNCC	*Cámara Nacional en lo Criminal y Correccional* (Korrektionalstrafgericht)
CNCP	*Cámara Nacional de Casación Penal* (Kassationsgerichtshof)
CP	*Código Penal de la Nación Argentina* (Strafgesetzbuch der argentinischen Nation)
CPMP	*Código de Procedimientos en Materia Penal para la justicia federal y los tribunales ordinarios de la Capital y Territorios nacionales* (Bundesstrafprozessordnung bis 1992)
CPP	*Código procesal penal* (Strafprozessordnung)
CPP-Córdoba	*Código Procesal Penal de la Provincia de Córdoba* (Strafprozessordnung der Provinz Córdoba)
CPP-Mendoza	*Código Procesal Penal de la Provincia de Mendoza* (Strafprozessordnung der Provinz Mendoza)
CPPN	*Código Procesal Penal de la Nación Argentina* (Strafprozessordnung der argentinischen Nation / Bundesstrafprozessordnung)
CSJN	*Corte Suprema de Justicia de la Nación Argentina* (Oberster Gerichtshof der argentinischen Nation / argentinisches Verfassungsgericht)
d.h.	das heißt
ders.	derselbe
DP	*Derecho Penal* (Strafrecht)
DPP	*Derecho procesal penal* (Strafprozessrecht)
dStGB	deutsches Strafgesetzbuch
dStPO	deutsche StPO
Einf.	Einführung
EL	Ergänzungslieferung
EMRK	Europäische Menschenrechtskonvention
etc.	et cetera
EuGRZ	Europäische Grundrechte-Zeitschrift
f.	folgende
ff.	fortfolgende
Fn.	Fußnote
FS	Festschrift

GA	Goltdammer's Archiv für Strafrecht
gem.	gemäß
GG	Grundgesetz
ggf.	gegebenenfalls
h.L.	herrschende Lehre
h.M.	herrschende Meinung
Hrsg., hrsg.	Herausgeber, herausgegeben
HS	Halbsatz
i.d.R.	in der Regel
i.S.	im Sinne
i.S.d.	im Sinne der/des
i.V.m.	in Verbindung mit
insb.	insbesondere
jew.	jeweils
Jura	Juristische Ausbildung
JuS	Juristische Schulung
JZ	Juristenzeitung
KK	Karlsruher Kommentar
Koord.	Koordinator
krit.	kritisch
LK	Leipziger Kommentar
m.M.	Mindermeinung
m.w.N.	mit weiteren Nachweisen
MK	Münchner Kommentar
n.F.	neue Fassung
NDP	*Nueva Doctrina Penal* (Neue Zeitschrift der Strafrechtslehre, Hrsg. Instituto de Estudios Comparados en Ciencias Penales y Sociales, Del Puerto)
NJW	Neue Juristische Wochenschrift
Nr.	Nummer
NStZ	Neue Zeitschrift für Strafrecht
NStZ-RR	NStZ-Rechtsprechungs-Report

OAS	Organization of American States
OLG	Oberlandesgericht
PGN	*Resolución: Procuración General de la Nación* (Beschluss des Generalbundesanwalts)
RabelsZ	Rabels Zeitschrift für ausländisches und internationales Privatrecht
RG	Reichsgericht
RGSt	Entscheidungen des RG in Strafsachen
Rn.	Randnummer
Rspr.	Rechtsprechung
S.	Seite
s.o.	siehe oben
s.u.	siehe unten
SK	Systematischer Kommentar
sog.	sogenannte
st. Rspr.	ständige Rechtsprechung
StGB	Strafgesetzbuch
StPO	Strafprozessordnung
str.	strittig
StV	Strafverteidiger
TOC	*Tribunal Oral en lo Criminal* (erstinstanzliches Strafgericht)
u.	und bzw. unten
u.a.	unter anderem/n
Übers.	Übersetzung
usw.	und so weiter
vgl.	vergleiche
z.B.	zum Beispiel
zit.	zitiert
ZRP	Zeitschrift für Rechtspolitik
ZStW	Zeitschrift für die gesamte Strafrechtswissenschaft

1. Abschnitt

Einleitung

I. Die argentinische Bundesstrafprozessreform

1. Entstehung und Verlauf

Die Diskussion über Verfahrensökonomie ist hierzulande eingebettet in eine langjährige Strafprozesstradition, dessen heutige Verfahrensformen bis in das 19. Jahrhundert hineinreichen.[1] Die Diskussionen auf dem lateinamerikanischen Kontinent
sind, sofern sie bereits geführt werden, relativ neu.[2] Lateinamerika hat (erst) in den
späten achtziger Jahren des vorigen Jahrhunderts mit den dort vorherrschenden
überholten Strafprozessstrukturen des spanischen Inquisitionsprozesses gebrochen.[3] Seitdem befindet es sich in einem epochalen Reformprozess, der den gesamten Kontinent ergriffen hat[4] und der mit den großen Strafprozessreformen Konti-
nentaleuropas des 19. Jahrhunderts verglichen werden kann.[5] Ausgangspunkt der
Reformdiskussion war der Entwurf einer Musterstrafprozessordnung für Iberoamerika (*Código Procesal Penal Modelo para Iberoamérica*)[6] aus dem Jahre 1988,
welche vom Iberoamerikanischen Institut für Strafprozessrecht entworfen wurde.[7]

Im Zuge der gesamtlateinamerikanischen Reformbewegung wurde im Jahre 1992
eine neue argentinische Bundesstrafprozessordnung, der *Código Procesal Penal de
la Nación* (im Weiteren CPPN), erlassen.[8] Das neue Gesetz löste den bis dato (mit

---

[1]   Vgl. *Struensee/Maier* in: Maier/Ambos/Woischnik, Las reformas, S. 17 ff.
[2]   So *Gómez Colomer*, CDJP 1997, Nr. 7, S. 912 f.
[3]   Vgl. *Llobet Rodríguez*, Eser-FS, S. 549; *Struensee/Maier* in: Maier/Ambos/Woischnik, Las
      reformas, S. 19 ff.
[4]   Siehe *Gómez Colomer*, CDJP 1997, Nr. 7, S. 912 f.; *Ambos/Woischnik*, ZStW 113, S. 367 f.
[5]   So *Struensee/Maier* in: Maier/Ambos/Woischnik, Las reformas, S. 17 f.; *Woischnik*, Untersu-
      chungsrichter, S. 5.
[6]   Soweit nicht anders vermerkt, stammen alle Übersetzungen vom Verfasser. Hiervon ausgenom-
      men sind die Vorschriften des argentinischen Strafgesetzbuches, das in einer deutschen Übersetz-
      zung erschienen ist (*Styma* in: Zaffaroni/Styma, StGB Argentinien). Zur Wahrung einer einheit-
      lichen Terminologie wird bevorzugt diese Fassung herangezogen.
[7]   Instituto Iberoamericano de Derecho Procesal (Hrsg.), Código Procesal Penal Modelo para Ibe-
      roamérica; einen Überblick über die Entstehungsgeschichte bietet *Llobet Rodríguez*, Unschulds-
      vermutung, S. 16 f.; *ders.*, Eser-FS, S. 549 ff.; *Struensee/Maier* in: Maier/Ambos/Woischnik,
      Las reformas, S. 26.
[8]   Gesetz (*ley*) 23.984, Beschlussfassung (*sancionada*) am 21.08.1991, erlassen am 04.09.1991
      (*promulgada*), *Boletín Oficial de la República Argentina* (im Weiteren B.O., entspricht dem

sperrigen Namen) gültigen *Código de Procedimientos en Materia Penal para la justicia federal y los tribunales ordinarios de la Capital y Territorios nacionales* (im Weiteren CPMP)[9] ab. Der CPMP galt bereits bei seiner Verabschiedung als veraltet, da er der spanischen StPO noch aus Zeiten der bourbonischen Restauration nachempfunden war, obwohl selbige bereits drei Jahre vorher außer Kraft gesetzt wurde.[10] Der CPMP trug somit das alte inquisitorische und autoritäre Gedankengut bis spät in das 20. Jahrhundert hinein, dessen Auswirkungen immer noch zu spüren sind.[11] Mit der Einführung des CPPN vollzog das Bundesstrafverfahren den Wandel von einem ehemals geheimen und schriftlich geführten inquisitorischen Verfahren hin zu einem instruktorischen Strafverfahren[12] oder Akkusationsprozess,[13] in dem das Herzstück eine öffentliche und mündlich geführte Hauptverhandlung ist.[14]

---

deutschen Bundesgesetzblatt) am 09.09.1991, in Kraft getreten am 05.09.1992. Am argentinischen Bundesgesetzgebungsverfahren sind die Exekutive und die Legislative beteiligt. Nach Art. 77 der Verfassung (*Constitución de la Nación Argentina*, im Weiteren CN) erfolgt die Gesetzesinitiative aus der Mitte einer der beiden Kammern des Bundeskongresses (*Cámara de Diputados* oder *Senado*) oder von der Exekutive. Zuerst passiert gemäß Art. 78 CN ein Gesetzesvorschlag nun die beiden Kammern des Bundeskongresses (*sancionada*). Es handelt sich also um die Beschlussfassung der Legislative. Danach erfolgt die Entscheidung der Exekutive. Wenn diese nicht von ihrem Vetorecht Gebrauch macht, erlässt sie den Entwurf als Gesetz (*promulgada*). Die Verkündung erfolgt mit der Veröffentlichung im Bundesgesetzblatt, dem B.O. Das Gesetz tritt gemäß Art. 2 des Zivilgesetzbuches (*Código Civil*) an dem durch das Gesetz bestimmten Tage in Kraft. Sofern das Gesetz kein Datum des Inkrafttretens nennt, geschieht dies automatisch acht Tage nach Verkündung im Bundesgesetzblatt. Die argentinischen Bundesgesetze sind chronologisch durchnummeriert.

[9] Der CPMP selbst trat am 01.01.1889 in Kraft, war somit über 103 Jahre hinweg gültig. *Woischnik*, Untersuchungsrichter, S. 38.

[10] So *Corte Suprema de Justicia de la Nación* (= Verfassungsgericht; im Weiteren CSJN), Fall „Casal" vom 20.09.2005, B. 328-3, S. 3433; *Zaffaroni* in: Zaffaroni/Styma, StGB Argentinien, S. 9; *Woischnik*, Untersuchungsrichter, S. 39 ff.; *Gropengießer*, ZStW 105, S. 172 f.

[11] Neben der starken Prägung der Denkweise vieler Praktiker (so *Woischnik*, Untersuchungsrichter, S. 77), befanden sich noch lange letzte Verfahren in den Rechtsmittelinstanzen, deren Vorverfahren oder erste Instanz noch auf Basis des alten CPMP abgeurteilt wurden. Hinweis von *Prof. Dr. Ignacio Tedesco*, Universität Buenos Aires.

[12] Diesen Abgrenzungsbegriff zur Richter und Ankläger in einer Person vereinenden Verfahrensart wählt *Perron* in: ders., Die Beweisaufnahme, S. 548 ff.

[13] Diesen Abgrenzungsbegriff wählt *Ambos*, ZStW 110, S. 225 ff.

[14] Siehe *Di Corleto/Soberano*, CDJP 2000, Nr. 10, S. 380; *Gropengießer*, ZStW 105, S. 169; *Woischnik*, Untersuchungsrichter, S. 6.

a) *Ausgangsreform von 1992*

So begrüßenswert und ungemein wichtig diese Reform ist, war sie jedoch nicht so weitreichend, wie es die Musterstrafprozessordnung intendiert.[15] Ein Reformentwurf des auch an der Musterstrafprozessordnung beteiligten JULIO B. MAIER konnte sich nicht durchsetzen.[16] Dieser Entwurf war der Musterstrafprozessordnung sehr ähnlich.[17] Stattdessen gab der Gesetzgeber dem Vorschlag von RICARDO LEVENE (H.)[18] den Vorzug.[19] Letzterer konnte teilweise nicht mit den überkommenen Traditionen des inquisitorisch geprägten Verfahrens brechen, weshalb die Reform bereits als „halbherzig" oder als „Teilreform" bezeichnet wurde.[20] Es war letztlich ein Kompromiss gegenüber den Traditionalisten, die aus einer Mischung aus Machtinteressen, Gewohnheit, Misstrauen und Entkriminalisierungsbefürchtungen eine noch weitergehende Reform verhinderten. So überlebte viel des autoritären Gedankenguts des alten CPMP.[21]

Wenig bis gar keine Berücksichtigung fanden insbesondere die summarischen Verfahrenserledigungen basierend auf dem Prinzip der Opportunität.[22] WOISCHNIK erklärt dies damit, dass das Reformprojekt von RICARDO LEVENE (H.) sich stark an der als mustergültig geltenden Strafprozessordnung der argentinischen Provinz Córdoba orientierte, auf Grund der guten Erfahrungen mit selbiger.[23] Das Problem dieser Rezeption war, dass die cordobesische Strafprozessordnung selbst seit 1940 in Kraft ist und die bescheinigte Mustergültigkeit sich vor allem auf deren Entstehungszeitraum bezog und stets in Relation zum rechtsstaatlich ungleich mangelhafteren Bundesstrafverfahren damaliger Zeit nach dem CPMP gesehen werden

---

[15] Vgl. *Ambos/Woischnik*, ZStW 113, S. 362.
[16] Zu finden in Doctrina Penal Nr. 9 (1986), S. 645 ff.; eine eingehende Untersuchung findet sich in *Woischnik*, Untersuchungsrichter, S. 62 ff.; *Gropengießer*, ZStW 105, S. 177 f.
[17] *Llobet Rodríguez*, Eser-FS, S. 550.
[18] Das „h." steht für das spanische „*hijo*", was zu Deutsch „Sohn" bedeutet. Es ist eine gängige Abkürzungs- und Zitierform und entspricht der Benennung „junior". *Woischnik*, Untersuchungsrichter, S. 6, Fn. 5.
[19] Vgl. *Woischnik*, Untersuchungsrichter, S. 61 ff. m. w. N.
[20] *Ambos/Woischnik*, ZStW 113, 351 f.
[21] Vgl. *Gropengießer*, ZStW 105, S. 178.
[22] Vgl. *Guariglia/Bertoni* in: Maier/Ambos/Woischnik, Las reformas, S. 36 f.
[23] *Woischnik*, Untersuchungsrichter, S. 75.

muss.[24] Weiteren starken Einfluss hatte das italienische Recht. Einmal war das sogenannte „Gesetz *Rocco*" bereits das Vorbild für die cordobesische StPO, kam somit über diesen Umweg in den CPPN, zudem beeinflusste es das Reformprojekt direkt. Wie eine Wiederholung der Geschichte war auch bei Erlass des CPPN die italienische StPO drei Jahre vorher durch ein neues Gesetz abgelöst worden, so dass sich auch der CPPN, wie bereits dessen Vorgänger (s.o.), ein veraltetes Regelwerk zum Vorbild machte.[25] Die (weltweite) Entwicklung des Strafprozessrechts der zweiten Hälfte des letzten Jahrhunderts, in dem die liberalen Gedanken der alternativen Verfahrenserledigungen aufkamen,[26] fand somit kaum Einzug in das Reformprojekt von 1992. Da mit dem Reformentwurf von JULIO B. MAIER ein Alternativvorschlag eingereicht war, der bereits ein abgekürztes Verfahren und mehrere den §§ 153 ff. dStPO vergleichbare Einstellungsmöglichkeiten kannte,[27] ist davon auszugehen, dass die Weigerung des Gesetzgebers, diese Art der Verfahrenserledigungen, basierend auf dem Prinzip der Opportunität, einzuführen, bewusst geschah. Auch die Opposition brachte die Vorzüge des Projekts von MAIER im Bereich der besonderen Verfahrensarten ins Gespräch.[28]

So konnte die Ausgangsreform von 1992 bei einem gewichtigen Problem des autoritär geprägten Bundesstrafprozesses wenig Abhilfe schaffen: den überlangen Verfahrensdauern. Das Fehlen alternativer Erledigungsformen im CPPN zum Zeitpunkt seiner Verabschiedung war angesichts der chronischen Überlastung der Gerichte evident.[29]

---

[24] Der *Código Procesal Penal de la Provincia Córdoba* war die erste Strafprozessordnung in der argentinischen Nation, welche die öffentliche und mündliche Hauptverhandlung einführte, sich somit vom CPMP positiv abgrenzte.

[25] Vgl. *Zaffaroni* in: Zaffaroni/Styma, StGB Argentinien, S. 9; das alte italienische Strafprozessrecht ist nach *Bovino*, Suspensión, S. 15, nicht mehr als eine etwas aktualisierte Form der napoleanischen Gesetzgebung von 1808. Das verliehene Attribut „modern" für den auf italienischem Recht resultierenden CPPN und CPP-Córdoba, kann demnach eher in ein „moderner" als die alte inquisitorische Gesetzgebung vorhumanistischer Zeit umgedeutet werden, nicht als modern i.S.d. heutigen internationalen Standards.

[26] Z.B. in Deutschland die Einführung des § 153 dStPO durch die Emminger-Reform von 1924 und die später folgenden §§ 153a - 154 dStPO; vgl. *Krey*, Strafverfahrensrecht, B. I, S. 165, Rn. 412.

[27] Insbesondere Art. 230 f. und Art. 371 ff., abgedruckt in Doctrina Penal Nr. 9 (1986), S. 645 ff.

[28] Siehe *Woischnik*, Untersuchungsrichter, S. 74.

[29] So berichten übereinstimmend *Córdoba* in: Maier/Bovino, Procedimiento abreviado, S. 229,; *Bovino*, Suspensión, S. 16; *Ambos*, ZStW 108, S. 445. Verlässliche empirische Daten hierzu existieren, soweit ersichtlich, nur bruchstückhaft. Systematische Aufarbeitungen solcher Daten

b) Weitere Reformschritte

Seit der Kodifikation des CPPN sind nun beinahe 20 Jahre vergangen, so dass sich auch eine gewisse Anfangseuphorie oder -aufregung (je nach Sichtweise) gelegt hat. In der Zwischenzeit wurden vom Bundesgesetzgeber einige Ergänzungen am Bundesstrafverfahren vorgenommen, auch im Bereich der Prozessökonomie. Herauszuheben ist hier die Schaffung eines abgekürzten Verfahrens (*juicio abreviado*),[30] und einer möglichen Aussetzung der Hauptverhandlung zur Bewährung (*suspensión del juicio a prueba*).[31] Auch die Gerichte haben wesentlich zur Rechtsfortbildung beigetragen; so etwa die Entscheidung „*Llerena*" zur Praxis des sog. Korrektionalverfahrens[32] oder „*Quiroga*" zur Funktionsaufteilung von Untersuchungsrichter und Staatsanwaltschaft im Vorverfahren.[33] Die neue Gesetzgebung und Rechtsprechung sind Gegenstand dieser Untersuchung.

Diese Entwicklungen können als Nachkorrekturen oder Ergänzungen zur Ausgangsreform eingestuft werden. Das ursprünglich fast ausschließlich dem Legalitätsprinzip unterworfene Bundesstrafverfahren wurde durch diese neuen Opportunitätsinstrumente merklich aufgelockert. Die Reform von 1992 war somit nur der Ausgangspunkt eines fortschreitenden Modernisierungsprozesses. Die Veränderungen, denen das Bundesstrafverfahren nach der Ausgangsreform unterworfen war, waren ebenfalls sehr tiefgreifend. Gewisse „Halbherzigkeiten" (s.o.) konnten somit korrigiert werden. Auf der anderen Seite sind vor allem die summarischen Verfahrensarten Gegenstand von Kritik.[34]

über einen längeren Zeitraum fehlen. Einzelne Daten lassen sich finden in *Guariglia/Bertoni* in: Maier/Ambos/Woischnik, Las reformas, S. 67 ff. Die argentinische höchstrichterliche Rechtsprechung zum Recht auf ein beschleunigtes Verfahren wird besprochen in *Pastor*, Plazo razonable, S. 241 ff.

[30] Siehe Kapitel XV.
[31] Siehe Kapitel XVI.
[32] Siehe Kapitel XVIII.3.
[33] Siehe Kapitel XI.2.
[34] Hierzu *D'Albora*, CPPN, B. II, S. 955. Siehe auch Kapitel IX.6.a).

2. Das Umfeld der Bundesstrafprozessreform

a) Die argentinische Wirtschaftskrise

Das derzeitige Umfeld des argentinischen Bundesstrafprozesses ist denkbar schlecht. Ende 2001 geriet das bereits schon vorher[35] in wirtschaftliche Turbulenzen geratene Land, in eine Staatsinsolvenz. Der bis dahin an den Kurs des amerikanischen Dollar gekoppelte Peso wurde abgewertet. Die sozialen Folgen waren verheerend; große Teile der Bevölkerung verarmten. Bisher hatte sich in Argentinien, im Gegensatz zu den meisten anderen Ländern des lateinamerikanischen Kontinents, eine vergleichbar große Mittelschicht behaupten können. Infolge der schweren Wirtschaftskrise verschwindet diese Mittelschicht zusehends. Vor allem die junge gebildete Schicht sucht einen Ausweg in der Emigration.[36] Die Krise war von vielen Protesten begleitet, welche das argentinische öffentliche Leben und die politische Kultur des Landes bis heute prägen. *Que se vayan todos*, alle sollen gehen, war die Forderung der von der Politik enttäuschten Bevölkerung an die Machthaber. Das ohnehin große Misstrauen in die Staatsmacht wuchs in allen Bereichen: Legislative, Exekutive und Judikative.[37] Die Krise konnte zwar in der zweiten Jahreshälfte des Jahres 2002 überwunden werden, die Auswirkungen sind aber noch eindeutig spürbar. Die Schere zwischen Arm und Reich ist weiterhin groß. Die Gefahr eines erneuten Staatsbankrotts besteht seitdem latent.[38] Kriminologisch hatte

---

[35] Bereits in den neunziger Jahren schlug sich das wirtschaftliche Missmanagement des Landes in der Kriminalitätsstatistik nieder, so *Hinton*, State on the Streets, S. 28.

[36] In dem ehemals klassischen Einwandererland Argentinien haben sich die Verhältnisse umgekehrt. Die meisten Einwohner stammen aus Europa und viele besitzen nach wie vor eine zweite Staatsangehörigkeit des Abstammungslandes. Ebenso haben viele noch Verwandte auf dem „alten Kontinent". Die Abwanderungswelle wird dadurch stark begünstigt und geht vor allem in Länder, wie Spanien und Italien, wo meist auch keine Sprachbarrieren bestehen. Näheres bei *Valdés* in: Sieckmann, Politische Legitimation, S. 23 ff.

[37] Siehe *Valdés* in: Sieckmann, Politische Legitimation, S. 13 ff. m.w.N.

[38] Anfang 2010 wird das Land von der Rating Agentur *Standard & Poors* mit der Bonitätsnote B-bewertet. Die Kreditwürdigkeit Argentiniens ist Anfang 2010 somit schlechter als die Griechenlands zur selben Zeit einzustufen, dessen schwere Wirtschaftskrise Anfang 2010 im Euroraum in aller Munde ist. Die historische Statistik belegt das Risiko eines Staatsbankrottes bei diesem Wert mit 7 % innerhalb von 12 Monaten und immerhin 20 % innerhalb der nächsten 8 Jahre (Informationen von *Boehringer*, Das Pleiteparadies, 18.01.2010, www.sueddeutsche.de/finanzen/ 235/500500/text/, und *Cünnen*, Parallelen zwischen Griechenland und Argentinien, 16.02.2010,

und hat die Wirtschaftskrise auch Auswirkungen. So war vor allem ein Anstieg im Bereich der Eigentums- und Körperverletzungsdelikte zu verzeichnen, dem klassischen Deliktstypus der armen Bevölkerung.[39] Die öffentliche Sicherheit hat sich in den Städten merklich verschlechtert.

b) Die Krise des argentinischen Strafverfahrens

Die wirtschaftlichen und sozialen Turbulenzen hatten und haben Einfluss auf die Strafverfahrensrechtsprechung und -gesetzgebung. Die Wahrnehmung zunehmender Kriminalität führte zu einem erhöhtem Sicherheitsbedürfnis.[40] Einen sehr aufschlussreichen Einblick in deutscher Sprache hierüber liefert der Aufsatz von EL-BERT.[41] Danach sind es vor allem der „Druck von der Straße" und die „populistische Presse", die angesichts der schwindenden öffentlichen Sicherheit eine „Null-Toleranz" Linie gegenüber Straftätern fordern.[42] Die Verteidigung der Rechte des Beschuldigten wird als Angriff auf die öffentliche Sicherheit verstanden. Die verantwortlichen Institutionen beugen sich diesen Forderungen immer öfter. Zu verlockend scheint mangels Alternativen die billige und populäre Lösung des Strafrechts, um die öffentliche Meinung zu beeinflussen.[43] ELBERT zeichnet ein düsteres Bild, wonach sich die „Kriminalpolitik in Argentinien immer weiter von den Ideen der Aufklärung und der theoretischen Auslegung des 20. Jahrhunderts wie dem Minimalismus, Garantismus, Dekriminalisierung, usw." entferne. Die Argumentation, wonach eine Nichtverurteilung als Niederlage des Staates in der Strafverfolgung verstanden wird, erinnert stark an das Verständnis des alten Inquisitionsprozesses.

---

www.handelsblatt.com/finanzen/bulle-baer/bulle-baer-parallelen-zwischen-griechenland-und-argentinien;2530225).

[39] Hinweis von Herrn *Alberto Nanzer*, Universität Buenos Aires; entsprechend genannt „Armutskriminalität" von *Ambos/Malarino*, ZStW 116, S. 514.

[40] Mit Nachweisen zur „Krise des argentinischen Strafrechts" siehe *Maier*, Tiedemann-FS, S. 1223, Fn. 1.

[41] *Elbert*, ZStW 118, S. 953 ff.

[42] Ebenso *Zaffaroni* in: Zaffaroni/Styma, StGB Argentinien, S. 7.

[43] Von einer Flucht ins Strafrecht (*huida hacia al Derecho Penal*) spricht *Fierro* in: Baigún/Zaffaroni, CP, B. 2B, Arts. 71/76, S. 375; ähnlich *Zaffaroni* in: Zaffaroni/Styma, StGB Argentinien, S. 11.

Diese Entwicklung nahm ihren Anfang mit den sogenannten Blumberg-Reformen, ausgelöst durch eine Geiselnahme, die ein sehr breites und scharfes mediales Echo hervorrief und weswegen Hunderttausende gegen eine (angeblich) zu restriktive Justiz demonstrierten.[44] Die allgemeine Stimmung verleiht somit den Garantieskeptikern des neuen Bundesstrafverfahrens Auftrieb. Die liberale Aufbruchstimmung, ausgelöst durch die Reform von 1992, scheint in der Politik weitgehend verpufft zu sein. Ihre Vertreter, welche die strafrechtlichen Sanktionen in Argentinien als geradezu „inflationär" empfinden, weit vom Prinzip der *ultima ratio* entfernt, und deshalb eine fortschreitende Entkriminalisierung einfordern – sowohl materiellrechtlich wie auch formellrechtlich –[45] haben es mit ihren Forderungen derzeit schwer.

3. *Versuch der Skizzierung des Reformverlaufes*

Anhand dieser kurzen Umschreibung der Reform selbst und zu dessen Begleitumständen, lässt sich die Reform in drei Phasen zusammenfassen.

Die erste Phase war die Schaffung des CPPN als Ausgangsreform. Dies war sicherlich der größte und tiefgreifendste Umbruch, den das argentinische Bundesstrafverfahrensrecht je vollzog. Die Ausgangsreform war jedoch ein Kompromiss zwischen Reformern und Traditionalisten. Sie hatte einige rechtsstaatliche Defizite und verwirklichte kaum prozessökonomische Ideen basierend auf dem Opportunitätsprinzip.

In einer zweiten Phase wurden per Gesetz oder durch richterliche Rechtsfortbildung an der Ausgangsreform Korrekturen und weitere Ergänzungen im Sinne liberalen Denkens vorgenommen. Man erkannte zudem die Notwendigkeit alternativer

---

[44] *Blumberg* war als Vater eines Opfers der tödlich verlaufenen Geiselnahme im Jahr 2004 der Wortführer dieser Protestbewegung, die in noch nie bekanntem Ausmaß Einfluss auf Gesetzgebung und Justiz nahm; so *Elbert*, ZStW 118, S. 955. *Verbitsky*, La mano de Scioli, Página 12 vom 19.09.2010 (www.pagina12.com.ar/diario/elpais/1-153400-2010-09-19.html), beschreibt, dass in Folge der Blumberg-Reformen das (gesamte) argentinische Strafrecht sich zum schärfsten Lateinamerikas entwickelt habe.

[45] Besonders der unermüdliche Kampf für mehr Rechtsstaatlichkeit von *Julio B. Maier* ist zu erwähnen: *ders.*, DPP, B. I, S. 837 m.w.N.; *ders.*, Roxin-FS, S. 1215 f.; *ders.*, Tiedemann-FS, S. 1230 ff.; *ders.*, Hassemer-FS, S. 482 f., S. 497.

Erledigungsformen, um die Justiz zu entlasten, wenngleich diese kritisch „begrüßt" wurden.

Die dritte Phase ist geprägt durch eine Gegenbewegung, die jede Form der Entkriminalisierung ablehnt, sei es aus prozessökonomischen Gründen oder zur Verwirklichung der Beschuldigtenrechte. Zwar schien sich in Politik und Justiz allmählich ein Generationswechsel vollzogen zu haben und die Verfahrensweisen des alten schriftlichen und geheimen Strafprozesses in/aus den Köpfen überwunden/verschwunden, jedoch beugen sich die Institutionen der Forderung der Erfüllung und Erhöhung von Strafen als schnelle populäre Lösung, oftmals mangels Alternativen. Ein weiterer notwendiger Ausbau der Beschuldigtenrechte ist deswegen schwierig.

4. Die Reform als Demarkationslinie unterschiedlicher Rechtseinflüsse

Die Schaffung eines neuen Gesetzes ist zugänglicher für tiefgreifende Reformen als die Adaption eines bestehenden Gesetzes. Natürlich nahmen ausländische Verfahrensordnungen Einfluss auf das Gesetzgebungsverfahren. Wie bereits erwähnt, lehnte sich der CPPN traditionsgemäß an das (damalige) italienische Strafverfahrensgesetz an (Gesetz *Rocco*). Doch auch andere Länder standen mit ihren Verfahrensordnungen Pate. Argentinien war auf Grund seiner Einwanderungsgeschichte stets ein Rechtsimportland.

Der Gesetzgebungsbeginn, quasi auf einem weißen Blatt Papier, in einer so zentralen Materie wie dem Strafverfahrensrecht, ist aber stets außergewöhnlich. Dem vollständigen Neubeginn ging somit eine Grundsatzentscheidung voraus, eine Entscheidung des Systems.[46] Indem der Bundesgesetzgeber sich dazu entschloss, ein vollständig neues Strafverfahrensgesetz zu kodifizieren und nicht etwa das bestehende Gesetz zu reformieren, öffneten sich die Dämme, die ein etabliertes System nach außen hin abschotten. Die Diskussion konnte grundsätzlicher geführt werden und könnte somit auch Impulse für das in Traditionen eingeengte deutsche Strafverfahren liefern.[47] Neben der historischen Chance für die argentinische Nation, die

---

[46] Vgl. *Struensee/Maier* in: Maier/Ambos/Woischnik, Las reformas, S. 17.
[47] Ebenso *Ambos*, ZStW 110, 226; *Gropengießer*, ZStW 105, S. 202.

diese Neukodifikation mit sich brachte, ist die Rechtssynthese in seiner Reflexion von internationaler Bedeutung.[48] Versteht man die Internationalisierung des Strafverfahrensrechts als Kampf zweier Rechtskulturen, zwischen der adversatorischen und instruktorischen Verfahrensweise, dann reflektiert ein solcher Gesetzgebungsvorgang den Stand der Einflussnahme in einer Region in besonders reiner Form. Dieser Vorgang kann verglichen werden mit der letztlich aus Richterrecht hervorgegangenen Verfahrensordnung der ad-hoc Tribunale der Vereinten Nationen für das ehemalige Jugoslawien und Ruanda, wo viele Richter aus unterschiedlichen Ländern zusammenwirken und -wirkten. Argentinien ist somit ein Abbild der Demarkationslinie des Einflusses zwischen adversatorischer und instruktorischer Verfahrenskultur. Um dies aufzuzeigen, ist der Blick auf die Verfahrensökonomie besonders geeignet, denn die alternativen Erledigungsformen basieren meist auf dem Prinzip der Opportunität, dem adversatorischen Gegenpart zum Diktum des Legalitätsprinzips. Oftmals erwiesen sich die summarischen Erledigungsformen als Einfallstor der adversatorischen Denkweise in unser Rechtssystem und das Rechtssystem anderer Länder mit instruktorischer Verfahrensstruktur.

---

[48] Zu diesem Schluss kommt auch *Woischnik*, Untersuchungsrichter, S. 10.

II. Die Verfahrensökonomie im argentinischen Bundesstrafverfahren als Untersuchungsgegenstand

1. Die Verfahrensökonomie

a) Verfahrensökonomie als Indikator

Die Idealvorstellung eines Staates vom Strafprozess mündet im „Normalverfahren", worin alle nach dessen Sicht wichtigen Verfassungs- und Prozessgarantien uneingeschränkt gelten. Möchte man daher die Rechtsstaatlichkeit des Strafverfahrens eines Staates untersuchen, ist ein Blick auf das Normalverfahren zu werfen und auf die darin verwirklichten Verfassungs- und Verfahrensgarantien. Beließe man es aber bei einer Untersuchung des Normalverfahrens, beließe man es quasi bei einer Umschreibung dieses Idealzustandes. Die Verfahrenswirklichkeit verkehrt das Regel-Ausnahmeverhältnis ins Gegenteil. Am Beispiel Deutschlands zeigt sich, dass die alternativen Erledigungsformen die quantitativen Sieger sind. Fragte man beispielsweise nach den Grundsätzen und Grundfesten des deutschen Strafverfahrens, so würde man als Antwort wohl Wahrheitsermittlungsgrundsatz, Instruktionsmaxime und Legalitätsprinzip erhalten. Fragt man dagegen Praktiker nach deren täglicher Arbeit, würden schnell Phänomene wie Verfahrensabsprachen, Strafbefehl und Verfahrenseinstellung zu hören sein. Die Untersuchung der Rechtsstaatlichkeit eines Strafverfahrens wird also erst dadurch komplettiert, indem man dessen Ausnahmeregelungen betrachtet. Prozessökonomie und faires Verfahren scheinen dabei Antonyme zu sein. Jede Einsparungsmöglichkeit zieht im Strafverfahren als Kehrseite die Beschneidung der Rechte des Beschuldigten nach sich. Meist lösen die Einsparungsschritte ernst gemeintes Bedauern und Besorgnis aus, doch stets versehen mit dem Hinweis, dass derzeit keine Alternative bestünde, die nicht ideale Realität vorerst hinzunehmen sei. Der Blickwinkel von Seiten der Verfahrensökonomie auf das argentinische Bundesstrafverfahren ist somit aufschlussreich in mehrerlei Hinsicht. Sie bietet als Subtraktion vom Idealzustand einen Einblick in die Reichweite der Verfassungs- und Verfahrensgarantien. Sie nähert sich der Verfahrenswirklichkeit und liefert ein realistisches Bild. Und letztlich setzt eine solche Abtastung dort an, wo es dem „Patienten Rechtsstaat" schmerzt.

Ein weiterer Indikator des aktuellen Zustands der argentinischen Reformbewegung ist die Prozessökonomie zudem, wenn man den relativ neu aufgekommenen Ideen der Verfahrensverkürzung das Prädikat der Modernität unterstellt. Die Aufnahmebereitschaft von Prozesselementen basierend auf dem Prinzip der Opportunität ist im traditionell inquisitorisch geprägten Strafverfahren Argentiniens ein Anzeichen für größere Reformbereitschaft. Daneben zeigt die Verwirklichung des Opportunitätsprinzips in einer instruktorischen Verfahrensordnung wie dem CPPN den Grad der Einflussnahme des anglo-amerikanischen Gedankenguts besonders deutlich (s.o., „Demarkationslinie").

b) Beschränkung auf verfahrensimmanente Einsparungen

Verfahrensökonomie ist ein unscharfer Begriff. Prinzipiell lassen sich alle Kostenfaktoren eines Strafverfahrens unter Einsparungsgesichtspunkten beleuchten. Es gilt daher den Untersuchungsgegenstand der Verfahrensökonomie weiter einzugrenzen.

Das Hauptaugenmerk dieser Untersuchung wird auf der formellrechtlichen Ebene auf verfahrensimmanente Verkürzungen bzw. Vereinfachungen gelegt. Dies können entweder vereinfachende Elemente des Normalverfahrens sein (Bsp. Verfahrensabsprache), eigenständige Verfahrensarten (Bsp. Privatklageverfahren, Abgekürztes Verfahren, Korrektionalverfahren) oder eine vollständige Verfahrensaussetzung oder -einstellung (Bsp. Antragsdelikt, Aussetzung der Hauptverhandlung auf Bewährung). Auf materiellrechtlicher Ebene werden die vollständige oder teilweise Entkriminalisierung einzelner Tatbestände diskutiert (Bsp. Strafausschließungsgrund im engsten Familienkreis). Auf organrechtlicher Ebene ist stets die Rolle der Protagonisten von Bedeutung, wohingegen die tatsächliche Besetzung innerhalb der jeweiligen Institutionen (Bsp. Berufsrichteranzahl einer Kammer, Berufsrichterausbildung) nicht näher thematisiert werden, sofern sie nicht für die Funktion der Institution im Strafverfahrensgefüge von Bedeutung sind (Bsp. Unipersonalität des Korrektionalrichters). Ebenfalls wird in dieser Untersuchung die in der Praxis ungleich wichtigere Ausstattungsstufe der Institutionen außer Acht gelassen, welche Ausrüstung und welches Personal den Beteiligten am Strafprozess und der Strafverfolgung zur Verfügung gestellt wird.[1]

2. Das argentinische Bundesstrafverfahren[2]

Argentinien ist gem. Art. 1 seiner Verfassung (namentlich *Constitución de la Nación Argentina*; im Weiteren CN) eine Bundesrepublik, die sich in 23 Provinzen (*provincias*) gliedert. Strukturell weist diese Staatsform einige Ähnlichkeiten mit der Bundesrepublik Deutschland auf.[3] Doch abweichend gilt: Während der Bund für das materielle Strafrecht die alleinige Gesetzgebungskompetenz hat, ist das Strafverfahrensrecht dezentralisiert, so dass jede Provinz eine eigene Strafverfahrensordnung besitzt. Parallel zu den zahlreichen und teilweise sehr unterschiedlichen Provinzordnungen etabliert der CPPN ein Bundesstrafverfahren, das als strukturelle Ausnahme zur Provinzzuständigkeit in zugewiesenen Fallgruppen zur Anwendung kommt. Als Untersuchungsgegenstand „das argentinische Strafverfahren" herauszugreifen wäre also so ungenau wie falsch. Denn *das* argentinische Strafverfahren existiert nicht. Man kann die Untersuchung auf alle Strafprozessordnungen erstrecken (und deren gemeinsame Grundsätze erläutern) oder einzelne herausgreifen. Letztere Option wird hier gewählt.

Der Grund zur Wahl des Bundesstrafverfahrens als Untersuchungsgegenstand liegt vor allem an dessen Bedeutung im föderalen Gefüge der argentinischen Nation. Das Bundesstrafverfahren ist überregional, ist also der gemeinsame Nenner für Praktiker und Wissenschaft gleichermaßen landesweit. Vergleichbar ist diese Systematik etwa mit der deutschen Gesetzeslage der Polizeigesetze der jeweiligen Länder gegenüber dem Bundespolizeigesetz. Das Bundesstrafverfahren nach dem CPPN ist auch die in der Literatur und in der Juristenausbildung am meisten behandelte Verfahrensordnung. Das argentinische Bundesstrafverfahren erfährt daher

---

[1] Eine ähnliche Kategorisierung der Entlastungsmöglichkeiten trifft *Ambos*, Jura 1998, S. 282.
[2] Für eine detaillierte Abgrenzung der Provinzstrafverfahren zum Bundesstrafverfahren und Umschreibung der Gesetzgebungszuständigkeit und der Gerichtsorganisation im Bereich des Strafverfahrensrechts siehe Kapitel IV.3. und V.1.
[3] Größere Übereinstimmung besteht mit den Vereinigten Staaten; *Maier,* DPP, B. II, S. 515; siehe hierzu Kapitel IV.2.

im Ausland die meiste Beachtung.[4] Ist das „Strafverfahrensrecht der Seismograph der Staatsverfassung",[5] so ist dies aus internationaler Sicht das Bundesstrafverfahren für die gesamte argentinische Nation. Zur praktischen Überlegung gehört überdies, dass nur das Bundesstrafverfahren die nötige Literaturdichte für eine teilweise aus dem argentinischen Ausland geführte Untersuchung bietet.

3. Untersuchte Rechtsquellen

a) Bundesstrafprozessordnung (Código Procesal Penal de la Nación Argentina)

Der *Código Procesal Penal de la Nación Argentina* (im Weiteren CPPN) ist das zentrale Gesetzeswerk des Bundesstrafverfahrens. Der Geltungsbereich des CPPN erstreckt sich von den Einleitungsakten über das Vor- und Hauptverfahren bis hin zum Abschluss des Verfahrens im Rechtsmittel. Neben dem Erkenntnisverfahren ist im CPPN auch das Vollstreckungsverfahren eingegliedert.

Der CPPN unterteilt sich in fünf Bücher. Das erste Buch ist ein vor die Klammer gezogener allgemeiner Teil. Das zweite Buch regelt das Vorverfahren, das dritte das Hauptverfahren und einige besondere Verfahrensarten. Das vierte Buch ist den Rechtsmitteln gewidmet. Im fünften Buch stehen die Regelungen zum Vollstreckungsverfahren.[6]

b) Gerichtsverfassungsgesetz

Der Bundesgesetzgeber hat mit dem Gerichtsverfassungsgesetz[7] und dem Gesetz zur Implementierung des mündlichen Verfahrens[8] die behördlichen Strukturen an den reformierten Bundesstrafprozess angepasst und somit den Weg für die Reform geebnet.[9]

---

[4] Bisher alle in deutscher Sprache geführten Untersuchungen haben das Bundesstrafverfahren zum Gegenstand. Siehe Kapitel III.4.
[5] *Roxin/Schünemann*, Strafverfahrensrecht, S. 8, Rn. 1.
[6] Eingehender hierzu *Woischnik*, Untersuchungsrichter, S. 83; *Gropengießer*, ZStW 105, S. 179 f.
[7] Gesetz 24.050, Beschlussfassung am 06.12.1991, erlassen am 30.12.1991, B.O. am 07.01.1992.
[8] *Ley de implementación del juicio oral*, Gesetz 24.121, Beschlussfassung am 26.08.1992, erlassen am 02.09.1992, B.O. am 08.09.1992.
[9] So *Gropengießer*, ZStW 105, S. 179.

c) Strafgesetzbuch der argentinischen Nation (Código Penal de la Nación Argentina)

Das argentinische Strafgesetzbuch (*Código Penal de la Nación Argentina*; im Weiteren CP)[10] ist ebenfalls eine wichtige Quelle für den Bundesstrafprozess. Einmal resultiert dies aus der logischen Wechselwirkung zwischen materiellem und formellem Strafrecht. Daneben beinhaltet der CP auch einige originäre Strafverfahrensvorschriften.[11] Bei manchen dieser Verfahrensvorschriften ist die Zuordnung zum formellen Recht sicherlich strittig, etwa die Verjährung oder das Antragserfordernis. Es mag den deutschen Rechtsanwender überraschen, dass andere Verfahrensvorschriften im Strafgesetzbuch und nicht in der Strafprozessordnung zu finden sind. Der CP regelt beispielsweise zentrale Vorschriften des Privatklageverfahrens, der Aussetzung der Hauptverhandlung zur Bewährung (entspricht der Verfahrenseinstellung gegen Auflagen), und schreibt das Legalitätsprinzip vor. Neben den materiellrechtlichen Zweifeln angesichts des Rückwirkungsverbots, ist die Zuordnung der Rechtsmaterie zu formellem oder materiellem Recht in Argentinien für die Gesetzgebungszuständigkeit von entscheidender Bedeutung. Tatsächlich wird dem Bundesgesetzgeber vorgeworfen, zentrale Verfahrensgesichtspunkte durch die Aufnahme ins Strafgesetzbuch verfassungswidrig an sich gezogen zu haben und die Provinzsouveränität zu ignorieren. Vor allem die Verfahrensökonomie scheint der Bundesgesetzgeber den Provinzen zu diktieren.[12]

Der heutige *Código Penal* ist seit dem Jahr 1921 in Kraft.[13] Im Gegensatz zu seinem prozessualen Pendant ist die Reformgeschichte des CP nur punktuell. Eine umfassende Neukodifikation wurde nicht vorgenommen. Für das materielle Strafrecht existiert zwar auch ein Modellgesetzbuch für Iberoamerika (namentlich *Código Penal Tipo para Latinoamércia*), das Anlass für eine Reformaktivität hätte geben können, doch im Gegensatz zur Musterprozessordnung ist es unvollendet.[14]

---

[10] Eine deutsche Übersetzung von *Styma* in: Zaffaroni/Styma, StGB Argentinien.
[11] Vgl. *Righi/Fernandez*, DP, S. 372.
[12] Zum Streitstand ausführlich Kapitel VI.1. und VIII.3.
[13] Eingefügt durch Gesetz 11.179, Beschlussfassung am 30.09.1921, erlassen am 29.10.1921, B.O. am 03.11.1921.
[14] Siehe hierzu *Baedeker*, Freiheitsstrafe in Costa Rica, S. 245 ff.; *Llobet Rodríguez*, Unschuldsvermutung, S. 19; hinzu kommt, dass die Diskussion um das Modellgesetzbuch in die Diktatur-

Außerdem war die Notwendigkeit einer Neukodifikation des materiellen Strafrechts nach dem Vorbild des CPPN weniger vorhanden, denn im Gegensatz zum autoritären inquisitorischen Strafverfahrensrecht des alten CPMP entsprang das argentinische StGB einem „liberalen Geist".[15] Diese Struktur stammt von dessen direktem Vorgänger, welcher seinerseits auf dem Text des „bairischen" Strafgesetzbuches Feuerbachs von 1813 basiert.[16] Erst in jüngster Zeit unterlag der CP gleich dem CPPN einer hektischen (und populistischen) Reformaktivität, in materieller und formeller Hinsicht.[17]

d) Strafrechtliche Nebengesetze

Das Strafgesetzbuch wird flankiert durch eine Reihe von Nebengesetzen. Hier finden sich vorwiegend spezielle Strafnormen, wie man sie auch in Deutschland in Nebengesetzen findet, etwa Steuerstraftaten[18] oder Betäubungsmitteldelikte[19]. Kritisiert wird allerdings eine zunehmende „strafrechtliche Entkodifikation", sprich die Auslagerung von Strafnormen in Einzelgesetze.[20] Unterstellt wird hierbei die offene und verdeckte Umgehung der konstitutionellen Zuweisung der Strafverfahrensgesetzgebung an die Provinzen durch den Bundesgesetzgeber.[21] Tatsächlich finden sich in den Nebengesetzen recht umfangreiche Verfahrensvorschriften, etwa zum verdeckten Ermittler.[22]

---

zeit der argentinischen Militärjunta (1977-1982) fiel, in der die Rechtsstaatlichkeit faktisch aufgehoben war.

[15] *Zaffaroni* in: Zaffaroni/Styma, StGB Argentinien, S. 9.

[16] Vgl. *Duve*, Landau-FS, S. 817 ff.; *Zaffaroni* in: Zaffaroni/Styma, StGB Argentinien, S. 9; *ders.*, Tiedemann-FS, S. 1525 ff.; *Marchisio*, Principio de oportunidad, S. 57.

[17] Vgl. *Zaffaroni* in: Zaffaroni/Styma, StGB Argentinien, S. 7.

[18] *Regimen Penal Tributario*, Gesetz 24.769, Beschlussfassung am 19.12.1996, erlassen am 13.01.1997, B.O. am 15.01.1997.

[19] *Tenencia y Trafico de Estupefacientes*, Gesetz 23.737, Beschlussfassung am 21.09.1989, erlassen am 10.10.1989, B.O. am 11.10.1989.

[20] Vgl. *Zaffaroni* in: Zaffaroni/Styma, StGB Argentinien, S. 10.

[21] Siehe hierzu Kapitel VI.1. und VIII.3.

[22] Durch die Novellierung des Betäubungsmittelgesetzes, Gesetz 24.424, Beschlussfassung am 07.12.1994, erlassen am 09.01.1995, B.O. am 12.01.1995; krit. hierzu *Guariglia*, ZStW 109, S. 686 ff.

e) Verfassung der argentinischen Nation (Constitución de la Nación Argentina)

Die argentinische Verfassung bildet die rechtsstaatliche Grundlage des Strafverfahrens. Zentrale Norm für den Strafprozess ist Art. 18 der *Constitución Nacional* (im Weiteren CN), der unter anderem das Rückwirkungsverbot, das Recht auf den gesetzlichen Richter, das Recht auf Verteidigung und den Grundsatz *nemo tenetur* enthält.

f) Amerikanische Menschenrechtskonvention (Convención Americana sobre Derechos Humanos)

Nach dem europäischem Vorbild der EMRK[23] wurde am 22.11.1969 in San José, Costa Rica, die Amerikanische Menschenrechtskonvention (*Convención Americana sobre Derechos Humanos*; im Weiteren AMRK)[24] unterzeichnet, die am 18.07.1978 in Kraft trat. Wie die meisten lateinamerikanischen Staaten hat auch Argentinien die Menschenrechtserklärung ratifiziert.[25] In der Mehrheit der lateinamerikanischen Länder herrscht, wie in Deutschland, ein Kompetenzgerangel zwischen Konvention und nationaler Verfassung.[26] Argentinien verleiht hingegen in Art. 75 Nr. 22 Absatz 2 CN der AMRK ausdrücklich Verfassungsrang. Die Vorschriften der Konvention stehen somit in Augenhöhe mit der Verfassung und ergänzen diese stets. Die für das Bundesrecht fehlende Unschuldsvermutung[27] etwa oder das für das Strafverfahren wichtige Recht des fairen Verfahrens werden somit über den Umweg der AMRK Teil der argentinischen CN.

---

[23] *Frowein*, EuGRZ 1980, S. 442 ff.
[24] Abgedruckt in *Pacheco* (Hrsg.), Los Derechos Humanos, S. 185 ff. (spanisch), *Lübbe-Wolff/ Wölker* (Übers.), EuGRZ 1980, S. 435 ff. (deutsch).
[25] Eine Übersicht findet sich in *Llobet Rodríguez*, Unschuldsvermutung, Anhang 6, S. 183.
[26] Siehe im Einzelnen *Llobet Rodríguez*, Unschuldsvermutung, S. 37.
[27] Vgl. *Llobet Rodríguez*, Unschuldsvermutung, S. 34, Fn. 46, und S. 37, Fn. 76.

III. Konzept und Fragestellungen

1. Gefahren der Rechtsvergleichung und Probleme der empirischen Auswertung

Eine Rechtsvergleichung birgt stets Gefahren, die rechtliche und tatsächliche Wirklichkeit verzerrt darzustellen. Im intranationalen Dialog zwischen Juristen besteht ein „empirisches oder rechtspraktisches Vorverständnis", das beim internationalen Rechtsaustausch fehlt.[1] Durch die nüchterne Normbetrachtung allein kann noch nicht auf den mit Leben gefüllten konkreten Sachverhalt geschlossen werden. Darüber hinaus muss beachtet werden, dass die Gesetzesumsetzung in Argentinien nicht in allen Bereichen und Ebenen mit der gleichen Gewissenhaftigkeit erfolgt, wie wir es in Deutschland gewohnt sind; die Lücke zwischen Norm und Wirklichkeit ist tendenziell größer.[2] Dies liegt meist schon an der Infrastruktur und der Personalausstattung der Strafverfolgungsorgane.[3] Die Qualität und Gesetzestreue des Personals hängt dabei von vielen Faktoren ab, etwa dem Ausbildungsstand, von der Bezahlung oder der überwiegenden „soziokulturellen Herkunft". So ist es vor allem die argentinische Bundespolizei, die, meist als erster Kontaktpunkt zwischen Justiz und Verfahrenssubjekten, rechtsstaatliche Bedenken auslöst.[4] Es kann also nicht erwartet werden, dass die gesetzliche Normierung eines Lebenssachverhaltes oder einer Verfahrensmaterie auf allen Ebenen die hierzulande gewohnte Sorgfalt bei der Umsetzung nach sich zieht. Solange sich diese Untersuchung also auf den theoretischen Teil der Norm beschränkt (beschränken muss), sollten die Rückschlüsse auf die praktische Umsetzung sich nicht an zu anspruchsvollen Maßstäben mes-

---

[1] *Perron*, ZStW 109, S. 286 f.

[2] Nach *Binder*, Introducción, S. 99, ist „sicher, dass der verfassungskonforme Strafprozess etwas Anderes ist, als das was [man] jeden Tag in den Gerichten sieht, in manchen Fällen weiter davon entfernt als in anderen"; Prof. Dr. *Ignacio Tedesco* der Universität Buenos Aires begrüßte bspw. seine Schüler einer Postgraduiertenklasse im Strafverfahrensrecht, wovon viele bereits in der Strafjustiz tätig sind, mit den Worten, dass sie sich darauf einstellen müssten andere Dinge zu lernen (gemeint waren Prozessgarantien, -grundsätze etc.), als ihnen in der täglichen Arbeit begegnen würden.

[3] So *Zaffaroni* in: Zaffaroni/Styma, StGB Argentinien, S. 10.

[4] Ausführlich hierzu *Córdoba/Pastor* in: Ambos/Gómez Colomer/Vogler, La policía, S. 45 ff.; zusammenfassend *Ambos/Malarino*, ZStW 116, S. 523 ff. Ebenso ausführliche kriminologische Untersuchung von *Hinton*, State on the Streets.

19

sen.[5] Eine exakte empirische Studie ist die vorliegende Untersuchung dadurch nicht. Dies würde eine um ein Vielfaches umfangreichere Datenrecherche und -erhebung erfordern. Verweise auf vorhandenes empirisches Material werden in dieser Arbeit nur punktuell gegeben.[6]

2. Fragestellungen

Die Untersuchung wird geleitet durch zwei Grundfragen:

(1) Welche rechtsstaatlichen Anforderungen sind an das argentinische Bundesstrafverfahren unter ökonomischen Gesichtspunkten zu stellen und werden diese erfüllt?

(2) Lassen sich Anregungen durch Rückschlüsse und einen Rechtsvergleich für die deutsche Strafrechts- und Strafprozessrechtsdogmatik aus den Gestaltungen des argentinischen Bundesstrafprozessrechts schöpfen?

3. Gang der Untersuchung

Diesen Fragen möchte sich die Untersuchung in drei Abschnitten nähern:

(1) Im nächsten (zweiten) Abschnitt sollen die Ursachen von überlangen Verfahrensdauern herauskristallisiert werden, die durch strukturelle Schwächen in der Strafjustizorganisation bedingt sind. Durch diese Analyse kann gleichzeitig der Untersuchungsgegenstand des Bundesstrafverfahrens gegenüber den übrigen Strafverfahren in der argentinischen Nation abgegrenzt werden.

(2) Im dritten Abschnitt werden die für die Verfahrensökonomie wichtigen Prozessmaximen und Verfassungsgrundsätze beleuchtet: Die Offizialmaxime, das Le-

---

[5] Um diese Transferierungseinbußen so gering wie möglich zu halten, wurde vom Verfasser der Kontakt zu argentinischen Praktikern und Rechtslehrern gesucht.

[6] Umfangreiches „nacktes" Zahlenmaterial lässt sich auf der Seite des *Ministerio Público Fiscal* finden unter www.mpf.gov.ar über den Link *„Estadisticas"*.

galitätsprinzip und das Opportunitätsprinzip, das Akkusationsprinzip, der Grundsatz *ne bis in idem* sowie das Unmittelbarkeitsprinzip.

(3) Der vierte und letzte Abschnitt widmet sich schließlich den einzelnen verfahrensimmanenten ökonomischen Maßnahmen. Hierzu zählen das Antragsdelikt, das Privatklagedelikt, das abgekürzte Verfahren, die Aussetzung der Hauptverhandlung zur Bewährung, die summarische Untersuchung und das Korrektionalverfahren.

4. Stand der Forschung

Vom neuen argentinischen Bundesstrafprozessrecht berichtete im deutschsprachigen Raum erstmals GROPENGIEßER.[7] Danach lag die weitere Berichterstattung ein paar Jahre brach.[8] Mit der ersten ausführlichen Untersuchung von WOISCHNIK[9] zur Problematik der Vormachtstellung des Untersuchungsrichters im Vorverfahren wurde der argentinische Bundesstrafprozess erstmals tiefgreifend behandelt. In der umfassenden Arbeit werden insbesondere die Funktionsweise des Vorverfahrens, der Rollenkonflikt zwischen Untersuchungsrichter und Staatsanwaltschaft und die Durchbrechungen des Akkusationsprinzips thematisiert. Ebenso wurden exemplarisch die Zwangsmaßnahmen der Fernmeldeüberwachung, der Hausdurchsuchung und der Untersuchungshaft behandelt. Im weiteren Verlaufe des ersten Jahrzehnts des neuen Jahrtausends wurden in deutscher Sprache dann nur noch vereinzelte Beiträge veröffentlicht, die den argentinischen Bundesstrafprozess ganz oder teilweise zum Thema hatten.[10] Alle bisherigen Veröffentlichungen befassen sich vorwiegend mit dem Normalverfahren des CPPN. Die praktisch relevanten besonderen Verfahrensarten wurden in deutscher Sprache noch nicht näher beleuchtet.

---

[7] *Gropengießer*, ZStW 105, S. 169.
[8] Ausnahme wäre *Guariglia*, ZStW 109, S. 686; vereinzelte Hinweise zu Argentinien gibt *Llobet Rodríguez*, Unschuldsvermutung.
[9] *Woischnik*, Untersuchungsrichter.
[10] *Ambos/Woischnik*, ZStW 113, S. 334; *Samtleben*, RabelsZ 2002, S. 250; *Ambos/Malarino*, ZStW 116, S. 513; *Elbert*, ZStW 118, S. 953.

2. Abschnitt

Föderale Organisation
der Strafgerichtsbarkeit

IV. Gesetzgebungskompetenzen im Strafrecht und Strafprozessrecht

1. Komplizierte föderale Aufteilung im Bereich des Strafrechts und Strafprozessrechts

Nicht nur für den ausländischen Betrachter ist das argentinische Strafjustizsystem in erster Linie sehr komplex. Die Gesetzgebungskompetenz in der Materie des Strafrechts und die Gerichtszuständigkeiten sind durch die bundesstaatliche Ordnung Argentiniens geprägt. Schon ein erster Blick auf die föderalen Grundzüge lassen eine hohe Störanfälligkeit vermuten. Aus verfahrensökonomischer Sicht ist die Kompetenzaufteilung im Strafrecht deshalb auch ein Faktor der Verfahrensdauer. Die Untersuchung soll vor der eigentlichen Analyse verfahrensimmanenter Ökonomie mögliche Schwächen in der Struktur des Aufbaus des Gerichtsapparates klären.

2. Kurze Darstellung der Entwicklung des Föderalismus in Argentinien

Die Zeit nach der endgültig erklärten Unabhängigkeit Argentiniens vom spanischen Mutterland durch den *Congreso de Tucumán* am 09. Juli 1816 war geprägt von bürgerkriegsähnlichen Auseinandersetzungen in den „Vereinigten Provinzen des *Río de la Plata*". Die Vorstellungen über die Form des zukünftigen Staates gingen weit auseinander. Während die Unitarier, die vorwiegend liberale Kaufmannschaft der Provinz und der Stadt Buenos Aires, einen Zentralstaat favorisierten, selbstverständlich unter deren Vorherrschaft, bevorzugten die konservativen Großgrundbesitzer des Binnenlandes einen föderalen Staatenbund mit weitgehender Selbstständigkeit der jeweiligen Provinzen.[1] Nach Jahren blutig geführter Auseinandersetzungen, und der mittlerweile erfolgten Abspaltung Paraguays, Uruguays und Boliviens, verabschiedeten 1853 die (übrigen) Provinzen des ehemaligen Vizekönigreiches die bis heute gültige Verfassung, nach der Argentinien gemäß Art. 1 die Staatenform einer föderalen Republik annimmt.[2] Die wohlhabende Provinz Buenos Aires fürchtete allerdings um deren wirtschaftliche Vormachtstellung, die vor al-

---

[1]   Siehe *Samtleben*, RabelsZ 2002, S. 252.

[2]   *La Nación Argentina adopta para su gobierno la forma representativa republicana federal, [...].*

lem vom strategisch wichtigen Hafen in der Stadt Buenos Aires herrührte. Die Los-
lösung dieser Provinz aus der neu gegründeten Republik war die Folge. Nach einigen gescheiterten Annäherungsversuchen und weiteren militärischen Auseinandersetzungen konnte schließlich 1860 die Einheit Argentiniens erreicht werden. Die
Föderalisten hatten sich endgültig durchgesetzt. 1880 wurde dann die Stadt Buenos
Aires (wieder) zur Hauptstadt Argentiniens ernannt, indem ihr Territorium von der
gleichnamigen Provinz losgelöst und der unmittelbaren Gewalt des Bundes unterstellt wurde (Art. 75 Nr. 30 CN[3]).

Die seit 1853 durchgängig gültige liberale Verfassung konnte über die Zeit ihren
ursprünglichen Charakter konservieren; nur wenige Reformen haben die ursprüngliche Fassung vergleichsweise gering verändert.[4] Der Verfassungskonvent um den
bedeutenden Juristen JUAN BAUTISTA ALBERDI machte sich den Text der US-
amerikanischen Verfassung zur Vorlage.[5] Aufschlussreich ist die Formulierung des
Art. 1 CN, wonach die Nation Argentinien nicht etwa eine föderale Republik „ist",
vielmehr „übernimmt" (adopta) sie diese Staatsform, greift also auf ein bestehendes Vorbild zurück.[6] Die Verfassungsgebung ging also auf einen Rechtsimport
zurück.

Im Strafrecht fehlt es dadurch an der nötigen Homogenität eines gewachsenen
Rechtssystems. An den Schnittstellen zwischen dem kontinentaleuropäisch gepräg-
ten Strafverfahren und der US-amerikanisch geprägten Verfassung kommt es zu
Friktionen, denn die Passform des Verfassungsunterbaus harmoniert nicht mit dem

---

[3] *Corresponde al Congreso: [...] Ejercer una legislación exclusiva en el territorio de la capital de
la Nación [...].*

[4] Reformen in den Jahren 1860 (Beitritt der Provinz *Buenos Aires*), 1866, 1898 und 1957. Eine
kurze Analyse der Reformen findet sich in *Ekmekdjian*, Manual de la CN, S. 67. Die letzte Reform im Jahr 1994 war auch zugleich die tiefgreifendste der Verfassungsgeschichte, eingeführt
durch Gesetz 24.430, Beschlussfassung am 15.12.1994, erlassen am 03.01.1995, B.O. am
10.01.1995; *Maier*, DPP, B. II, S. 515, Fn. 225 m.w.N. Diese Reform führte unter anderem den
neuen Art. 129 CN ein, der dem Hauptstadtdistrikt Autonomiestatus gewährleistet. Die Bunde-
sunmittelbarkeit gemäß Art. 75 Nr. 30 CN ist dadurch nun eingeschränkt und der Hauptstadtdistrikt rückt damit an den Status einer Provinz heran (str.).

[5] So beschrieben im Fall „Casal" der CSJN vom 20.09.2005, B. 328-3, S. 3430; *Maier*, DPP, B.
II, S. 515; *Alberdi*, Bases, S. 117 ff.

[6] Siehe *Zarini*, Constitución Argentina, S. 24.

instruktorischen Strafrechtsaufbau.[7] Exemplarisch für diese Verzerrungen ist Art.
118 CN, der, bestehend seit 1853, die Etablierung von Geschworenengerichten
vorsieht, eine Verfassungsvorgabe die bis heute vom Bundesgesetzgeber schlicht-
weg ignoriert wird.[8] Weiterhin ist zweifelhaft, ob auf Basis dieser erkennbar US-
amerikanisch geprägten Verfassung das Legalitätsprinzip aus dem Gleichheitsgrundsatz abgeleitet werden kann.[9]

Durchsetzen konnte sich die Verfassung dagegen eindeutig in der Gesetzgebungs-
kompetenzzuweisung und der Gerichtszuständigkeit im Strafrecht. Deshalb bestehen auch große Unterschiede zum System unserer Bundesrepublik, die dem deutschen Rechtsanwender den Überblick schwer machen.

3. Gesetzgebungskompetenzverteilung im Strafrecht und Strafprozessrecht zwischen Bund und Provinzen

Ausdruck des föderalen Verständnisses ist Art. 121 CN, der die Residual-
Kompetenz[10] der Provinzen enthält.[11] Demnach „behalten die Provinzen alle Gewalt", also Legislative, Exekutive und Judikative, „die nicht durch die Verfassung
an die Bundesregierung übertragen wurde".[12] Die Verfassungsformulierung „behalten" (*conservar*) zeigt die (ursprüngliche) Unabhängigkeit und Souveränität der
Provinzen, die sich im Staatskonsolidierungsprozess durchsetzen konnte.[13] Vergleichbar ist die Regelung des Art. 121 CN mit Art. 30 und 70 Absatz 1 unseres
Grundgesetzes. Folglich müssen dem Bund die staatlichen Befugnisse und Aufga-

---

[7] So die CSJN im Fall „Casal" vom 20.09.2005, B. 328-3, S. 3432 ff.; ebenso *Binder*, Introducci-
    ón, S. 99.

[8] Kritisch hierzu *Binder*, Introducción, S. 110 ff., mit dem Versuch eine goldene Brücke zu bauen,
    indem er sagt, dass dem Verfassungswortlaut „*jurados*" auch die Etablierung von Schöffen ge-
    nügen würde (die Übersetzung von *jurado* kann beides, Schöffe oder Geschworener, bedeuten),
    auch wenn in historischer Auslegung klar scheint, dass ursprünglich angesichts der nordameri-
    kanischen Verfassungswurzeln das Beteiligungsmodell des Geschworenenprozesses gewollt war.

[9] Vgl. Kapitel VIII.2.c).

[10] Zum Begriff *Pieroth* in: Jarass/Pieroth, GG, Art. 30, Rn. 1 und Art. 70 Rn. 1.

[11] Vor der großen Verfassungsreform von 1994 wurde die Residualkompetenz aus Art. 5 CN her-
    geleitet.

[12] *Las provincias conservan todo el poder no delagado por esta Constitución al Gobierno federal.*

[13] Vgl. *Maier*, DPP, B. II, S. 514 und S. 519.

ben explizit durch die Verfassung zugewiesen sein.[14] Im Grundsatz sind dies Materien, in denen die nationale Einheit eine einheitliche Gesetzgebung verlangt. Dieser Grundsatz lässt sich aus Art. 116 CN und Art. 75 Nr. 30 CN herauslesen.[15] Demgegenüber steht in Art. 5, 31 und 128 CN das Gebot der Bundestreue (*relación de subordinación*), wonach die Bundesverfassung in jedem Fall Vorrang vor den Provinzverfassungen genießt und „das einfache Provinzrecht keine gegensätzliche Position zu Bundesrecht beziehen darf, es nicht untergraben darf, immer dann, wenn dem Bundesgesetzgeber in dieser Materie die Gesetzgebungsgewalt zugewiesen wurde."[16] Das Homogenitätsgebot[17] ist somit auch in der argentinischen Verfassung angelegt und der Provinzgesetzgeber ist zwar grundsätzlich souverän, aber nicht völlig frei, welche gesetzmäßige Ordnung er beschließt.

Ein Zuweisungskatalog an den Bund findet sich in Art. 75 CN. Die insgesamt 32 Ordnungsnummern verleihen dem Kongress, also dem Bundesgesetzgeber, über die dort aufgeführten Materien die Gesetzgebungsgewalt.[18] In diesem Artikel ist in Nr. 12 das Strafrecht als Gesetzgebungskompetenz des Bundes aufgeführt, explizit jedoch davon das zugehörige Prozessrecht herausgenommen.[19] Hieraus folgt, dass das materielle Strafrecht zwar vom Bund erlassen, das hierzu gehörige Prozessrecht jedoch, als Regelfall, in der Kompetenz der Länder liegt. So hat jede der 23 Pro-

---

[14] Vgl. *Gelli*, CN, S. 1013; *Zarini*, Constitución Argentina, S. 454 f.; *Ekmekdjian*, Manual de la CN, S. 342.
[15] Vgl. *Maier*, DPP, B. II, S. 519. Das Regel-Ausnahmeverhältnis hat daher in Argentinien die gleichen Grundsätze, wie in Deutschland durch Art. 71, 72 Absatz 2, 73, 74 GG gezeigt wird, nämlich nur überregionale und/oder einheitsbedürftige Sachverhalte auf Bundesebene zu regeln.
[16] *Las constituciones provinciales deben seguir las pautas fundamentales fijadas en la Constitución nacional. Las normas provinciales no pueden contener disposiciones contrarias a las normas federales (siempre que éstas se mantengan en su esfera de competencia);* zit. aus *Ekmekdjian*, Manual de la CN, S. 341.
[17] Zum Begriff *Leisner* in: Sodan, GG, Art. 28, Rn. 1 ff.
[18] Der Katalog des Art. 75 CN ist zwar die zentrale Zuweisungsnorm, doch finden sich verteilt über den gesamten Verfassungstext weitere Kompetenzzuweisungen an den Bund. Theoretisch denkbar wäre, dass der Bundesgesetzgeber eine ihm zugewiesene Materie nicht regelt. Der Ausnahmecharakter der Bundeszuständigkeit, die durch die historisch bedingte Teilaufgabe der Provinzsouveränitäten zustande kam, spricht dann für die Möglichkeit der Provinz diese Materie zu regeln. In der deutschen Terminologie wäre daher von einer konkurrierenden Gesetzgebung zu sprechen. Siehe *Gelli*, CN, S. 1013; *Zarini*, Constitución Argentina, S. 455; *Ekmekdjian*, Manual de la CN, S. 343.
[19] *[...] sin que tales códigos alteren las jurisdicciones locales.* Vgl. *Binder*, Introducción, S. 92.

vinzen eine eigene Strafprozessordnung,[20] die nach Art. 121 i.V.m. Art. 75 Nr. 12 CN grundsätzlich Anwendung findet.[21]

Daneben besitzt provinzübergreifend auch der Bundesgesetzgeber das Recht und die Pflicht ein Strafverfahren zu etablieren. Vorgesehen ist dies in Art. 75 Nr. 32 CN, wo es heißt, dass es „dem Kongress obliegt, alle Gesetze und Regeln zu erlassen die zweckmäßig sind die vorangehenden[22] Zuständigkeiten umzusetzen und alle anderen durch diese Verfassung an die Regierung der argentinischen Nation übertragenen Zuständigkeiten".[23] In Art. 116 CN findet sich eine solche übertragene Zuständigkeit für die Judikative, wonach den „Bundesgerichten die Kenntnis und Entscheidung von allen Fällen der von [...] Bundesgesetzen bestimmten Materien obliegt".[24] Es gilt also der Grundsatz, dass der Bundeskongress, sobald er die materielle Gesetzgebungskompetenz besitzt, auch das Recht hat, hierzu ein Verfahren vor eigenen Gerichten zu etablieren, mit eigenem Bundesverfahrensrecht.[25] Die materielle Gesetzgebungskompetenz besitzt er nun wiederum in den durch die Verfassung zugewiesenen Kompetenzen, also vorwiegend in den in Art. 75 CN aufgeführten Materien. Die materielle Kompetenz ist also gleich die Verfahrenskompetenz. In logischer Konsequenz macht Art. 116 CN hiervon eine Ausnahme, indem er das in Art. 75 Nr. 12 CN dem Bund zugewiesene Strafrecht hiervon herausnimmt, denn andernfalls würde die Aburteilung von Strafsachen immer die Bun-

---

[20] *Gómez Colomer*, CDJP 1997, Nr. 7, S. 914 nennt die Zahl 22. Dies hängt mit dem Status der Bundeshauptstadt zusammen, ob diese eine Provinz oder nationales Territorium ist. Fakt ist, dass die Bundeshauptstadt nunmehr eine eigene Strafprozessordnung besitzt (siehe hierzu sogleich). Somit existieren in der argentinischen Nation 24 Strafprozessordnungen; 22 provinzielle, eine föderale (CPPN) und eine der Bundeshauptstadt.

[21] Eine ausführliche Übersicht über alle Strafprozessordnungen der argentinischen Republik und der wichtigsten Organgesetze findet sich in *Maier*, DPP, B. I, S. 125 ff.

[22] Gemeint sind die in Art. 75 CN enumerativ aufgeführten Kompetenzen.

[23] *Corresponde al Congreso: [...] 32 – hacer todas las leyes y reglamentos que sean convenientes para poner en ejercicio los poderes antecedentes, y todos los otros concedidos por la presente Constitución al Gobierno de la Nación Argentina.* Siehe hierzu *Maier*, DPP, B. II, S. 522.

[24] *Corresponde [...] a los tribunales inferiores de la Nación, el conocimiento y decisión de todas las causas que versen sobre puntos regidos [...] por las leyes de la Nación [...].*

[25] Anders als in Deutschland also, wo es die Gerichte der Länder sind, die materielles und formelles Bundesrecht anwenden. Dies wäre etwa mit folgender fiktiver Organisation vergleichbar, wenn in Deutschland die Sachverhalte nach den Polizeigesetzen der Länder von Gerichten der Länder abgeurteilt würden nach Prozessrecht der Länder und Sachverhalte, welche die Zuständigkeit des Bundespolizeigesetzes aktivieren, vor bundeseigenen Gerichten nach Bundesprozessrecht verhandelt würden.

desstrafgerichtsbarkeitszuständigkeit zur Folge haben, was man gerade vermeiden
wollte. Denn durch die Konstruktion in Art. 75 Nr. 32 i.V.m. Art.
116 CN wird
klar, dass nur diejenigen Straftatbestände der Bundesgerichtsbarkeit zufallen, die
dem Rechtsgutschutz oder als Annex einer der Materien des Bundes zuzuordnen
sind.[26]

Die Gesetzgebungszuständigkeit lässt sich also zusammenfassen, dass der Bund
das materielle Strafrecht erlässt, die Provinzen im Grundsatz das hierzu korrespon-
dierende Verfahrensrecht. Parallel besitzt auch der Bund aus Art. 75 Nr. 32 i.V.m.
Art. 116 CN das Recht ein eigenes Strafverfahrensrecht zu erlassen, für die Fälle,
in denen der Tatbestand eine Gesetzgebungsmaterie des Bundes berührt, die wiederum in der Verfassung angelegt sein muss.

Bemerkenswerte Parallelen dieser Kompetenzaufteilung bestehen zur Schweiz.
Dort galten noch bis Ende 2010 insgesamt 26 kantonale Strafprozessordnungen,
während das materielle Strafrecht zentralisiert ist. Neben den kantonalen Strafprozessordnungen gab es eine Bundesstrafprozessordnung. Interessant ist, dass durch
diese Rechtszersplitterung auch in der Schweiz Phänomene auftraten, die der argentinischen Rechtslage durchaus vergleichbar sind. So übertrugen viele Kantone
die Herrschaft über das Vorverfahren einem Untersuchungsrichter, während in anderen Kantonen die Staatsanwaltschaft die Vorverfahrensherrin war.[27] In Argentinien lässt sich dies auch beobachten.[28] In der Schweiz wurde diese Rechtszersplitterung zunehmend als hinderlich empfunden,[29] was zu einer umfassenden Reform
des Strafprozessrechts geführt hat, wonach nunmehr eine gesamtschweizerische
Strafprozessordnung seit dem 01.01.2011 in Kraft ist.

Ähnlichkeiten bestehen auch zum System der Vereinigten Staaten. Die Gesetzgebungskompetenz im Strafverfahrensrecht obliegt hier den jeweiligen Staaten. Entgegen der argentinischen Rechtslage ist in den USA allerdings auch die Gesetzge-

---

[26] So *Maier*, DPP, B. I, 121 f., B. II, 522 f.; ebenso *Zarini*, Constitución Argentina, S. 285.
[27] Vgl. *Riklin*, GA 2006, S. 497.
[28] So z.B. die Verfahrensordnung der Provinz *Córdoba* im Vergleich mit dem CPPN (siehe *Gómez
Colomer*, CDJP 1997, Nr. 7, S. 915 f. m.w.N.; *Struensee/Maier* in: Maier/Ambos/Woischnik,
Las reformas, S. 24 ff.)
[29] Vgl. *Riklin*, GA 2006, 498.

bungskompetenz im materiellen Strafrecht dezentralisiert. Auf Bundesebene existiert das unverbindliche Musterstrafgesetzbuch, der *Model Penal Code*, welches allerdings großen Einfluß auf das materielle Strafrecht der einzelnen Bundesstaaten hat.[30]

---

[30] Vgl. *Dubber*, US-amerikanisches Strafrecht, S. 16 f.

V. Gerichtsorganisation im Strafverfahren

1. Aufteilung zwischen Provinz- und Bundesgerichtsbarkeit

Aus dem zur Gesetzgebungskompetenz Gesagten ergibt sich, dass der Grundsatz des deutschen Grundgesetzes, wonach gemäß Art. 92 i.V.m. Art. 30 dem Bund nur die Errichtungskompetenz für die fünf letztinstanzlichen Bundesgerichte verbleibt, ansonsten die Gerichte der Länder zuständig sind,[1] im argentinischen Recht nicht existiert. Hier wird von der Einstiegsinstanz bis zum letztinstanzlichen Gericht – mit Ausnahme des Verfassungsgerichts, *Corte Suprema de Justicia de la Nación Argentina* (im Weiteren CSJN) –[2] zwischen Provinz- und Bundesgerichtsbarkeit getrennt. Die Frage der Zuweisung einer Straftat zu Bundes- oder Provinzrecht ist daher nicht nur eine Frage, welches Recht das berufene Gericht anzuwenden pflegt, sondern vielmehr welcher Instanzenweg beschritten werden muss. Hinzu kommt, ausgehend vom Territorialprinzip, dass gemäß Art. 118 Satz 2 CN die argentinische Bundesverfassung die ortsgebundene Aburteilung von föderalen Straftaten in der jeweiligen Provinz garantiert, in der die Straftat begangen wurde.[3] Das bedeutet, dass nicht ein zentraler föderaler Instanzenzug neben den jeweiligen Provinzstrafgerichten besteht, sondern in den Provinzen parallel föderale Strafgerichte existieren, die föderale Gerichtsbarkeit insofern auch dezentralisiert ist.[4] In dieser Parallelität der Instanzenzüge wenden dabei konsequent die Bundesgerichte Bundesverfahrensrecht, die Provinzgerichte Provinzverfahrensrecht an.[5] Letztlich ist also für die Aufteilung zwischen Bundes- und Provinzgerichtsbarkeit im Strafverfahren von entscheidender Bedeutung, wann durch einen Sachverhalt eine Gesetzgebungsmaterie des Bundes tangiert ist, welche die – strukturelle – Ausnahme der Bundeszuständigkeit auslöst. Alle Materien, die der Bund gesetzlich zu regeln hat,

---

[1] Vgl. *Haratsch* in: Sodan, GG, Art. 92, Rn. 8.

[2] Die Tatsache, dass Urteile letztinstanzlicher Provinzgerichte teilweise im Wege des *recurso extraordinario de apelación* vor dem CSJN angreifbar sind, vorgesehen in Art. 14 von Gesetz 48, lässt nicht den Rückschluss zu, dass das Bundesrecht übergeordnet sei; so *Maier*, DPP, B. II, S. 522.

[3] Siehe *Maier*, DPP, B. II, S. 538.

[4] Das Rechtsmittel der Revision ist hingegen zentralisiert im Kassationsgerichtshof (*Cámara Nacional de Casación Penal*) in *Buenos Aires*; siehe sogleich unten.

[5] So *Zarini*, Constitución Argentina, S. 285.

31

sind demnach auch unter dessen Strafverfolgungsschutz zu stellen. Es lassen sich der Verfassung drei Fallgruppen entnehmen, deren jeweiliger Anknüpfungspunkt materieller, personeller oder lokaler Natur sein kann.

a) Materielle Verfahrenskompetenz

Der Grundsatz, dass der Bund immer dann die Gesetzgebungskompetenz haben soll, wenn eine einheitliche nationale Gesetzgebung erforderlich ist (s.o.), wird durch die materielle Verfahrenskompetenz in Strafsachen in diesen Materien auf die Rechtsprechungskompetenz übertragen (Art. 116 i.V.m. Art. 75 Nr. 32 CN).[6] Man kann daher festhalten, dass der Bund die Strafverfahrenskompetenz hat, wenn es die nationale Einheit, Souveränität oder Sicherheit erfordert. So gibt es Tatbestände (oft auch in Nebengesetzen zu finden[7]), die bereits kraft ihres Normzwecks typische Bundesdelikte sind, etwa Geldfälschung, Wahlfälschung, Staatsschutzdelikte, Straftaten gegen das Post- und Fernmeldewesen, Straftaten gegen den Bahnverkehr, Betäubungsmittelverstöße,[8] usw. Hierbei handelt es sich um Materien, die explizit der Gesetzgebung des Bundes unterstehen. Doch nicht nur die Art des Deliktes selbst, sondern die Umstände der Tat können zur Bundesgerichtszuständigkeit führen, auch wenn es sich nicht um ein klassisches Bundesdelikt handelt. Etwa der Diebstahl oder die Sachbeschädigung an einer Sache, die im Bundeseigentum steht, oder der Diebstahl an einem Eigentum eines Bundesbediensteten während dessen Amtsausführung. Prinzipiell können daher alle Strafnormen eine Zuständigkeit der Bundesgerichtsbarkeit begründen, sofern sie den Schutz eines Bundesrechtsguts nicht nur bezwecken, sondern tatsächlich gewährleisten. Die Auslegung, wann die nationale Staatssouveränität, -einheit oder -sicherheit gefährdet ist, ist demnach großzügig.

---

[6] Vgl. *Maier*, DPP, B. II, S. 531.

[7] So *Gropengießer*, ZStW 105, S. 172; *Woischnik*, Untersuchungsrichter, S. 82.

[8] Es ist allerdings nicht ganz unstrittig was „typische" Bundesdelikte sind. Der Bundesgesetzgeber sieht sich dem Vorwurf ausgesetzt, durch die Auslagerung von Strafnormen mit Prozessvorgaben in Nebengesetze, die verfassungsmäßigen Vorgaben zu unterwandern und die Definition, was einer „Zentralisierung" als Bundesrecht bedarf, zu überreizen; hierzu *Guariglia*, ZStW 109, S. 139 f.

b) Personelle Verfahrenskompetenz

Auch an der Person des Täters oder des Tatopfers wird die Aufteilung in Bundes-
oder Provinzgerichtsbarkeit festgemacht. So findet der Bundesstrafprozess Anwendung, wenn es sich bei der beschuldigten Person oder dem Opfer um einen Bot-
schafter, einen Gesandten, einen ausländischen Konsul oder einen Minister des
Bundes handelt.[9] Nur diese Personen genießen die Bundesausnahme kraft ihres
Amtes, sonstige Staatsbedienstete nicht.[10] Allerdings kommt es bei allen sonstigen
Staatsbediensteten häufig zu einer Bundeszuständigkeit kraft materieller Verfahrenskompetenz (s.o.), da auch die Angestellten des Bundes durch die Geschäftsfüh-
rung ein „bundesnationales Interesse" erfüllen, welches unter den Strafverfahrens-
schutz des Bundes zu stellen ist.[11]

c) Lokale Verfahrenskompetenz

Die Bundesstrafgerichtszuständigkeit kann sich auch aus dem Tatbegehungsort ergeben.

aa) Nationale Territorien

Hierunter fallen zunächst Gebiete, die gem. Art. 75 Nr. 15 CN keiner Provinz angehören.[12] In diesen Gebieten übt der nationale Kongress seine Legislativgewalt
unmittelbar aus.[13] Früher galt dieser Passus für weite Gebiete Patagoniens und für
Feuerland, da sich zur Gründungszeit der argentinischen Nation in dieses kaum
besiedelte Gebiet kein Provinzterritorium erstreckte. Heute sind auch Patagonien
und Feuerland eigenständige Provinzen, so dass die bundesunmittelbare Zuständigkeit aus Art. 75 Nr. 15 CN keine praktische Bedeutung mehr hat. Eher theoreti-
scher Natur ist die Gültigkeit für das argentinische Territorium der Antarktis, ein
Anspruch, der allerdings durch den Antarktisvertrag ruht, und das Gebiet der Inseln

---

[9]   Vgl. *Maier*, DPP, B. II, S. 534 f.; *Woischnik*, Untersuchungsrichter, S. 83.
[10] Hierzu *Maier*, DPP, B. II, S. 536.
[11] Vgl. *Gropengießer*, ZStW 105, S. 172.
[12] *[...] territorios nacionales, que quedan fuera de los límites que se asignen a las provincias.*
[13] Vgl. *Maier*, DPP, B. II, S. 525.

Südgeorgiens, der südlichen Sandwichinseln und der Falklandinseln, die zum britischen Überseegebiet gehören, auf das Argentinien ebenfalls einen Besitzanspruch erhebt.[14] Andere kleinere Inseln, die ebenfalls keiner Provinz angehören, fallen auch unter das Nationalterritorium. Ebenso kann diese Regelung für das offene Meer und Binnengewässer Bedeutung haben, die direkt auf der Grenze zwischen zwei Provinzen verlaufen.[15]

bb) Territorien von nationalem Nutzen

Die wichtigere lokale Kompetenz ergibt sich aus Art. 75 Nr. 30 CN. Anders als die bundesunmittelbaren Territorien, handelt es sich hierbei um Provinzgebiet. Die Charakteristika dieser Orte ist allerdings, dass sie von nationalem Nutzen sind. Hierunter fallen bspw. alle Bundesbehörden, Filialen der Argentinischen Post (*Correo Nacional*), Militäranlagen, Schiffshäfen, Flughäfen, Universitäten und Nationalstraßen (*rutas nacionales*).[16]

d) Einfachgesetzliche Regelung im CPPN

Alle drei Formen der in der Verfassung angelegten Zuständigkeit der Bundesstrafgerichte kraft materieller, personeller oder lokaler Kompetenz finden sich auch im einfachen Recht des Art. 33 der Bundesstrafprozessordnung wieder.[17] Danach obliegen dem Bundesrichter:

„a) Die Straftaten auf hoher See, an Bord von [unter argentinischer Flagge fahrender] Schiffe oder bei Piraterie [...];

b) Die Straftaten in argentinischen Gewässern, Inseln oder Häfen;

c) Die Straftaten [...] in den Provinzen, sofern diese Bundesgesetze verletzen, dies sind diejenigen, die die Souveränität und Sicherheit der Nation verletzen, oder auf

---

[14] Hierzu *Gelli*, CN, S. 684 f.; *Gropengießer*, ZStW 105, S. 170, Fn. 9; die spanische Bezeichnung der Inseln ist *Islas Georgias del Sur, Islas Sandwich del Sur* und *Islas Malvinas.*

[15] Hinweis von Herrn *Alberto Nanzer*, Universität Buenos Aires.

[16] Beispiele von *Woischnik*, Untersuchungsrichter, S. 82.

[17] Vgl. *D'Albora*, CPPN, B. I, Art. 33, S. 97; *Maier*, DPP, B. II, S. 524; *Woischnik*, Untersuchungsrichter, S. 81.

den Betrug mit seinen Staatseinkünften abzielen, oder die Dienste seiner Staatsbediensteten behindern oder korrumpieren, oder die postalische Korrespondenz verletzen, stören oder verfälschen, oder die Nationalwahlen stören oder verfälschen, oder falsche nationale Urkunden verwenden, oder Falschgeld [...];

d) Diejenigen, die an Orten oder Einrichtungen begangen werden, wo der Bund die absolute und exklusive Gerichtsbarkeit besitzt [...];

e) Die Straftaten in den Art. 142 bis,[18] 145 bis, 145 ter, 149 ter, 170, 189 bis Absatz 1, Absatz 2 und Absatz 5, 212 und 213 bis des Strafgesetzbuches."[19]

e) Gerichtsorganisation in der Bundeshauptstadt

Ein Sonderfall ist die föderale Gerichtsaufteilung im Bereich des Bundeshauptstadt (*Capital Federal*). Bei der Eingliederung der Provinz Buenos Aires in die argentinische Nation wurde das Gebiet der gleichnamigen Stadt aus dem Provinzterritorium herausgelöst und unter die direkte Jurisdiktion des Bundes gestellt (s.o.).[20] Dies

---

[18] Verwirrung stiften beim deutschen Leser die Einschübe neuer Artikel in argentinische Gesetze, die nicht wie in Deutschland üblich mit a, b, c usw. gekennzeichnet werden, sondern mit bis, ter, quater usw. Der Art. 142 bis CP entspräche also in deutscher Gesetzessystematik einem § 142a. Es ist nicht die deutsche Präposition „bis" gemeint.

[19] *El juez federal conocerá: [...]*
a) Los cometidos en alta mar, a bordo de buques nacionales o por piratas, ciudadanos o extranjeros;
b) Los cometidos en aguas, islas o puertos argentinos;
c) Los cometidos en el territorio de la Capital o en el de las provincias, en violación de las leyes nacionales, como son todos aquellos que ofendan la soberanía y seguridad de la Nación, o tiendan a la defraudación de sus rentas u obstruyan y corrompan el buen servicio de sus empleados, o violenten o estorben o falseen la correspondencia de los correos, o estorben o falseen las elecciones nacionales, o representen falsificación de documentos nacionales, o de moneda nacional o de billetes de bancos autorizados por el Congreso;
d) Los de toda especie que se cometan en lugares o establecimientos donde el gobierno nacional tenga absoluta y exclusiva jurisdicción, con excepción de aquellos que por esta ley quedan sometidos a la jurisdicción ordinaria de los jueces de instrucción de la Capital;
e) Los previstos por los artículos 142 bis, 145 bis, 145 ter, 149 ter, 170, 189 bis (1), (3) y (5), 212 y 213 bis del Código Penal.

[20] Verwirrung stiftet die gleichlautende Bezeichnung von Stadt und Provinz *Buenos Aires* sowie das tatsächliche Stadtbild. Der Hauptstadtdistrikt wird dabei vom Territorium der Provinz vollständig umschlossen. Bei der ursprünglichen Abtretung des Hauptstadtdistrikts von der Provinz an den Bund waren die damaligen Stadtgrenzen maßgeblich. Heute hat das Ballungsgebiet die politischen Grenzen längst gesprengt. Etwa 2,8 Millionen Einwohner wohnen im tatsächlichen Bundesdistrikt, insgesamt ca. 13 Millionen im gesamten Ballungsraum. Dieser ist ein großes zu-

besagt Art. 75 Nr. 30 CN: „Dem Kongress obliegt [...] die Ausübung einer exklusiven Gesetzgebung auf dem Gebiet der Bundeshauptstadt".[21] Dem Grundsatz aus Art. 116 CN folgend, wonach Gesetzgebungszuständigkeit gleich Gerichtsbarkeitszuständigkeit bedeutet (s.o.), wird somit durch den Bundeskongress im Bereich der Hauptstadt auch ein Verfahren für Delikte, die nicht der föderalen Kompetenz aus Art. 33 CPPN unterfallen, etabliert. Der Bundeskongress geriert sich quasi zu einem Provinzgesetzgeber im Bereich seiner Hauptstadt, als lokaler Gesetzgeber.[22] Damit bestehen im Bereich der Bundeshauptstadt zwei Bundesstrafgerichtsbarkeiten. Die Föderale Gerichtsbarkeit (*Poder Judicial Federal*), die nach dem beschriebenen Muster von materieller, personeller oder örtlicher Anknüpfung zuständig ist, und eine Nationale Gerichtsbarkeit (*Poder Judicial Nacional*) für alle übrigen Fälle.[23] Wenngleich eine Separation theoretisch denkbar wäre, verfahren jedoch beide Gerichtszweige nach der Ordnung des CPPN. Der Anwendungsbereich des CPPN erstreckt sich daher auf die Fälle Föderaler Gerichtsbarkeit in ganz Argentinien und auf dem Territorium der Bundeshauptstadt zudem auf den Bereich der Nationalen Gerichtsbarkeit.[24]

Diese Aufteilung änderte sich auf Grund der Verfassungsnovelle von 1994. In Art. 129 CN wird der Hauptstadt weitgehende Autonomie gewährt, Autonomie gegenüber dem Bundesgesetzgeber: „Die Stadt Buenos Aires hat ein System einer autonomen Regierung, mit eigenen Befugnissen der Gesetzgebung und Rechtsprechung".[25] Die Verfassung spricht nun nicht mehr nur von der Bundeshauptstadt

---

sammenhängendes Stadtgebilde. Der Besucher merkt daher nicht, wann er den Bundesdistrikt verlässt und sich auf das Territorium der Provinz begibt. Das gesamte Stadtgebiet, also Distrikt samt Peripherie, wird auch als *Groß-Buenos Aires* bezeichnet. Im allgemeinen Sprachgebrauch, besonders im argentinischen Ausland, wird mit dem Namen *Buenos Aires* meist die tatsächliche Urbanisierung verbunden. Dagegen ist in dieser Arbeit, soweit nichts anderes angegeben ist, mit der Bezeichnung *Buenos Aires* immer der Bundeshauptstadtdistrikt gemeint.

[21] *Corresponde al Congreso: [...] 30 - Ejercer una legislación exclusiva en el territorio de la capital de la Nación.*

[22] So *Maier*, DPP, B. I, S. 121, B. II, S. 547 f.

[23] Vgl. *Maier*, DPP, B. II, S. 547; *Samtleben*, RabelsZ 2002, S. 256.

[24] Der Grundgedanke dieser Aufteilung ist heutzutage allerdings durch Kleingesetzgebung und richterliche Rechtsfortbildung derart verwaschen, dass die Basiskriterien kaum noch die Wirklichkeit widerspiegeln; so *Maier*, DPP, B. II, S. 548.

[25] *La ciudad de Buenos Aires tendrá un régimen de gobierno autónomo, con facultades propias de legislación y jurisdicción.*

(*Capital Federal*), sondern von der autonomen Stadt Buenos Aires (*Ciudad autó-noma de Buenos Aires*). Über den Status des Hauptstadtdistrikts ist ein Streit ent-brannt, ob das Territorium nun einer Provinz gleichzustellen ist. Jedenfalls tritt Art. 129 CN mit dem inhaltlich unveränderten Art. 75 Nr. 30 CN offensichtlich in Wi-derstreit. Eine Auffassung vertritt, dass nun auch die Bundeshauptstadt wie die Provinzen die Regelzuständigkeit aus Art. 121 CN automatisch besitzt. Die wohl herrschende Gegenmeinung verneint dies. Nach ihr müssen die Rechte des Bundes aktiv vom Bundesgesetzgeber an die Stadt abgetreten werden.[26] Der Ausgang die-ser Entwicklung ist noch offen, der Trend geht jedoch in die Richtung einer fakti-schen Gleichstellung der Hauptstadt mit den Provinzen, weil der Bund in der Ver-gangenheit mehr und mehr Befugnisse auf die Stadt übertragen hat.

Im Bereich des Strafrechts ist diese Entwicklung klar zu beobachten. So wurde zunächst auf Grund von Art. 8 Absatz 2 des Gesetzes 24.588[27] einer eigenen Stadt-gerichtsbarkeit die Zuständigkeit für Ordnungswidrigkeiten und Bußgeldverfahren (*contravenciones y faltas*)[28] übertragen. Fortan bestehen daher im Bereich der Bun-deshauptstadt drei Strafgerichtsbarkeiten: die Föderale, die Nationale und die Stadt-strafgerichtsbarkeit. Die Stadtstrafgerichtsbarkeit wandte für die Aburteilung der Ordnungswidrigkeiten- und Bußgeldverfahren eine eigene Verfahrensordnung an.[29] Diese beinhaltet selbst jedoch nur wenige Vorschriften, sondern verweist in Art. 6 auf die Regelungen des CPPN. Durch das Gesetz 25.752[30] wurde im Jahr 2003 auch die Aburteilung des Art. 189 bis CP an die Stadtgerichtsbarkeit übertragen, sowie im Jahr 2008 durch Gesetz 26.357[31] weitere zentrale Strafnormen[32]. Insge-

---

[26] Weil der Bundeshauptstadtdistrikt nicht in Art. 121 CN erwähnt werde, bedeute die Autonomie des Art. 129 CN nach *Zarini*, Constitución Argentina, S. 473, nicht die Gleichstellung mit den Provinzen.

[27] Genannt *Ley Cafiero*, Beschlussfassung am 08.11.1995, erlassen am 27.11.1995, B.O. am 30.11.1995, Inkrafttreten gemäß Art. 16 der Norm.

[28] Die Übersetzung ist nicht ganz Deckungsgleich, wird aber zur Veranschaulichung und Vereinfa-chung gewählt. Es bestehen nur geringe, für diese Untersuchung nicht bedeutende, Unterschiede.

[29] Gesetz 12 der Autonomen Stadt *Buenos Aires*, Beschlussfassung am 12.03.1998, erlassen am 13.03.1998, B.O. der Stadt *Buenos Aires* (BOCBA) Nr. 405 vom 15.03.1998.

[30] Beschlussfassung am 02.07.2003, erlassen am 25.07.2003, B.O. am 28.07.2003, Inkrafttreten gemäß Art. 2 septimo der Norm.

[31] Beschlussfassung am 28.02.2008, erlassen am 28.03.2008, B.O. am 31.03.2008, Inkrafttreten gemäß Art. 15 der Norm.

samt ist also die Zuständigkeit weg von der Nationalen Gerichtsbarkeit, hin zur Stadtgerichtsbarkeit erodiert. Seit dem 08.05.2007 hat die autonome Stadt Buenos Aires nun eine eigene Strafverfahrensordnung erhalten,[33] so dass im Bereich der Stadtgerichtsbarkeit der CPPN keine Anwendung mehr findet.[34]

In Zukunft ist zu erwarten, dass die Stadtgerichtsbarkeit die volle Zuständigkeit in Strafsachen erhält, somit die Situation im Bundesdistrikt dem System in den Provinzen angeglichen wird, so dass neben der Föderalen Gerichtsbarkeit nur noch die bundesunabhängige Stadtgerichtsbarkeit bestehen bleibt, mit eigener Verfahrensordnung, während die Nationale Gerichtsbarkeit aufgegeben wird.[35]

2. Horizontale Aufteilung innerhalb der Bundesgerichtsbarkeit(en)

Ist die Entscheidung zu Gunsten der Zuständigkeit der Föderalen oder Nationalen Gerichtsbarkeit gefallen, so gibt es verschiedene Einstiegsinstanzen.[36] Im Grundsatz sind die Kollegialgerichte der *Tribunales en lo criminal (federal)* zuständig (Art. 25 bzw. Art. 32 Absatz 1 CPPN)[37]. Im Bereich der leichten Kriminalität, für Straftaten deren Maximalstrafe drei Jahre nicht übersteigt, ist gemäß Art. 27 Absatz 2 CPPN der sogenannte Korrektionalrichter zuständig.[38] In Art. 28 und 29 CPPN

---

[32] Art. 95, 96, 106, 107, 108, 128, 129, 134 - 137, 149 bis Absatz 1, 150, 181, 183, 184, 208, sowie die in Gesetz 13.944, 14.346 und Art. 3 des Gesetzes 23.592 geregelten Nebenstraftatbestände.

[33] Namentlich *Código Procesal Penal de la Ciudad Autónoma de Buenos Aires* (Gesetz 2.303 der autonomen Stadt *Buenos Aires*).

[34] Der Anwendungsbereich des CPPN hat sich dadurch etwas geschmälert; die absoluten Fallzahlen in denen Bundesstrafprozessrecht angewandt wird sind geschrumpft. Der Bedeutungsverlust des CPPN ist allerdings marginal, denn seine große Relevanz für die argentinische Wissenschaft speist der CPPN weniger aus seiner Anwendungsquantität, als aus seiner Überregionalität (vgl. Kapitel II.2.).

[35] So *Maier*, DPP, B. II, S. 527 f. Diese an sich sinnvolle Entwicklung stößt noch auf Gegenwehr aus den Reihen der Nationalen Gerichtsbarkeit, wohinter wohl vor allem Arbeitsplatzängste stehen dürften. Mit Dank für diesen praktischen Hinweis an Frau Dra. *María Gabriela López Iñiguez*, Richterin am Gericht erster Instanz der Stadt *Buenos Aires*.

[36] Eine gute Übersicht bietet hierzu das Gerichtsverfassungsgesetz (Gesetz 24.050).

[37] *Los Tribunales en lo criminal juzgarán en única instancia de los delitos cuya competencia no se atribuya a otro tribunal.*

[38] Zum Korrektionalverfahren siehe Kapitel XVIII. Ähnlichkeiten bestehen zum französischen Modell, das zwischen dem *Tribunal correctionnel* für leichtere Straftaten und dem *Cour d'assises* für schwerere Straftaten unterscheidet.

ist die Zuständigkeit von Jugendrichtern und -gerichten geregelt. Anders als in Deutschland existiert zudem im argentinischen Bundesrecht ein Untersuchungsrichter. Hierbei handelt es sich um einen echten Sachverhaltsaufklärer und nicht lediglich um einen Rechtegaranten für den Beschuldigten nach Vorbild des Ermittlungsrichters.[39] Art. 26 CPPN regelt dessen Zuständigkeit. Für das Vollstreckungsverfahren ist gemäß Art. 30 CPPN der Vollstreckungsrichter zuständig.

(Nur) im Bereich der Bundeshauptstadt haben sich zudem eigene spezialisierte Gerichte für Wirtschaftskriminalität (*Tribunales en lo penal económico*)[40] und Steuerstraftaten (*fuero penal tributario*)[41] gebildet, welche die Föderalen und Nationalen Strafgerichte der Bundeshauptstadt flankieren. Diese sollen eine höhere Kompetenz der Verfahrensbeteiligten gewährleisten und so die längeren Verfahrensdauern bekämpfen, die diese Fälle auf Grund ihrer hohen Komplexität oftmals mit sich bringen.[42] Anders als bei der Spezialisierung in Deutschland, handelt es sich bei diesen Gerichten nicht um bloße Kammern innerhalb der üblichen Strafgerichtsbarkeit, sondern um autonome Gerichte.[43]

3. Instanzenzug innerhalb der Bundesgerichtsbarkeit(en)

a) Beschwerdeverfahren

Das Rechtsmittel der *apelación* ist mit der Beschwerde im Sinne der dStPO vergleichbar. Häufig wird in der deutschen Literatur für *apelación* die Übersetzung Berufung gewählt.[44] Dies ist allerdings nicht präzise, da sich die *apelación* nicht gegen ein erstinstanzliches Urteil richtet. Vielmehr ist gemäß Art. 24 Absatz 1 und

---

[39] Zur rechtstaatlich problematischen Institution des Untersuchungsrichters siehe die Untersuchung zum Akkusationsprinzip in Kapitel XI.

[40] Durch Gesetz 14.558 und Gesetz 14.831, B.O. am 24.09.1959.

[41] Durch Gesetz 25.292, Beschlussfassung am 13.07.2000, erlassen am 10.08.2000, B.O. am 16.08.2000.

[42] Vgl. *Maier*, DPP, B. II, S. 548.

[43] *Maier*, DPP, B. II, S. 548: *cierta autonomía*.

[44] So *Woischnik*, Untersuchungsrichter, S. 116; *Gropengießer*, ZStW 105, S. 199.

der Art. 449 ff. CPPN die *apelación* das Rechtsmittel gegen Beschlüsse im Vorverfahren. Zuständig ist für dieses Rechtsmittel die *Cámara de Apelación*.[45]

b) Revisionsverfahren

Der Kassationsgerichtshof (*Cámara de Casación*) ist gemäß Art. 23 CPPN das für die in den Art. 456 ff. CPPN geregelte Revisionsverfahren zuständige Gericht.[46] Eine zweite Tatsacheninstanz nach Vorbild der deutschen Berufung existiert im argentinischen Bundesrecht nicht.[47] Deshalb kommt der Frage, wann eine Revisionsbegründung sich auf die Nachprüfung *in iure* bezieht – und damit dem Wesen der Revision entspräche und zulässig wäre – oder lediglich die Tatsachenfeststellung anzweifelt – und damit die Revision unzulässig wäre, da sie die Tatsachenfeststellung ausspart – wesentlich größere Bedeutung zu. Von der „Frage über Tat oder Recht" (*pregunta de hecho o derecho*) hängt entscheidend ab, ob es überhaupt zu irgendeiner Überprüfung des erstinstanzlichen Urteils kommt.

Auf diesem Gebiet traf die CSJN im Fall „Casal"[48] eine wichtige Entscheidung. Danach sei die Beschränkung der Revision auf Rechtsfragen zwar historisch bedingt, der Verfassungsinterpretation aber nicht zwingend zu entnehmen. Es existiere kein Hindernis, dass das Rechtsmittel nicht auf die „gesunde Kritik in der Bewertung der Beweise im konkreten Fall" erstreckt werden könne. Mit anderen Worten hat die CSJN für die Revision die Plausibilitätskontrolle[49] zugelassen und

---

[45] Zudem ist die *Cámara de Apelacion* für das Klageerzwingungsverfahren zuständig, siehe *Gropengießer*, ZStW 105, S. 199. Weitere Übersetzungsverwirrung stiftet das Rechtsmittel in Art. 476 CPPN, dem *recurso de queja*. Als deutscher Terminus wird hier ebenfalls „Beschwerde" verwendet. Dabei handelt es sich allerdings nicht um eine Entscheidung in der Sache, sondern lediglich um ein Rechtsmittel gegen die rechtswidrige Ablehnung eines Rechtsmittels, das hätte gewährt werden müssen. Des Weiteren wird das Aufgabenfeld der *Cámara de Apelación* im Rahmen des Klageerzwingungsverfahrens in Kapitel XI.2. näher behandelt.

[46] Auch hier führt die Übersetzung wieder in die Irre. Während das Rechtsmittel der Revision im argentinischen Recht *recurso de casación* zu übersetzen ist, findet sich in den Art. 479 ff. CPPN ein *recurso de revisión*. Hierbei handelt es sich aber um ein Wiederaufnahmeverfahren. Auch hierfür ist gemäß Art. 23 CPPN der Kassationsgerichtshof zuständig.

[47] Vgl. *Woischnik*, Untersuchungsrichter, S. 116 f.

[48] CSJN vom 20.09.2005, B. 328-3, S. 3399 ff; Besprechung von *Pastor*, CDJP - Casación 2006, Nr. 5, S. 15 ff.

[49] Zum Begriff vgl. *Roxin/Schünemann*, Strafverfahrensrecht, S. 422, Rn. 1, S. 428, Rn. 25 ff.

ihren Anwendungsspielraum dadurch deutlich erweitert. Gleichzeitig hat die CSJN mit explizitem Verweis auf die deutsche Leistungstheorie[50] unmissverständlich klargestellt, dass die ursprüngliche Idee der Revision als Rechtsmittel zur Wahrung der Rechtseinheit und zur Rechtsfortbildung, um die Gewährleistung der Einzelfallgerechtigkeit zu ergänzen sei.[51] Der Zustand, dass für erstinstanzliche Urteile nur ein Rechtsmittel bestünde, wenn die rechtliche Würdigung des Falles von grundlegender Bedeutung sei, die Einzelfallungerechtigkeit dagegen rechtsmittellos bleibe, sei mit der Unschuldsvermutung aus Art. 8 Nr. 2 Satz 1 AMRK unvereinbar.[52] Ebenso verstoße die zu enge Revisionsgewähr gegen das Recht auf Rechtsmittel aus Art. 8 Nr. 2 Satz 2 lit. h AMRK.[53] So lässt sich festhalten, dass die argentinische Rechtsprechung die Revisionsgründe auf das von der h.M. in Deutschland vertretene Maß angeglichen hat. Die somit immer weitreichendere rechtliche Überprüfung der Tatfrage bildet damit auch ein Korrektiv für Unrecht im Einzelfall und drängt zunehmend in den eigentlichen Bereich der Sachverhaltsfeststellung. Freilich ist auch die Revision vor den argentinischen Kassationsgerichten durch die Nichtvornahme einer eigenen Beweisaufnahme faktisch begrenzt.[54] Die Nachteile des Fehlens einer zweiten Tatsacheninstanz können also auch durch die neue Rechtsprechung nicht vollständig kompensiert werden.

Der für das Revisionsverfahren zuständige Kassationsgerichtshof (*Cámara Nacional de Casación Penal*) bildet für die Nationale und Föderale Gerichtsbarkeit im Bereich der Bundeshauptstadt, für alle Spezialgerichtsbarkeiten (Minderjährige, Steuerstraftaten, etc.) und für die dezentralisierten Föderalen Gerichte in den Provinzen (Art. 118 Satz 2 CN) eine einheitliche Rechtsmittelinstanz.[55]

---

[50] Hierzu *Frisch* in: SK-StPO, 3. A., vor § 333, Rn. 14.
[51] Zur deutschen Rechtslage *Frisch* in: SK-StPO, 3. A., vor § 333, Rn. 17.
[52] So auch *Gropengießer*, ZStW 105, S. 200.
[53] So auch *Maier*, DPP, B. I, S. 635.
[54] Hierzu *Frisch* in: SK-StPO, 3. A., vor § 333, Rn. 18.
[55] Vgl. *Maier*, DPP, B. II, S. 548.

c) Recurso extraordinario

Vor der CSJN existiert gemäß Art. 14 des Gesetzes 48[56] das sogenannte außerordentliche Rechtsmittel (*recurso extraordinario*). Der Rechtsbehelf kann bei schwerwiegenden Fehlurteilen eingelegt werden, durch welche ein (spezifisches) Verfassungsrecht verletzt wurde. Der Prüfungsmaßstab der CSJN ist die Willkürlichkeit (*sentencia arbitraria*).[57] Trotz des weiten Verständnisses des *recurso extraordinario* ist dieses Rechtsmittel nicht ganz mit der Individualverfassungsbeschwerde aus Art. 93 Absatz 1 Nr. 4a GG gleichzusetzen, denn hinzutreten muss eine verfassungsrechtliche Relevanz. Diese schwammige Vorgabe kann nun mal mehr mal weniger eng von der CSJN ausgelegt werden, weshalb auch die Kriterien, wann ein Fall bis vor die CSJN gehen kann, divergieren.[58]

---

[56] Beschlussfassung am 25.08.1863, erlassen am 14.09.1863; es ist, mit einigen Änderungen, bis heute noch in Kraft.

[57] Siehe *Samtleben*, RabelsZ 2002, S. 264.

[58] Hierzu *Woischnik*, Untersuchungsrichter, S. 128; allerdings wird die dortige Schlussfolgerung der relativen Bedeutungslosigkeit der verfassungsrichterlichen Rechtsprechung für das Strafverfahrensrecht angesichts der allein für diese Untersuchung wichtigen CSJN-Entscheidungen nicht geteilt. Die CSJN fungiert zudem noch als Rechtsmittel der sogenannten diffusen Normenkontrolle. Das argentinische System folgt damit dem Beispiel des US-amerikanischen Supreme Court. Anders als in Deutschland haben die unteren Gerichte ebenfalls eine Verwerfungskompetenz, können also einfache Gesetze für Verfassungswidrig erklären. Die CSJN kann diese Entscheidungen korrigieren (oder bestätigen).

VI. Folgen der föderalen Aufteilungen im Strafrecht und Strafprozessrecht

1. Kompetenzstreit im Gesetzgebungsverfahren

Die dezentrale Gesetzgebungskompetenz im Strafverfahrensrecht hat in Argentinien für eine vergleichsweise große Anzahl an Strafverfahrensgesetzen gesorgt, gemessen an der Zahl der Einwohner der gesamten Nation (ca. 39 Millionen). Die Verfahrensgesetze unterscheiden sich mitunter deutlich.[1]

Daneben ist die Kompetenzaufteilung oft umstritten. In Deutschland hat die Zuordnung der Strafrechtsinstitute zum formellem oder materiellem Recht vorwiegend Bedeutung für die Frage, ob das Rückwirkungsverbot oder umgekehrt das Gebot der Anwendung des mildesten Gesetzes auf die Norm angewandt werden müssen.[2] Daneben ist die Diskussion über die Zuordnung der Regelungen zum formellem oder materiellem Recht für die Frage der Gesetzgebungszuständigkeit in Deutschland eher belanglos, da beide Gesetzesmaterien vom Bundesgesetzgeber zu regeln sind.[3] Die teilweise, an sich systemwidrige, Reglementierung von formellem Recht im Strafgesetzbuch wird daher nicht beanstandet. In Argentinien hat die Frage dagegen Gewicht.[4] An sich dürfte das argentinische Strafgesetzbuch keine formellen

---

[1] Bspw. ist die Vorverfahrensherrin nach dem Strafverfahrensgesetz der Provinz *Córdoba* die Staatsanwaltschaft, während der CPPN der Staatsanwaltschaft nur eine untergeordnete Rolle zuspricht. In der Provinz *Mendoza* existiert die Möglichkeit einer auflagenfreien Verfahrenseinstellung für Bagatelldelikte (Art. 26 CPP-Mendoza), was im CPPN nicht vorgesehen ist; hierzu *Marchisio*, Principio de oportunidad, S. 97 f.

[2] Nach deutscher h.M. findet Art. 103 Absatz 2 GG im Strafverfahrensrecht keine Anwendung; so BGHSt 46, 317 f.; *Krey/Esser*, Strafrecht AT, B. I, S. 25, Rn. 64; *ders.*, Strafverfahrensrecht, B. I, S. 1 ff., Rn. 3 ff. m.w.N; für Argentinien *Zaffaroni*, Tratado de DP, Parte general, B. V, S. 58 ff. Besonders leidenschaftlich diskutiert wurde in Deutschland die Rechtsnatur der Verjährung im Rahmen der Debatte um die Abschaffung der Verjährungsfristen für NS-Gewaltverbrechen und für Untaten des SED-Regimes. Der Streit scheint zu Gunsten des rein prozessrechtlichen Charakters der Verjährung entschieden. Hierzu *Beulke*, Strafprozessrecht, Rn. 8; *Roxin/Schünemann*, Strafverfahrensrecht, S. 135, Rn. 9; *Krey/Esser*, Strafrecht AT, B. I, S. 25, Rn. 65 ff. jew. m.w.N.

[3] So *Marchisio*, Principio de oportunidad, S. 75 ff., m.w.N. und mit explizitem Verweis auf die deutsche zentralistisch organisierte Strafgerichtsbarkeit.

[4] Vgl. *Zaffaroni*, Tratado de DP; Parte general, B. V, S. 59; *Maier*, DPP, B. II, S. 75; *Righi/Fernandez*, DP, S. 382 f.

Regelungen enthalten, da diese den Provinzgesetzgebern zufallen. Trotzdem trifft der Bundesgesetzgeber die Entscheidung über die Zuordnung über Gebühr zu seinen Gunsten.[5] So finden sich im Strafgesetzbuch neben den zuordnungsumstrittenen Instituten wie dem Antragsdelikt (Art. 71 Nr. 1, 72 CP) und der Verjährung (Art. 65 ff. CP), relativ eindeutig dem formellen Recht zuzuordnende Institute wie die umfassende Kodifizierung des Privatklagedelikts (Art. 71 Nr. 2, 73 ff. CP), die Aussetzung der Hauptverhandlung zur Bewährung (Art. 76 bis ff. CP; eine Art der Verfahrenseinstellung gegen Auflagen) und das Legalitätsprinzip (Art. 71 HS. 1 CP). Die Umgehung der Kompetenzzuordnungen aus der Verfassung geschieht vor allem in den Nebengesetzen besonders offensiv.[6] Wie im weiteren Verlauf der Untersuchung gezeigt wird, ist vor allem im Bereich der Verfahrensökonomie die Betriebsamkeit des Bundesgesetzgebers zu beobachten. Der Bundeskongress diktiert somit den Provinzen, an welcher Stelle des Strafprozesses Kürzungsmaßnahmen vorgenommen werden und an welchen Stellen nicht.[7]

2. „Gerichtsdesorganisation"

Die Idee der Aufteilung der Strafgewalt geht auf den Gedanken der Machtdezentralisierung zurück und soll so dem Staat für die Strafverfolgung neben den Prozessmaximen weitere Grenzen setzen.[8] Das Gegenteil scheint jedoch erreicht. Aus deutscher Sicht multiplizieren sich in Argentinien die uns bekannten Zuständigkeitsfragen durch den Föderalismus in der Strafgerichtsbarkeit. Bereits die hier dargestellten Aufteilungsprinzipien zwischen Provinz- und Bundesgerichtsbarkeit sind im Vergleich mit einer zentralistischen Gerichtorganisation um ein vielfaches komplizierter.

---

[5] So die m.M.; *Said*, La Ley 1997-F, S. 1040; *Binder*, Introducción, S. 94, unterstellt dem Bundesgesetzgeber machtpolitische Interessen.

[6] So *Zaffaroni* in: Styma/Zaffaroni, StGB Argentinien, S. 10; *Guariglia*, ZStW 109, S. 686 ff.; vgl. Kapitel II.3.d).

[7] Es stellt sich die Frage, ob sobald der Bundesgesetzgeber tätig wurde, sich die Regelungszuständigkeit der Provinzen allgemein erschöpft, also etwa der Bund den Katalog der Antrags- oder Privatklagedelikte abschließend definieren konnte oder ob die Provinzen die Möglichkeit haben darüber hinausgehende Regelungen zu treffen. Dieser Meinungsstreit ist abgebildet bei den Ausführungen zu Reichweite und Ausnahmen des Legalitätsprinzips (Kapitel VIII.3.).

[8] Siehe *Binder*, Introducción, S. 80.

So müssen beim Versuch einer umfangreichen Darstellung der Verfahrenswirklichkeit oftmals nicht nur die ausländischen Autoren kapitulieren,[9] letztlich auch diese Untersuchung. Tatsächlich lassen sich für die ohnehin umfangreichen Abgrenzungskriterien zahlreiche Grenzfälle finden, bei denen die Zuständigkeit umstritten und zweifelhaft ist. Die Verfahrenswirklichkeit ist daher nochmals komplexer. Dabei ist die Zuordnung der Gerichte zu unterschiedlichen Hoheitsträgern problematisch[10] und dies im hoheitsrechtlich delikaten Bereich der Strafgerichtsbarkeit, dessen Verfahrenshoheit, sei es generell oder im Einzelfall, traditionell als letztes veräußert wird. Andererseits – und dies ist statistisch der häufigere Fall – versuchen die Gerichte die Zuständigkeit in Zweifelsfällen „abzudrücken", um so die Arbeitsbelastung zu senken.[11] Die Undurchsichtigkeit der Zuständigkeitsregeln wird somit als gerichtsökonomische Gelegenheit missbraucht. Hinzu kommt, dass bei diesen „echten" Zuständigkeitskonflikten stets die Frage mitschwingt, nach welcher Prozessordnung letztlich verfahren wird. Da die jeweiligen in Frage kommenden Prozessordnungen nicht unwesentlich divergieren, muss es eine wichtige Aufgabe der Verteidigung sein, möglichst auf den Zuweisungsprozess im Mandantensinne Einfluss zu nehmen.[12] Die Zersplitterung der Strafgerichtsbarkeit kennt daher selten kurze Wege. Die der eigentlichen Strafverfolgung häufig vorgeschalteten föderalen Zuständigkeitsfragen bremsen das Verfahren aus. Die eigentliche Aufklärung in der Sache kommt nicht in Gang. Sicherlich ist dies ein Faktor, der zu überlangen Verfahrensdauern beiträgt. Die (Bundes-)Strafprozesse Argentiniens offenbaren hier eine strukturelle Schwäche.

Die einzige in Frage kommende Entscheidungsinstanz in diesen Kompetenzkonflikten, wenn sich Bundes- und Provinzgerichte nicht auf eine Zuständigkeit eini-

---

[9] Etwa *Samtleben*, RabelsZ 2002, S. 256; *Gropengießer*, ZStW 105, S. 171. Eine umfangreiche Beschreibung tituliert als „Annäherung" von *Maier*, DPP, B. II, S. 508 ff., speziell S. 538.

[10] Vgl. *Maier*, DPP, B. II, S. 550.

[11] So äußert sich *Maier*, DPP, B. II, S. 551.

[12] Z.B. im Bereich der Verfahrenseinstellung: In der Provinz *Mendoza* findet sich in Art. 26 Absatz 1 der Provinzstrafprozessordnung die Möglichkeit, Bagatellstraftaten vollständig und vor allem auflagenfrei einzustellen (hierzu *Marchisio*, Principio de oportunidad, S. 97 f.), eine Regelung die man im argentinischen Bundesrecht vergeblich sucht (vgl. Kapitel VIII.3.d). Im Bundesrecht existiert nur die auflagenbewehrte Einstellung, die sog. *suspensión del juicio a prueba* (vgl. Kapitel XVI).

gen können, ist die CSJN,[13] die hierfür eine eigene Abteilung unterhält. Dies ist logisch, denn nur die CSJN vereint für beide Hoheitsträger die letzte Instanz.

Es ist, als Folge des Föderalismus auch innerhalb der Föderalen Gerichtsbarkeit, eine Kasuistik aus Einzelgesetzen und Richterrecht entstanden, die nicht überschaubar ist. Zynisch wird deshalb sogar von „Gerichtsdesorganisation" gesprochen.[14] Die Praxis wird der schwierigen Lage oft nicht Herr. Die Fallzuweisungen finden daher teilweise willkürlich oder mit vorgeschobenen Begründungen statt. Die Willkürlichkeit und/oder Undurchsichtigkeit wird als problematisch angesichts der Garantie des gesetzlichen Richters (*juez natural*) gesehen, der, dem Grundgedanken der Gewaltenteilung folgend, auch in Art. 18 CN verankert ist.[15]

Ein weiterer Aspekt ist die in Art. 118 CN geforderte Aburteilung in der Provinz des Tatorts. Das *forum delicti comissi* erfordert einen hohen Personal- und Sachaufwand für teilweise nur dünn besiedelte Provinzen mit spärlicher Anzahl an Bundesdelikten.[16] Zwar wird nicht in jeder Provinz der komplette föderale Instanzenzug bereitgestellt, doch existiert mindestens (annähernd)[17] immer ein föderales Eingangsgericht je Provinz,[18] für das der gesamte übrige Justizapparat etabliert werden muss (Staatsanwaltschaft, Beschwerdegericht, Justizverwaltungsorgane etc.). Es wird kritisiert, dass die Ausgaben für diese Gerichte in keinem Verhältnis zu ihrem Nutzen stehen.[19]

Durch diese komplizierte Aufteilung und den damit verbundenen hohen materiellen und personellen Belastungen verschleißt der argentinische Staat viele Ressourcen, die zur Bewältigung seiner Aufgaben in der Strafverfolgung an anderer Stelle genutzt werden könnten.

---

[13] Vgl. *Maier*, DPP, B. II, S. 553.
[14] *Maier*, DPP, B. II, S. 538; eine sehr detaillierte Übersicht mit vielen Verweisen auf die höchstrichterliche Kasuistik zur föderalen Zuständigkeit zu finden in *Navarro/Daray*, CPPN, Art. 33, S. 157 ff.
[15] Hierzu *Binder*, Introducción, S. 141 ff.
[16] Vgl. *Maier*, DPP, B. II, S. 541 f. und 545 f.
[17] Die Aufteilung divergiert leicht, was historisch bedingt ist. Es gibt 16 Jurisdiktionen gemäß Art. 3 des Gesetzes Nr. 24.050, zuletzt modifiziert durch Gesetz 24.121.
[18] Vgl. *Maier*, DPP, B. II, S. 543.
[19] So *Maier*, DPP, B. II, S. 546.

3. Fazit/Ausblick

Die vorliegende Untersuchung hat strukturelle Schwächen des argentinischen Bundesstrafprozesses offenbart, die aus dessen starker föderaler Zersplitterung herrühren. Die Umstände verursachen in direkter Auswirkung überlange Verfahren. Indirekt werden Verfahren verzögert, weil Ressourcen in Anspruch genommen werden, die an anderer Stelle für die Entscheidung in der jeweiligen Sache fehlen.

Abhilfe könnte eine tiefgreifende Neustrukturierung durch den Gesetzgeber schaffen.[20] BINDER dagegen, ein Verfechter des starken Föderalismus, hält jede Vereinheitlichungstendenz im Strafrecht für verfassungswidrig, wenn sie das Machtgefüge zwischen Provinzen und Bund verschiebt.[21] Doch unabhängig von der verfassungsrechtlichen Frage müsste eine Föderalismusreform im Strafrecht politisch gewollt sein. Bund und Provinzen müssten jeweils bereit sein, Hoheitsrechte abzugeben. Angesichts der Schwierigkeiten, denen die Provinz- und Bundesstrafprozesse derzeit gegenüberstehen, scheint eine Annäherung zur Zeit ausgeschlossen. Zu stark wird das Strafrecht von den Gesetzgebern im eigenen Sinne politisch instrumentalisiert. Solange die wirtschaftliche, soziale und politische Lage sich nicht verbessert und die Diskussionen rund um das argentinische Strafrecht in ruhigere Fahrwasser einkehren, scheint eine Verständigung auf eine Vereinfachung des Justizsystems in weiter Ferne.

---

[20] So auch *Maier*, DPP, B. II, S. 538.
[21] *Binder*, Introducción, S. 93.

3. Abschnitt

Prozessmaximen
und Verfassungsgrundsätze

VII. Offizialmaxime (principio de oficialidad)

1. Grundsätze

Die Offizialmaxime besagt zunächst, dass das Entscheidungsorgan staatlich sein muss. Diese rechtsstaatliche Selbstverständlichkeit folgt für Argentinien aus der Existenz der staatlichen Verfahrensordnung des CPPN und dessen Gesamtverständnis. Auch Art. 18 der Verfassung lässt nur diesen Schluss zu.[1] Weiterhin steht der argentinische Bundesstrafprozess in der Tradition kontinentaleuropäischer Gesetzgebung.[2] Das Bundesstrafverfahren ist somit ein instruktorisches[3] (*inquisitivo*[4]) Verfahren, in dem es dem Staat obliegt, Strafverfolgung und Anklage zu übernehmen. Die Monopolstellung bei dieser Aufgabe ergibt sich aus Art. 71 CP, wonach alle Strafverfahren von Amts wegen eingeleitet werden.[5] Die Strafverfolgung von Privaten ist daher im Grundsatz ausgeschlossen.[6] Beherrscht wird somit die argentinische Bundesstrafverfolgung im weiteren Sinne[7] von der Offizialmaxime bzw. dem Offizialprinzip (*principio de oficialidad*).

---

[1]   Vgl. *Maier*, DPP, B. I, S. 816 f.

[2]   Vgl. Kapitel I.1.

[3]   Zum Begriff siehe *Perron* in: ders., Beweisaufnahme, S. 6 und S. 549 ff.

[4]   Im Spanischen existiert keine dogmatisch korrekte Übersetzung für das instruktorische Verfahren. Dabei wird der *modo inquisitivo* in der argentinischen Literatur - mehr noch als in Deutschland - überwiegend im traditionellen Sinne verstanden: die Funktionsverschmelzung beider Elemente des Offizialprinzips, Anklage und Urteil, in einer Institution. Zwar hatte auch der geheime und schriftliche Strafprozess des noch bis 1992 gültigen CPMP die Trennung von Anklage- und Urteilsfunktion im Grundsatz vollzogen, doch war die Machtstellung des Untersuchungsrichters derart ausgeprägt, dass seit der Liberalisierung der Begriff „inquisitorisch" mit dieser alten autoritären Ordnung in Verbindung gebracht wird. Der Begriff *inquisitivo* ist somit vorwiegend negativ behaftet. Den begrifflichen Gegenpart bildet das Adjektiv *acusatorio*, der für den modernen, instruktorischen Strafprozess steht. Allerdings entfernt sich der Begriff *acusatorio* somit von seinem ursprünglichen Bedeutungsgehalt des Anklageerfordernisses. Näheres hierzu *Woischnik*, Untersuchungsrichter, S. 12 f. m.w.N. und *Ambos/Woischnik*, ZStW 113, 349.

[5]   *Deberán iniciarse de oficio todas las acciones penales.*

[6]   Vgl. *Righi/Fernandez*, DP, S. 383 f.

[7]   Gemeint ist in Anlehnung an *Schroeder*, GA 1985, S. 486, die gesamte Tätigkeit des Staates von der Ermittlungseinleitung bis zur Urteilsfindung.

2. Staatliche Protagonisten

Die zentralen bundesstaatlichen Akteure für die Urteilsfindung sind die Berufsrichter.[8] In der Strafverfolgung und -ermittlung sind gemäß Art. 183 CPPN die Polizei oder die Sicherheitskräfte (*la policía o las fuerzas de seguridad*), gemäß Art. 65 CPPN die Staatsanwaltschaft (*Ministerio Fiscal* oder *Ministerio Público*) und gemäß Art. 194 CPPN der Untersuchungsrichter (*Juez de Instrucción*) ermächtigt und verpflichtet. Bei letzterem handelt es sich nicht lediglich um einen Ermittlungsrichter im Sinne einer Kontrolle für besonders einschneidende Zwangsmittel, sondern um einen echten Untersuchungsrichter zur Aufklärung des Sachverhalts im Vorverfahren. Zur Klageerhebung ist gemäß Art. 5 CPPN die Staatsanwaltschaft berufen.[9] Andere staatliche Organe können die öffentliche Klage nicht durchführen.[10] Andernfalls wird die verfassungsmäßig vorgesehene Aufteilung des Art. 120 CN verletzt, der diese Berechtigung nur der Staatsanwaltschaft zuteilt.[11]

Teil der Offizialmaxime ist auch die Pflichtverteidigung. Dieses Verständnis beruht darauf, dass der zur Durchführung des Strafprozesses berufene Staat diesen auch rechtsstaatlich zu organisieren habe. Somit hat der Staat auch über die Einhaltung der aus Art. 18 CN hervorgehenden Verteidigungsrechte zu wachen[12] und die Waffengleichheit herzustellen.[13] Das argentinische Bundesrecht[14] ist hier strikter als die deutsche StPO, indem es nicht nur ein Recht auf einen Verteidiger gewährt, son-

---

[8]   Die Verfassung sieht in Art. 118 CN die Beteiligung von Laienrichtern vor, also von Geschworenen oder zumindest Schöffen (so *Binder*, Introducción, S. 97 ff.). Diese seit 1853 bestehende Vorgabe wurde bisher vom Bundesgesetzgeber nicht umgesetzt. Hier zeigt sich die Passungenauigkeit der US-amerikanisch geprägten Verfassung mit dem in kontinentaleuropäischer Gesetzgebung stehenden instruktorischen Strafprozess (vgl. Kapitel IV.2.).

[9]   *La acción pública se ejercerá por el ministerio fiscal [...]*. Die komplexe Aufgabenzuweisung zwischen argentinischem Untersuchungsrichter und Staatsanwaltschaft im Bundesrecht und den Kompetenzkonflikten bei der Anklageerhebung wird näher thematisiert in Kapitel XI.1.

[10] So war dies z.B. vorgesehen für das sog. Antikorruptionsbüro (*oficina anticorrupción*), gemäß Art. 5 Nr. 19 des Gesetzes 25.233 und Art. 2 e) des Dekrets 102/99. Beide Normen wurden jedoch mittlerweile für verfassungswidrig erklärt.

[11] So *D'Alessio*, CP, B. I, S. 717.

[12] *[...] es inviolable la defensa en juicio [...]*.

[13] Vgl. *Maier*, DPP, B. I, S. 820.

[14] Einen Überblick über das Recht der Pflichtverteidigung in den einzelnen Provinzen gibt *Maier*, DPP, B. I, S. 821. Danach existiert in allen Provinzen die obligatorische staatliche Pflichtverteidigung.

dern diesen gem. Art. 107 CPPN zwingend vorschreibt, wenn kein Wahlverteidiger vom Beschuldigten beauftragt wurde, und das unabhängig von der Schwere der vorgeworfenen Tat. In Deutschland wird gem. § 140 dStPO nur in schwerwiegenden Fällen ein Pflichtverteidiger vom Gericht beigeordnet.[15] Nach argentinischem Bundesrecht kann gem. Art. 104 Absatz 1 CPPN vom Anwaltszwang nur in Ausnahmen abgesehen werden. In diesen Fällen darf die Verteidigung nicht gefährdet sein,[16] etwa wenn der Beschuldigte selbst ausreichend rechtskundig ist. Das Regel-Ausnahmeverhältnis der Pflichtverteidigung ist daher im Vergleich Deutschland zu Argentinien gerade umgekehrt. Auch organisatorisch ist die Pflichtverteidigung beim Staat angesiedelt. Die Pflichtverteidiger sind keine beigeordneten privaten Anwälte, sondern gehören dem *Ministerio Público* an. Die Pflichtverteidiger sind somit Staatsbedienstete. In der Praxis hat diese Form der Pflicht- oder Zwangsverteidigung freilich ein erhebliches qualitatives Defizit.[17]

3. Einschränkungen und Ausnahmen

a) Nebenklage

Gleich der deutschen Rechtslage kann sich gemäß der Art. 82 ff. CPPN ein Nebenkläger (*querellante particular*)[18] dem Strafverfahren anschließen. Erforderlich ist die Verletzteneigenschaft. Einerseits ist der Nebenkläger wie im deutschen Recht der Staatsanwaltschaft nicht untergeordnet, andererseits ersetzt er nicht die Anklagefunktion, wie etwa der Privatkläger.[19] Er kann jedoch die Staatsanwaltschaft zur Anklageerhebung gemäß Art. 348 Absatz 2 Satz 2 Alternative 2 CPPN im Klageerzwingungsverfahren verpflichten, was zu seinen wichtigsten Rechten gehört.[20]

---

[15] Siehe *Roxin/Schünemann*, Strafverfahrensrecht, S. 111, Rn. 31; *Gómez Colomer*, Proceso penal alemán, S. 80 und 326.

[16] Hierzu *Woischnik*, Untersuchungsrichter, S. 91 f.

[17] Ausführlich zur Pflichtverteidigung und m.w.N. und empirischen Daten belegt *Woischnik*, Untersuchungsrichter, S. 91 f.

[18] Die Bezeichnung *particular* steht für die Abgrenzung zum Privatkläger, der ebenfalls *querellante* heißt. Der Nebenkläger hat nur teilweise (partikulare) Rechte, zu denen die eigenständige Anklageerhebung eben nicht gehört.

[19] Vgl. *Krey*, Strafverfahrensrecht, B. I, Rn. 390.

[20] Ein Unterschied zur deutschen Rechtslage, wo die Verletzteneigenschaft gemäß § 172 Absatz 1 und 2 dStPO ausreichend ist und keine formelle Nebenklägerschaft vorausgesetzt wird.

b) Privatklage

Art. 71 CP selbst nennt als Ausnahme zur Offizialmaxime das Privatklagedelikt (*acción privada*). Gemäß Art. 73 CP schlüpft das Opfer in die Rolle des Anklägers (*querellante*). Von dessen Entscheidung hängt ab, ob die Strafverfolgung betrieben wird, oder nicht.[21]

c) Antragsdelikt

Bei den Antragsdelikten (*instancia privada*) gem. Art. 72 CPPN hat es ausnahmsweise der Verletzte in der Hand, die Strafverfolgung auszulösen bzw. zu verhindern. Wie in Deutschland stellt es die Aufnahme der staatlichen Strafverfolgung unter eine Anfangsbedingung. Die Verfolgung und besonders die Anklage selbst bleiben öffentlich-rechtlicher Natur.[22]

---

[21] Die Privatklage wird unter verfahrensökonomischen Gesichtspunkten in Kapitel XIV nochmals aufgegriffen.

[22] Vgl. *Maier*, DPP, B. I, S. 828. Das Antragsdelikt wird unter verfahrensökonomischen Gesichtspunkten in Kapitel XIII näher behandelt.

VIII. Legalitätsprinzip (principio de legalidad procesal)

1. Überblick

Über den Grundsatz der Staatlichkeit der Strafverfolgung (Offizialmaxime) hinaus, wird der argentinische Bundesstrafprozess vom Legalitätsprinzip (*principio de legalidad procesal*) beherrscht.[1] Der Verfolgungs- und Anklagezwang gilt vom ersten Anfangsverdacht bis zum erstinstanzlichen Urteil, wenn der Tatvorwurf nicht vorher ausgeräumt werden konnte.[2] Damit folgt das argentinische Bundesstrafverfahren der kontinentaleuropäischen Tradition instruktorischer Verfahrensarten. Kritisiert wird von der argentinischen Lehre die geradezu naive Fixierung des argentinischen Bundesrechts auf das Versprechen, jede Übertretung des Gesetzes gleichermaßen im gesetzlich vorgesehenen Maße zu bestrafen. Die Öffnung gegenüber den im Zeitalter der Massenkriminalität notwendigen Opportunitätsmechanismen findet nur zögerlich statt.

2. Quellen des Legalitätsprinzips

a) Quellen im CPPN

Sehr deutlich regelt Art. 5 Satz 1 CPPN das Legalitätsprinzip. Nach dessen Satz 1 hat die Staatsanwaltschaft immer von Amts wegen die Strafverfolgung einzuleiten.[3] Weiterhin ist sie gemäß Art. 5 Satz 2 CPPN nicht ermächtigt, von der Verfolgung abzusehen, sie zu unterbrechen oder sie einzustellen, außer in den gesetzlich vorgesehenen Fällen.[4] Hieraus ergibt sich die Pflicht zur Aufnahme von Ermittlungen und ein Anklagezwang, wenn sich der Tatverdacht erhärtet hat. Art. 5 CPPN

---

[1]   Vgl. *Maier*, DPP, B. I, S. 836 f.

[2]   Keine Pflicht besteht jedoch zur Rechtsmitteleinlegung durch die Anklagebehörde; *Clariá Olmedo*, DPP, B. VII, S. 146 f.

[3]   *La acción penal pública se ejercerá por el ministerio fiscal, el que deberá iniciarla de oficio [...].*

[4]   *Su ejercicio no podrá suspenderse, interrumpirse ni hacerse cesar excepto en los casos expresamente previstos por la ley.*

spannt den Bogen des Legalitätsprinzips vom ersten Verdacht bis zum erstinstanzlichen Urteil.

Obwohl Art. 5 CPPN die Strafverfolgung explizit der Staatsanwaltschaft überträgt, sind deren Aufgaben im Vorverfahren stark eingeschränkt. Die Rolle als Herrin des Vorverfahrens nimmt die Staatsanwaltschaft trotz des sehr klaren Wortlauts nicht ein; diese übernimmt in der Regel der Untersuchungsrichter. De facto ist die Aufgabe der Staatsanwaltschaft in einer Vielzahl der Fälle auf die Anklage beschränkt, während die Ermittlungstätigkeit vom Untersuchungsrichter durchgeführt wird. Allerdings ist gleichermaßen auch der Untersuchungsrichter an das Legalitätsprinzip gebunden, was aus Art. 194 CPPN hervorgeht. Danach muss der Untersuchungsrichter alle in seinem Zuständigkeitsbereich begangenen Delikte unverzüglich verfolgen, es sei denn, er überträgt gem. Art. 196 CPPN diese Ermittlungstätigkeit an die Staatsanwaltschaft.[5] Im (komplizierten) Zusammenspiel der Zuständigkeiten von Staatsanwaltschaft und Untersuchungsrichter ergeben sich somit keine Gültigkeitslücken des Legalitätsprinzips.[6]

Die Polizei ist ebenfalls an das Legalitätsprinzip gebunden. Jedoch ist strittig, wie dies dogmatisch zu begründen ist. Recht eindeutig scheint dies Art. 183 Absatz 1 CPPN vorzuschreiben, wonach die Polizei auf eigene Initiative auf Grund einer Anzeige oder auf Weisung der zuständigen Stelle die Offizialdelikte zu untersuchen hat.[7] Über das (gewünschte) Ziel einer bloßen Bindung an den Verfolgungszwang hinaus geht dann jedoch Art. 195 Absatz 1 CPPN, wonach die Untersuchung durch ein Ersuchen der Staatsanwaltschaft initiiert wird oder durch eine Vorkehrung oder Mitteilung der Polizei.[8] Diese an sich sinnvolle Regelung, die in erster Linie den Anfang der Strafverfolgungstätigkeit bestimmt, also gleichzeitig den Schirm der Beschuldigtenrechte aufspannt, wurde teilweise dahingehend ge-

---

[5] *El juez de instrucción deberá proceder directa e inmediatamente a invesitgar los hechos que aparezcan cometidos en su circunscripción judicial, sin perjuicio de lo dispuesto en el art. 196.*

[6] Näheres zur komplizierten und problematischen Rollenaufteilung zwischen Untersuchungsrichter und Staatsanwaltschaft in Kapitel XI.1.; siehe auch *Woischnik*, Untersuchungsrichter, S. 101 ff.

[7] *La policía [...] deberá [...] investigar, por iniciativa propia, en virtud de denuncia o por orden de autoridad competente, los delitos de acción pública [...].*

[8] *La instrucción será iniciada en virtud de un requerimiento fiscal, o de una prevención o información policial.*

deutet, dass die Polizei das eigenständige Recht besäße, ein Strafverfahren einzuleiten, gleichberechtigt gegenüber der Staatsanwaltschaft. Die Polizei würde somit der Staatsanwaltschaft ihre Vorrangstellung im Vorverfahren streitig machen. Um dies zu verhindern wird versucht, die Betonung jeder Eigenständigkeit der Polizei zu vermeiden. Deshalb wird auch argumentiert, dass Art. 183 CPPN der Polizei keinen direkten Strafverfolgungszwang auferlegt, diese vielmehr nur abgeleitet in ihrer Rolle als Hilfsbeamtin der Staatsanwaltschaft an das Legalitätsprinzip gebunden wird.[9] Damit soll klargestellt werden, dass das *Ministerio Público* der Kopf ist, beherrscht vom Geist des Legalitätsprinzips, und die Polizei nur der ausführende Arm.[10]

Eine weitere Ausprägung des Legalitätsprinzip in der Bundesstrafprozessordnung findet sich in Art. 348 Absatz 2 Satz 2 Alternative 2 CPPN. Dort ist das Klageerzwingungsverfahren des Nebenklägers geregelt. Dieses gewährt neben dem individuellen Interesse des Tatopfers an der Strafverfolgung auch die gerichtliche Kontrolle der Strafverfolgungsbehörden zum Schutze des Legalitätsprinzips.[11]

b) Quellen im Organgesetz der Staatsanwaltschaft

Das Organgesetz der Staatsanwaltschaft (*Ley Orgánica del Ministerio Público*, Gesetz 24.946) ergänzt in dessen Art. 29 die Regelungen des CPPN zum Legalitätsprinzip. Es wird klargestellt, dass die Strafverfolgung unmittelbar nach Bekanntwerden einer Straftat in Gang zu setzen ist.[12]

---

9 Siehe *Fierro* in: Baigún/Zaffaroni, CP, B. 2B, Arts. 71/76, S. 372 f.; *Woischnik*, Untersuchungsrichter, S. 104, Fn. 85.

10 Generell sind Bestrebungen zu beobachten, die (rechtsprechende) Rolle der Polizei zu schwächen und im Gegenzug die Staatsanwaltschaft zu stärken; so *Zaffaroni* in: Zaffaroni/Styma, StGB Argentinien, S. 10.

11 Vgl. *D'Albora*, CPPN, B. II, Art. 348, S. 773.

12 *La persecución penal de los delitos de acción pública deberá ser promovida inmediatamente después de la noticia de la comisión de un hecho punible.* Siehe *Fierro* in: Baigún/Zaffaroni, CP, B. 2B, Arts. 71/76, S. 372.

c) Quellen in der Verfassung

Ob sich das Legalitätsprinzip aus der argentinischen Verfassung herleiten lässt ist fraglich und umstritten.

Art. 19 CN erwähnt explizit ein *principio de legalidad*. Der Begriff *legalidad* ist im argentinischen Schrifttum jedoch für unterschiedliche Prinzipien besetzt. Während die Strafprozessrechtsdogmatik mit *legalidad* die Pflicht der Anklagebehörde zur Strafverfolgung meint, beinhaltet *legalidad* im Verfassungskontext des Art. 19 CN das Gesetzlichkeitsprinzip. Unterschieden wird daher ein *principio de legalidad material* (Gesetzlichkeitsprinzip) und das *principio de legalidad procesal* (Strafverfolgungszwang).[13]

Als weitere mögliche Verfassungsquelle kommt Art. 120 CN in Betracht, der mit der grundelegenden Verfassungsreform im Jahr 1994 eingeführt wurde. Danach hat die Staatsanwaltschaft die Aufgabe, das Vorgehen der Justiz auszulösen, zur Verteidigung der Legalität.[14] Was hier unter *legalidad* zu verstehen ist, ist fraglich. Für die Auslegung als Strafverfolgungszwang spricht sicherlich die Erwähnung im Zusammenhang mit der Anklagebehörde.[15] Mehr spricht allerdings für eine Auslegung des Wortes *legalidad* als Nomen zu *legal* (gesetzmäßig). Auch in den adversatorischen Verfahrensarten, in denen bekanntermaßen das Legalitätsprinzip nicht herrscht, muss das Verfahren gesetzmäßig sein. Sofern Art. 120 CN also von *legalidad* spricht votiert diese Norm nicht (zwingend) für den einen oder anderen Verfahrenstypus, sondern stellt lediglich klar, dass die Staatsanwaltschaft bei Ausübung ihrer Tätigkeit an Recht und Gesetz gebunden ist.[16] Die Verfassung bevorzugt darin keinen Verfahrenstypus, sondern ist neutral.[17]

---

[13] Zu diesem Homonym ausführlich *Prunotto Laborde*, Revista de DP 2001-1, S. 362 ff., der den Begriff Offizialprinzip (*oficialidad*) oder prozessuales Legalitätsprinzip (*principio procesal de legalidad*) für den Strafverfolgungszwang bevorzugt. Im Folgenden wird das *principio de legalidad* stets im Sinne des Strafverfolgungszwangs verstanden, wenn nichts anderes angegeben ist; so bspw. auch *Maier*, DPP, B. I, S. 828 ff.; *Righi/Fernandez*, DP, S. 384; *D'Albora*, CPPN, B. I, Art. 5, S. 28.

[14] *[...] tiene por función promover la actuación de la justicia en defensa de la legalidad.*

[15] Vgl. *Fierro* in: Baigún/Zaffaroni, CP, B. 2B, Arts. 71/76, S. 372.

[16] Vgl. *Zaffaroni*, En busca, S. 25, Fn. 19; *Bertelotti*, La Ley 2006-B, S. 736.

[17] Vgl. *D'Albora*, CPPN, B. I, Art. 5, S. 28.

Entgegen der Mehrheit der deutschen Autoren[18] und der Rechtsprechung[19] lehnt das überwiegende argentinische Schrifttum eine Herleitung des Legalitätsprinzips aus dem Gleichheitsgrundsatz (Art. 16 CN) oder dem Demokratie- und Rechtsstaatsprinzip ab.[20] Dies wird einmal damit begründet, dass es sich bei den Grundrechten um Abwehrrechte handelt, somit um ein Schutzschild des einzelnen Bürgers gegen staatliche Eingriffe, nicht um die umgekehrte Garantie, andere müssten dem gleichen Risiko staatlichen Handelns ausgesetzt sein, wie man selbst.[21] Ein anderer Grund ist aber wohl die Verfassungsgeschichte. Da die liberale argentinische Verfassung von 1853 eine Kopie der damaligen US-amerikanischen Verfassung war, kann man nicht annehmen, dass es dem ursprünglichen Willen des Verfassungsgebers entsprach und auch nicht die Intention der letzten Verfassungsreform von 1994 war, das Legalitätsprinzip in der CN festzulegen.[22]

Auch über den Umweg der AMRK, die gemäß Art. Art. 75 Nr. 22 Absatz 2 CN Verfassungsrang genießt, kann der CN das Legalitätsprinzip nicht entnommen werden. Die Konvention muss bereits aus ihrem gewollten Geltungsbereich heraus diese Option offen lassen, denn sie wurde für alle Länder der *Organization of American States* entworfen. Somit erstreckt sich ihr Anwendungsbereich auf Länder mit unterschiedlicher Verfahrensstruktur.[23]

Im Ergebnis lässt sich somit festhalten, dass nach herrschender argentinischer Meinung die Verfassung das Legalitätsprinzip nicht enthält.[24]

---

[18] Bspw. *Krey*, Strafverfahrensrecht, B. I, Rn. 411; *Roxin/Schünemann*, Strafverfahrensrecht, S. 71, Rn. 2; *Meyer-Goßner*, StPO, § 152, Rn. 2; siehe auch *Muhm*, CDJP 1997, Nr. 7, S. 941.

[19] Etwa BVerfGE 46, S. 222 f.; BVerfG NStZ 1982, S. 430.

[20] *Maier*, DPP, B. I, S. 831, nennt diese Basis in der Verfassung spekulativ (*fundamento especulativo*); *D'Albora*, CPPN, B. I, Art. 5, S. 28; *De la Rúa*, CP, Arts. 71 a 76, S. 1143; *Bertelotti*, La Ley 2006-B, S. 736; a.A. *Zaffaroni*, Tratado de DP, B. V, S. 58.

[21] So *Maier*, DPP, B. I, S. 831.

[22] Vgl. *Prunotto Laborde*, Revista de DP 2001-1, S. 363.

[23] Wenngleich die wichtigsten adversatorisch geprägten OAS Mitglieder, die Vereinigten Staaten und Kanada, die AMRK bislang nicht ratifiziert haben. Vgl. *Llobet Rodríguez*, Unschuldsvermutung, S. 37 ff. m.w.N.

[24] Vgl. *Marchisio*, Principio de oportunidad, S. 60; *Cafferata Nores*, Cuestiones actuales, S. 27, *D'Albora*, CPPN, B. I, Art. 5, S. 28; *Prunotto Laborde*, Revista de DP 2001-1, S. 363 und 365; *Bertelotti*, La Ley 2006-B, S. 736.

d) Quellen im CP

Gemäß Art. 71 CP „sind alle Strafverfolgungen von Amts wegen einzuleiten".[25] Mit *deberán* (müssen oder sollen) wählt das Gesetz einen Imperativ.[26] Darin liegt der „Befehl" zur Strafverfolgung.[27] So bestimmt das argentinische Strafgesetzbuch klar die Anwendung des Legalitätsprinzips in der Strafrechtspflege.[28]

Ebenfalls Bestandteil des Legalitätsprinzips ist Art. 274 CP.[29] Der Tatbestand enthält ein Berufsverbot für Fälle, in denen ein Amtsträger die ihm gebotene Strafverfolgung unterlässt.[30] Ebenso ist mit Art. 277 CP die Strafvereitelung strafbar. Relevant sind für Strafverfolgungsbeamten besonders die Tatbestandsalternativen der Nr. 1 lit. a und Nr. 1 lit. d. Danach macht sich strafbar, wer „jemandem hilft, sich den Ermittlungen der Behörden oder sich deren Verfolgung zu entziehen" und/oder „die Begehung einer Straftat oder den Täter oder Beteiligten einer bereits bekannten Straftat nicht anzeigt, wenn er verpflichtet ist, die Strafverfolgung einer derartigen Straftat einzuleiten".[31] Eine Strafschärfung sieht Art. 277 Nr. 3 lit. c zudem für Amtsträger vor. Bei Art. 274 und Art. 277 CP handelt es sich somit um die materiellrechtliche Sanktion der Verletzung des Legalitätsprinzips, eine repressive Kontrolle.

3. Rechtsnatur und Geltungsbereich des Legalitätsprinzips in der argentinischen Nation

Außer Zweifel steht, dass vom argentinischen Bundesgesetzgeber, wie auch von allen argentinischen Provinzen, das Legalitätsprinzip als Regel politisch gewollt

---

[25] *Deberán iniciarse de oficio todas las acciones penales* (Übersetzung des Verfassers zur besseren Verdeutlichung des Legalitätsprinzips).
[26] Vgl. *Cafferata Nores*, Cuestiones actuales, S. 28.
[27] Vgl. *Maier*, DPP, B. I, S. 830; *Marchisio*, Principio de oportunidad, S. 61.
[28] Vgl. *Maier*, DPP, B. I, S. 830.
[29] Vgl. *Cafferata Nores*, Cuestiones actuales, S. 28.
[30] *El funcionario público que, faltando a la obligación de su cargo, dejare de promover la persecución y represión de los delincuentes, será reprimido con inhabilitación [...]*.
[31] *Ayudare a alguien a eludir las investigaciones de la autoridad o a sustraerse a la acción de ésta; no denunciare la perpetración de un delito o no individualizare al autor o partícipe de un delito ya conocido, cuando estuviere obligado a promover la persecución penal de un delito de esa índole.*

und deswegen auch etabliert ist. Es stellt sich allerdings die Frage, inwiefern das Legalitätsprinzip über eine rechtspolitische Forderung hinaus im argentinischen Bundesstaatsgefüge auch rechtsstaatlich verbindlich ist.

Dabei fällt mit Blick auf die Quellen des Legalitätsprinzips auf, dass das Legalitätsprinzip entgegen der deutschen Dogmatik nur in einfachrechtlichen Normen garantiert wird. Eine verfassungsrechtliche Basis, welche neben dem Bundesgesetzgeber auch die Provinzgesetzgeber über das Homogenitätsgebot zur Etablierung des Legalitätsprinzips verpflichtet und somit die Tendenz zum instruktorischen Verfahren vorgeben würde, fehlt von vorneherein (s.o.). Daneben überrascht, dass das Legalitätsprinzip nicht nur in der Bundesstrafprozessordnung und den jeweiligen Provinzprozessordnungen zu finden ist, sondern auch im nationalweit gültigen Strafgesetzbuch. Anders als in Deutschland haben die argentinischen Provinzen die Gesetzgebungskompetenz des Strafverfahrensrechts behalten und nur das materielle Strafrecht ist in die Zuständigkeit des Bundeskongresses gewandert.[32] Also ist die Frage der Zuordnung einer Regelungsmaterie zum formellen oder materiellen Recht entscheidend über die Gesetzgebungskompetenz zwischen Bund und Provinzen.[33] Die Zuordnung des Legalitätsprinzips zum materiellem Verfahrensrecht, was die Regelung in Art. 71 CP legitimieren könnte, ist jedoch zweifelhaft. Es scheint als zwinge der Bundesgesetzgeber mit einem einfachgesetzlichen Homogenitätsgebot die Provinzen zur Übernahme seiner bevorzugten instruktorischen Verfahrensweise.[34] Inwiefern die Provinzen also noch die Freiheit besitzen, die Ausnahmen zum Strafverfolgungszwang selbst zu bestimmen oder gar ein Strafverfahrenssystem ohne Strafverfolgungszwang zu kodifizieren – vorausgesetzt dies wäre politisch gewollt – muss geklärt werden. Die hierzu vertretenen Ansichten sind facettenreich, so dass hier nur auf die Hauptrichtungen eingegangen wird, ohne einzelne Nuancen berücksichtigen zu können.

---

[32] Siehe Kapitel IV.3.
[33] Vgl. *Marchisio*, Principio de oportunidad, S. 75 ff.
[34] Vgl. *Guariglia/Bertoni* in: Maier/Ambos/Woischnik, Las reformas, S. 37.

a) Legalitätsprinzip als Strafbarkeitsvoraussetzung

Eine Ansicht ordnet den Strafverfolgungszwang tatsächlich den materiellen Strafbarkeitsvoraussetzungen zu. Damit ist der Weg geebnet, das Legalitätsprinzip und dessen Ausnahmen vollständig in die Hand des Bundesgesetzgebers zu legen, da das materielle Strafrecht gemäß Art. 75 Nr. 12 CN in dessen Kompetenz liegt.[35] Diese Ansicht führt im Umkehrschluss konsequenterweise dazu, dass alle Ausnahmen zum Legalitätsprinzip nicht als bloße Prozessvoraussetzungen angesehen werden können. Antragserfordernis und Privatklage etwa wären vollständig materiell-rechtlicher Natur.[36] Die Folge ist, dass bei Änderungen an Strafbarkeitsvoraussetzungen das Rückwirkungsverbot bzw. das Gebot der Anwendung des mildesten Gesetzes zu berücksichtigen sind. Zur argentinischen Diskussion um die Zuordnung des Art. 71 CP zum materiellen oder formellen Recht wird zudem umfangreich die deutsche Dogmatik herangezogen.[37]

b) Legalitätsprinzip als rein formelle Voraussetzung

Eine Mindermeinung lehnt wegen des eindeutigen Verfassungswortlauts des Art. 75 Nr. 12 CN und der eindeutigen Zuordnung des Legalitätsprinzips zur Regelungsmaterie des formellen Strafrechts die Gesetzgebungskompetenz des Bundesgesetzgebers komplett ab. Dem Bundesgesetzgeber wird vorgeworfen, weniger aus Vereinheitlichungsinteresse als aus machtpolitischen Erwägungen Teile des Strafprozessrechts verfassungswidrig an sich zu ziehen.[38] Art. 71 CP muss dabei für sich genommen nicht verfassungswidrig sein, nur entfale er nach dieser Meinung keine Wirksamkeit auf die Provinzgesetzgeber, sondern binde nur den Bundesgesetzgeber selbst, der die Vorschrift irrtümlich in das falsche Gesetz aufgenommen hat.[39] Weitergehend wird gesagt, dass die Delikte des CP nur als Obergrenze einer staatlichen Strafverfolgungsmöglichkeit gesehen werden sollen. Es soll durch den CP garantiert werden, dass eine Provinz keine weitergehenden Delikte einführt.

---

[35] Hierzu *Soler*, DP, B. II, S. 527 f. m.w.N.
[36] Vgl. *De la Rúa*, CP, Arts. 71 a 76, S. 1143; *ders.*, La Ley 1997-D, S. 1198 ff., *Fontán Balestra*, DP, Parte general, B. III, S. 459; *Nuñez*, Tratado de DP, Parte general, B. II, S. 128.
[37] Vgl. *Marchisio*, Principio de oportunidad, S. 65 ff. m.w.N.
[38] Siehe *Binder*, Introducción, S. 94; *Said*, La Ley 1997-F, S. 1047.
[39] Vgl. *Said*, La Ley 1997-F, S. 1047.

Der CP kann somit als *Magna Charta* der „möglichen Strafbarkeit" des Verbrechers verstanden werden, nicht jedoch dahin, dass jede Straftat auch tatsächlich zu verfolgen ist.[40] Nach dieser Ansicht sei es dem Provinzgesetzgeber völlig frei gestellt, etwa ein von Grund auf adversatorisches System zu etablieren. Das Legalitätsprinzip sei daher für den Provinzgesetzgeber eine rein politische Entscheidung und nur für den Bundesgesetzgeber (selbst) rechtlich bindend.

c) Legalitätsprinzip als Mindeststandard /gemischte Ansichten

Einige gemischte Ansichten halten die Zuordnung des Legalitätsprinzip und dessen Ausnahmen zum Prozessrecht zwar für richtig, so dass die Regelung des Legalitätsprinzips im Bundesstrafgesetzbuch an sich verfassungswidrig wäre, jedoch wird versucht, die Gültigkeit des Art. 71 CP über eine Verfassungsauslegung zu retten. Danach hätten die Provinzen, genauso wie sie nicht alle Kompetenzen an den Bundesgesetzgeber abgetreten haben, auch nicht alle Kompetenzen im Strafverfahrensrecht behalten. Dies zeige zum Beispiel der Verbleib der Möglichkeit des Bundesgesetzgebers, durch Ratifizierung völkerrechtlicher Verträge prozessuales Strafrecht bundesweit zu etablieren. Die historische Entwicklung des argentinischen Strafprozesses aus dem damals nationalweit gültigen spanischen Inquisitionsprozess belasse deshalb eine gewisse Kernkompetenz beim Bundesgesetzgeber zur Etablierung eines Minimalstandards.[41] Zudem würden die Provinzen zu sehr in den Bereich der Bundesgesetzgebung eindringen, wenn sie durch die prozessualen Vorschriften die Durchsetzung des materiellen Strafrechts aushebeln.[42] Nach dieser Ansicht sind also die Provinzen an das Legalitätsprinzip als historisch verbürgtem Minimalstandard gebunden.[43]

---

[40] Befragung von Dr. *José Luis Said*, Richter am *Tribunal Superior de Justicia de la Ciudad Autónoma de Buenos Aires*, am 20.03.2009.

[41] Befragung von Prof. Dr. *Julio B. Maier* am 20.03.2009, Emeritus der Universität Buenos Aires und Richter am *Tribunal Superior de Justicia de la Ciudad Autónoma de Buenos Aires* i.R.; ebenso *Marchisio*, Principio de oportunidad, S. 109.

[42] Fall „Miranda y otro" der CSJN vom 16.05.1951, B. 219, S. 409 f. unter Einbeziehung des Art. 67 Nr. 11 CN a.F. (= Art. 75 Nr. 12 CN n.F.); ähnlich Fall „Tamborini" der CSJN vom 25.06.1948, B. 211-1, S. 426 f.

[43] Siehe auch die grundlegenden Ausführungen von *Maier*, Tiedemann-FS, S. 1228.

Neben dem Grundsatz des Legalitätsprinzips hat der Bund gleichzeitig einige Ausnahmen hierzu formuliert, etwa in Art. 71 das Antragsdelikt, die Privatklage und die Verfahrenseinstellung gegen Auflagen. Wenn die Provinzen also an das (einfachgesetzliche) Legalitätsprinzip nach dieser Ansicht gebunden sind, knüpft sich die Folgefrage an, inwieweit die Provinzen auch die vom Bund hierzu erlassenen Opportunitätsausnahmen einhalten müssen.

Einmal könnte man sagen, dass die Provinzen nur zur grundsätzlichen Einhaltung des Legalitätsprinzips verpflichtet sind, in der Reglementierung der Opportunitätsausnahmen aber vollständig frei sind. Die Provinzen hätten folglich die Auswahl, ob sie vom Bund erlassene Opportunitätsausnahmen anwenden möchten und/oder ob sie weitergehende eigene Opportunitätsvorschriften erlassen wollen. Die zu beobachtende Umkehrung des Regel-Ausnahmeverhältnisses könnte dabei aber zu einer vollständigen Aushöhlung des Legalitätsprinzips führen, weshalb diese Freiheit der Provinzen innerhalb dieser Ansicht nicht vertreten wird.[44]

Ein anderer Ansatz verpflichtet die Provinzen diametral zum Strafverfolgungszwang bei gleichzeitigem Verbot der Einführung weitergehender Opportunitätsmaßnahmen. Daneben sind die Provinzen auch an die bundesrechtlichen Opportunitätsnormen gebunden. Der Bundesgesetzgeber bestimme demnach umfassend darüber, in welchen Fällen eine Ausnahme vom Strafverfolgungszwang zulässig ist. Den Provinzen verbleibt keine Kompetenz, weder über das Legalitäts- noch über das Opportunitätsprinzip. Soweit ersichtlich wird dies allerdings nicht so radikal vertreten. Eine abgeschwächte Form besagt aber, dass den Provinzen die Gesetzgebungskompetenz dann entzogen ist, wenn es die fundamentalen Regelungen (*regulación fundamental*) zum Legalitätsprinzip betrifft.[45] Diese Formulierung lässt allerdings weiteren Interpretationsspielraum.

Weiter könnte man sagen, dass, sobald der Bundesgesetzgeber eine Ausnahme zum Legalitätsprinzip selbst in die Hand genommen hat, die Ausweitung desselben Ausnahmeinstituts nicht mehr zulässig ist, der Bundesgesetzgeber also zum Ausdruck bringt, dass er diese Opportunitätsausnahme erschöpfend geregelt hat. Ein

---

[44] Im Ergebnis *Marchisio*, Principio de oportunidad, S. 97.
[45] Hierzu *Marchisio*, Principio de oportunidad, S. 97.

nicht zulässiges Beispiel wäre, wenn etwa ein Provinzgesetzgeber den im Bundesstrafgesetzbuch festgelegten Katalog der Privatklagedelikte im eigenen Prozessrecht nochmals erweitert. Daneben wären allerdings eigenständige Opportunitätsansätze zulässig, die bisher gar nicht vom Bundesgesetzgeber geregelt wurden (etwa Einstellung ohne Auflagen bei Bagatellen).

d) Würdigung

Welche Ansicht sich in der argentinischen Legislatur durchsetzt, ist schwierig zu beurteilen. Auszuschließen ist jedoch die kaum vertretene völlige Unverbindlichkeit des Legalitätsprinzips aus Art. 71 CP. Auch scheint die Auffassung überholt, nach der Art. 71 CP als materiellrechtliche Regelung legitimiert sei. Innerhalb der gemischten Ansichten ließ sich in der jüngeren Kodifikation von Provinzstrafprozessordnungen eine enge und eine liberalere Richtung ausmachen. Während etwa die Prozessordnung der Provinz Chubut die umfangreiche Kompetenz des Bundesgesetzgebers auch im Bereich der Opportunität anzuerkennen scheint (mangels eigener Initiativen), formuliert die neue Ordnung der Provinz Mendoza umfangreiche Opportunitätsmaßnahmen, die über die Vorgaben des nationalen Strafgesetzbuches hinausgehen.[46]

In eigener Wertung scheinen die gemischten Ansichten sehr vom politischen Wunsch nach einer allgemeinen, nationalweiten Gültigkeit des Legalitätsprinzips getragen und man nimmt die mehr oder weniger offene Umgehung der Verfassungsvorgabe des Art. 72 Nr. 12 CN in Kauf.

Zutreffend scheint dagegen das Argument, dass das Prozessrecht nicht die Aushöhlung des materiellen Strafrechts betreiben darf. Mit den Worten von RIEß: „Da das Strafrecht sich nur in einem rechtlich geordneten Verfahren, d. h. im Strafprozess verwirklicht, muss Strafprozess die prinzipielle Durchsetzbarkeit des Strafrechts zum Gegenstand haben, wenn er seine rechtsfriedenssichernde Funktion erfüllen soll. Nimmt der Gesetzgeber seine Aufgabe ernst, Strafrecht als *ultima ratio* auf Rechtsgüterschutz zu beschränken, so handelt er nur dann widerspruchsfrei, wenn

---

[46] Art. 26 - 28; etwa für Bagatelldelikte, Vorschriften, die im Bundesrecht fehlen; *Marchisio*, Principio de oportunidad, S. 96 ff.

er zugleich anordnet, dass in den Fällen, die er als strafwürdig definiert, regelmäßig auch Strafe eintreten soll. Ein auf Rechtsgüterschutz reduziertes, auf seine Notwendigkeit überprüftes materielles Strafrecht muss in der überwiegenden Zahl der Fälle auch angewandt werden. Es entspricht dieser Wertung, wenn das Prozessrecht den Verfolgungszwang normativ zum Regelfall erklärt. Die Entscheidung, ob ein abweichendes Verhalten so sozialschädlich ist, dass der Rechtsgüterschutz den Einsatz des Strafrechts erfordert, muss grundsätzlich im materiellen Strafrecht getroffen werden. Es wäre eine Umkehrung des Verhältnisses von Strafrecht und Strafprozessrecht, wollte man mit Hilfe prozessualer Ermächtigungsnormen längere Zeit ganze Teile des Strafrechts derogieren."[47]

Allerdings scheint auch eine Herleitung des Legalitätsprinzips und damit die nationalweite Gültigkeit auch aus dem Gleichheitsgrundsatz in Art. 16 der argentinischen Verfassung durchaus möglich. Zwar mag der Ursprung des Verfassungstextes aus der us-amerikanischen *Bill of Rights* (s.o.) dagegen sprechen, doch muss und kann der Wille des Gesetzgebers neu gedeutet werden. Und gerade hier zeigt die Entwicklung des argentinischen Strafprozesses, dass es keineswegs vom Gesetzgeber, weder vom Bundesgesetzgeber noch von den Provinzgesetzgebern, gewollt war, von den inquisitorischen Wurzeln des Strafverfahrens abzurücken und sich an die adversatorischen Verfassungsvorgaben anzunähern.[48] Wenn es also keine Bewegung hin zum adversatorischen Verfahren gab, dies folglich in keinem Provinzparlament und nicht im Bundeskongress mehrheitsfähig war, so ist es möglicherweise an der Zeit, den vom Gleichheitsgrundsatz des Art. 16 CN ausgehenden Willen des Verfassungsgesetzgebers dahingehend zu deuten, dass darin das Legalitätsprinzip enthalten ist. Damit wäre das Legalitätsprinzip nicht nur eine politische Forderung,[49] sondern eine verfassungsrechtliche Garantie. Für eine so erwirkte Bindung aller (Provinz-)Gesetzgeber müsste somit keine Herleitung über ein quasi einfachgesetzliches Homogenitätsgebot erfolgen, sondern könnte über das verfassungsrechtliche Homogenitätsgebot alle Provinzen gleichermaßen zum Grundsatz des Legalitätsprinzips verpflichten. Daneben wären Durchbrechungen des Legali-

---

[47] *Rieß*, NStZ 1981, S. 5.
[48] So *Marchisio*, Principio de Oportunidad, S. 57.
[49] So *Bertelotti*, La Ley 2006-B, S. 736.

65

tätsprinzips auf Provinzebene erlaubt, wenn diese den Grundsatz des Legalitätsprinzips und damit die instruktorische Verfahrensweise nicht vollständig aushöhlen.

e) Schlussfolgerungen

Zusammenfassend lässt sich sagen: Das Legalitätsprinzip findet nach herrschender
argentinischer Meinung keine Basis in der Verfassung. Über Art. 71 des nationalweit gültigen Strafgesetzbuches hat das Legalitätsprinzip jedoch zwingend im gesamten Bundesgebiet als Grundsatz einfachgesetzliche Gültigkeit und zwar nicht
nur für den Bundesgesetzgeber und die Bundesstrafgerichtsbarkeit, sondern auch
für die Provinzgesetzgeber und die Provinzstrafgerichtsbarkeit. Dem Grunde nach
ist somit die instruktorische Verfahrensweise für alle Strafprozessrechtsgesetzgeber
verpflichtend. Dies wird nur von einer Mindermeinung abgelehnt.

Dies zeigt die tiefe Verwurzelung des gesamten argentinischen Rechts mit der instruktorischen Verfahrensweise.[50] Legalitätsprinzip und Opportunitätsprinzip stehen sich im Regel-Ausnahmeverhältnis gegenüber. Eine Abweichung von dieser
Grundordnung ist weder rechtlich möglich noch politisch gewünscht. Der Bundesgesetzgeber unterwirft seine eigenen Strafgerichte unstreitig dem Legalitätsprinzip.
Die Tragweite ist in Art. 5 CPPN klar ersichtlich.

Allerdings sind Ausnahmen vom Legalitätsprinzip sowohl für den Bundesgesetzgeber als auch für die Provinzen statthaft. Da die ganz herrschende Meinung ohnehin den Verfassungsrang des Legalitätsprinzips ablehnt, sind diese einfachgesetzlich möglich.[51] Der Bundesgesetzgeber hat einige Opportunitätsausnahmen im nationalweit gültigen Strafgesetzbuch geregelt. Diese (an sich systemwidrige)
Ausgestaltung der Opportunitätsinstrumentarien trimmt auch die Provinzen auf
eine Linie mit dem Bundesgesetzgeber, da sie als Mindeststandards die vom Bundesgesetzgeber eingeführten Opportunitätsausnahmen anwenden müssen. Darüber
hinausgehend haben manche Provinzen weitere Opportunitätsmaßnahmen kodifiziert.

---

[50] Vgl. *Maier*, DPP, B. I, S. 836 f.
[51] Am Beispiel der *suspension del juicio a prueba*: *Prunotto Laborde*, Revista de DP 2001-1, S.
362 f.

IX. Opportunitätsprinzip (principio de oportunidad)

1. Überblick/Entwicklung

In vielen Rechtsordnungen wird das Legalitätsprinzip derart eingeschränkt, dass nur von einer systematischen Vormachtstellung die Rede sein kann, die Wirklichkeit jedoch das Regel-Ausnahmeverhältnis zwischen Legalitäts- und Opportunitätsprinzip ins Gegenteil verkehrt hat. Dies gilt auch für die argentinische Bundesgerichtspraxis.[1] Doch ist der Maßnahmenkatalog nicht so umfangreich wie die Möglichkeiten für deutsche Gerichte und Staatsanwaltschaften.

Bis auf wenige, meist ermessenslose Vorschriften hielt auch die ursprüngliche Fassung des CPPN im Reformjahr 1994 zunächst an der formell ausnahmslosen Durchsetzung des Legalitätsprizips fest.[2] Erst im weiteren Reformverlauf konnten sich mit dem abgekürzten Verfahren[3] und der Aussetzung der Hauptverhandlung zur Bewährung[4] (entspricht in etwa der Verfahrenseinstellung gegen Auflagen)[5] zwei umfassende summarische Erledigungsformen durchsetzen. Diese Einführung fiel in eine relativ liberale Phase der Reformbewegung Ende der neunziger Jahre, die noch vom Anfangsschwung des neuen Gesetzeswerkes profitieren konnte und gewisse Versäumnisse moderner Strafverfahrensgesetzgebung nachholte. Der Gegentrend setzte vor allem zu Beginn des neuen Jahrtausends ein.[6]

---

[1]   Vgl. *Maier*, DPP, B. I, S. 834.
[2]   Vgl. *Guariglia/Bertoni* in: Maier/Ambos/Woischnik, Las reformas, S. 36 f.
[3]   Vgl. Kapitel XV.
[4]   Dies allerdings in Art. 76 bis ff. des Strafgesetzbuches und nicht in der Bundesstrafprozessordnung.
[5]   Vgl. Kapitel XVI.
[6]   Vgl. Kapitel I.2. und 3.

2. Definition des Opportunitätsprinzips in der argentinischen Literatur und Rechtsprechung

Der Begriff Opportunität scheint in der argentinischen Literatur bisweilen überstrapaziert und politisiert.[7] Ähnlich wie die Begriffe *inquisitivo* und *acusatorio* zweckentfremdet sind,[8] scheinen auch die Begriffe Legalitätsprinzip und Opportunitätsprinzip (*principio de legalidad procesal y principio de oportunidad*) jeweils eine Grundhaltung zu verkörpern. Dabei steht das (ausnahmslose) Legalitätsprinzip für ein autoritäres Strafrechtssystem, eine umfassende Durchsetzung des Strafrechts und den Vergeltungsgedanken.[9] Mit dem *principio de oportunidad* wird hingegen die liberalere Ansicht in Verbindung gebracht, wonach die derzeitige Ausgestaltung des staatlichen Strafanspruchs zu weitgehend sei und auf die *ultima ratio* beschränkt werden müsse.[10] In dieser Ansicht kommt somit nicht nur der ökonomische Aspekt des Opportunitätsprinzips zum Ausdruck, nach welchem der absolute Strafverfolgungszwang bereits durch die Knappheit der Strafverfolgungsressourcen beschränkt werde, sondern auch die rechtsstaatliche Notwendigkeit, die Strafverfolgungstätigkeit aus Gründen der Verhältnismäßigkeit zu selektieren.[11] Die Aufteilung der Begriffe Legalitätsprinzip und Opportunitätsprinzip in zwei Lager hat

---

[7] Die deutsche Nomenklatur ist nicht minder verwaschen und unpräzise. Eine Kategorisierung, die den Begriff Opportunität schärfen würde, ist unter vielen Gesichtspunkten denkbar. Man könnte darauf abstellen, ob es sich um eine materiellrechtliche oder formellrechtliche Lösung handelt, um einen verfahrensökonomischen Aspekt oder um ein Strafsurrogat. Doch wird in der Regel nur dann von der Anwendung des Opportunitätsprinzips gesprochen, wenn von den Strafverfolgungsbehörden ein Beurteilungsspielraum (Subsumtion unbestimmter Rechtsbegriffe) oder ein Entscheidungsspielraum (Ermessen) wahrgenommen wird. Hierzu *Schroeder*, Peters-FS, S. 411 ff.; danach sei vor allem ein echtes Auswahlermessen im Strafverfahren meist nicht gegeben, sondern eine Subsumtion eines unbestimmten Rechtsbegriffs. Eine Kategorisierung wird vorgenommen von *Weßlau* in: SK-StPO, 3. A., § 152, S. 11 ff., Rn. 32 ff. und *Weigend*, ZStW 109, S. 103 ff. *Schoreit* in: KK-StPO, § 153, Rn. 2, lehnt den Begriff Opportunitätsprinzip für die Anwendung unbestimmter Rechtsbegriffe gänzlich ab. Demnach dürften alle Prüfungen des „öffentlichen Interesses", folglich eingeschränktes Antragsdelikt, Privatklagedelikt und Einstellungsentscheidung nach den §§ 153 ff. dStPO nicht das Prädikat Opportunität verliehen bekommen.

[8] Siehe Kapitel VII.1. Anm. 4, ausführlich hierzu *Woischnik*, Untersuchungsrichter, S. 12 f. m.w.N.

[9] Vgl. Kapitel I.2.b), siehe auch *Elbert*, ZStW 118, S. 953. Für Deutschland siehe *Weigend*, ZStW 109, S. 104.

[10] Vgl. *Maier*, DPP, B. I, S. 837.

[11] Für Deutschland siehe *Weigend*, ZStW 109, S. 105.

68

deshalb zu einer Politisierung des Grundgedankens geführt.[12] Von Opportunität wird im autoritären Lager manchmal schon gesprochen, wenn in einer Maßnahme irgendeine Entkriminalisierungstendenz zu erkennen ist.[13] Dabei scheint egal, ob die Nichtverfolgung der Straftat etwa auf materiellrechtlichen Strafbarkeitsvoraussetzungen beruht, auf formellrechtlichen Verfolgungsvoraussetzungen, auf einem Beurteilungsspielraum in der Anwendung unbestimmter Rechtsbegriffe oder auf tatsächlicher Ermessensausübung. Die (gängige oder engere) Definition des Opportunitätsprinzips „Ausnahme vom Verfolgungszwang" wird somit bisweilen um den notwendigen zusätzlichen Passus „trotz an sich bestehender Verfolgungsvoraussetzungen"[14] reduziert. Wenn in der argentinischen Literatur vom *principio de oportunidad* gesprochen wird, kann somit Opportunität in einem eher engen Verständnis gemeint sein[15] oder in einem sehr weitreichenden Sinne (s.o.). Es könnte sich um einen Strafausschließungsgrund, um ein Verfahrenshindernis, die Subsumtion eines unbestimmten Rechtsbegriffs oder um echtes Ermessen handeln.

MAIER definiert für die herrschende argentinische Meinung: „Opportunität bedeutet [...] die Möglichkeit der staatlichen Organe, denen die Strafverfolgung anvertraut

---

[12] Diese Aufteilung in zwei Lager ist sicherlich eine sehr grobe Vereinfachung. Oft sind es sogar die liberalen Stimmen (diese werden auch *garantistas* genannt), die für eine Stärkung der Rechte des Beschuldigten und/oder eine Entkriminalisierung eintreten und den neueren Opportunitätsmechanismen mit Skepsis begegnen; so *D'Albora*, CPPN, B. II, vor Art. 431 bis, S. 955.

[13] So vermischend und als Opportunitätsprinzip im weiteren Sinne verstanden *Cafferata Nores*, Cuestiones actuales, S. 41. Darüber hinaus wird teilweise sogar jede Stärkung der Beschuldigtenrechte oder im Umkehrschluss jedwede Schwächung der Durchsetzung des staatlichen Strafanspruches mit Opportunität gleichgesetzt. Beispielsweise in der Diskussion um das Akkusationsprinzip: Es wird eine direkte Kontrolle der Staatsanwaltschaft durch ein staatlich betriebenes Klageerzwingungsverfahren verlangt. Die autonome Staatsanwaltschaft, die im freien Entschluss die Prozesseröffnung vereiteln könne, sei ein Ausdruck der Opportunität, da auf die Durchsetzung des staatlichen Strafanspruches verzichtet würde. So diskutiert von den Richtern im Fall „Quiroga" der CSJN vom 23.12.2004, La Ley 2005-B, S. 158 (vgl. hierzu Kapitel XI.2.). Dabei ist zu beachten, dass die Staatsanwaltschaft gleichermaßen an das Legalitätsprinzip gebunden ist. Liegen die Voraussetzungen der strafrechtlichen Verfolgbarkeit vor, kann sie nur in den gesetzlich vorgeschriebenen Fällen von der Verfolgung und Anklage absehen. Sie kann somit zwar selbst, jedoch nur unter Berücksichtigung der Strafbarkeitsvoraussetzungen und damit nicht frei über die Anklageerhebung entscheiden. Das Opportunitätsprinzip ist dadurch nicht tangiert. Im Ergebnis auch *Bertelotti*, La Ley 2006-B, S. 735 f.; *Gil Lavedra*, CDJP 1997, Nr. 7, S. 839 m.w.N.

[14] *Meyer-Goßner*, StPO, § 152, Rn. 7.

[15] So etwa *Marchisio*, Principio de oportunidad, S. 114.

ist, auf diese zu verzichten, *bei Vorliegen des Verdachts einer Straftat* oder sogar in Gegenwart der mehr oder weniger kompletten Beweise seiner Begehung, formal oder informell, zeitweise oder feststehend, bedingt oder unbedingt, aus Motiven sozialer Zweckmäßigkeit oder kriminalpolitischen Gründen."[16] Zu eben diesem Verdacht einer Straftat müssen alle Verfolgungsvoraussetzungen zählen, wie es auch bei der Feststellung der Verdachtsgrade geschieht.[17]

Die vielfältigen und uneinheitlichen Intepretations- und Definitionsmöglichkeiten des Opportunitätsprinzips machen die folgende Auswahl anhand dieses Oberbegriffs schwer, wenn nicht gar unmöglich. Getreu des Titels dieser Untersuchung, der nicht die „Opportunitätsprinzipien" des argentinischen Bundesstrafprozesses verspricht, sondern „ökonomische Prinzipien", orientiert sich die Auswahl der im folgenden aufgeführten Institute daher vorwiegend an ihrem Einsparungspotenzial im argentinischen Bundesstrafprozess.

3. Die einzelnen Opportunitätsansätze

a) Opportunitätsansätze ohne (staatlichen) Entscheidungs- oder Ermessensspielraum

aa) Privatklage

Ein Opportunitätsansatz findet sich in der Privatklage (*acción privada*) gemäß Art. 71 Nr. 2, 73 CP. Anders als im deutschen Recht gemäß §§ 374 ff. dStPO ist die Privatklage dem Einschreitungsermessen der Strafverfolgungsbehörden vollständig entzogen. Eine entsprechende Klausel des öffentlichen Interesses, wonach der argentinische Untersuchungsrichter oder die Staatsanwaltschaft von Amts wegen Ermittlungen anzustellen haben und die Anklage übernehmen, existiert in der Vorschrift nicht. Die Privatklagedelikte sind vollständig dem Privatkläger (*querellante*)

---

[16] *Maier*, DPP, B. I, S. 836, *Oportunidad significa [...] la posibilidad de que los órganos públicos, quienes se les encomienda la persecución penal, prescindan de ella, en presencia de la noticia de un hecho punible o, inclusive, frente a la prueba más o menos completa de su perpetración, formal o informalmente, temporal o definitivamente, condicionada o condicionadamente, por motivos de utilidad social o razones político-criminales.*

[17] Ein hinreichender Tatverdacht ist z.B. bei fehlendem notwendigen Strafantrag zu verneinen.

zugewiesen und entziehen sich der staatlichen Kontrolle. Der Privatkläger wiederum ist vollkommen frei in seiner Entscheidung, ob er das Delikt verfolgen möchte oder nicht. Von daher haben die Privatklagedelikte keinen Beurteilungs- oder Entscheidungsspielraum für die staatlichen Behörden. Allerdings gibt es ein echtes Ermessen des Privatklägers.

bb) Absolute Antragsdelikte

Ebenso fehlt es an der Strafverfolgungsermächtigung und somit am Strafverfolgungszwang bei den Antragsdelikten (*instancia privada*) in Art. 71 Nr. 1, 72 CP. Davon sind im Katalog des Art. 72 CP die in Absatz 1 Nr. 1 genannten Delikte absolute Antragsdelikte,[18] also Straftaten, bei denen das Antragserfordernis nicht durch die Bejahung des besonderen öffentlichen Interesses „umgangen" werden kann. Das Verfolgungsermessen wird auch hier vollständig in die Hände des Privaten gelegt. Unterlässt er die Antragsstellung, unterbleibt die staatliche Strafverfolgung. Stellt er den Strafantrag, sind die Behörden aus dem Legalitätsprinzip zur Verfolgung und Anklage verpflichtet.

b) Opportunitätsansätze mit Entscheidungs- oder Ermessensspielraum

aa) Relative Antragsdelikte

Dagegen sind die übrigen Tatbestände des Art. 72 Absatz 1 Nr. 2 CP und Tatbestandsalternativen des Art. 72 Absatz 3 CP als relative Antragsdelikte formuliert. Danach wird gemäß Art. 72 Absatz 1 Nr. 2 Satz 2 CP von Amts wegen ermittelt, wenn Gründe der öffentlichen Sicherheit oder ein öffentliches Interesse vorliegen.[19] Wann diese Gründe greifen, wird durch die Strafverfolgungsbehörden festgestellt. Im Rahmen der Subsumtion dieser unbestimmten Rechtsbegriffe verbleibt daher ein Beurteilungsspielraum.[20] Die Tatbestandsalternative des Art. 72 Absatz 3

---

[18] Zum Begriff *Schmid* in: LK-StGB, Vor § 77 ff., Rn. 6.
[19] *[...] se procederá de oficio cuando mediaren razones de seguridad o interés público.*
[20] Oder Entscheidungsspielraum, wenn echtes Ermessen angenommen wird. Zu diesem Meinungsstreit *Weßlau* in: SK-StPO, 3. A., § 152, S. 11 ff., Rn. 32 ff.

CP beinhaltet sowohl einen unbestimmten Rechtsbegriff (schwerwiegendes Interesse)[21] und ist zudem als Kann-Vorschrift[22] ausgestaltet.

bb) Abgekürztes Verfahren

Das abgekürzte Verfahren (*juicio abreviado*) gemäß Art. 431 bis CPPN ist eine Kann-Vorschrift.[23] Es handelt sich hierbei um ein Unterwerfungsverfahren und hat Parallelen zum deutschen Strafbefehlsverfahren und den Verfahrensabsprachen. Durch das abgekürzte Verfahren wird eine Verurteilung angestrebt – eine Verfahrenseinstellung kann damit nicht erreicht werden –, so dass vordergründig der Verfolgungszwang gewahrt bleibt. Der Verfolgungsverzicht liegt hier jedoch insbesondere in der Beschränkung der Ermittlung der materiellen Wahrheit.

cc) Aussetzung der Hauptverhandlung zur Bewährung

Die Aussetzung der Hauptverhandlung zur Bewährung (*suspensión del juicio a prueba*) gemäß Art. 76 bis ff. CP ist ein Verfahren, das der Einstellung gegen Auflagen der dStPO in § 153a ähnelt. In engen Grenzen kann durch diese Vorschriften, auf Antrag des Beschuldigten, die Hauptverhandlung gegen Auflagen ausgesetzt werden, bis der Strafvorwurf, nach Ablauf einer bestimmten Bewährungsfrist, fallen gelassen wird. Ob sich ein Verfahren zu dieser Aussetzung eignet, unterliegt der Beurteilung des zuständigen Gerichts.[24]

dd) Verfahrenseinstellung bei geringen Betäubungsmittelvergehen

Eine in der Praxis häufig angewandte nebengesetzliche Unterform der Aussetzung der Hauptverhandlung zur Bewährung, wenngleich bereits im Vorfeld der eigentlichen *suspensión del juicio a prueba* mit Art. 18 des Gesetzes 23.737[25] eingeführt, ist die Möglichkeit der Einstellung bei Betäubungsmitteldelikten. Wird der Delinquent mit einer nur geringen Menge aufgegriffen und kann vermutet werden, dass

---

[21] *Intereses gravemente.*
[22] *Podrá actuar.*
[23] *Podrá solicitar.*
[24] Näheres zum Ermessen bei der *suspensión del juicio a prueba* siehe Kapitel XVI.10.b).
[25] Beschlussfassung am 21.09.1989, erlassen am 10.10.1989, B.O. am 11.10.1989.

er das Rauschgift ausschließlich zum Eigenbedarf mit sich führte, kann das Verfahren vorläufig eingestellt werden, wenn sich der Süchtige einem Therapieprogramm unterzieht. Kommt er dieser Weisung nach, wird das Verfahren nach der festgelegten Frist vollständig eingestellt.

ee) Steueramnestien

Erwähnt sei zudem die Gesetzeslage in Steuerstrafsachen. Zunächst wurde mit Gesetz 23.771[26] in Art. 14 eine Straffreiheit für die Fälle der leichten Steuerhinterziehung geregelt. Voraussetzung war die Selbstanzeige und vollständige Rückzahlung durch den Steuerhinterzieher.[27] Das Gesetz 24.769[28] löste das Gesetz 23.771 ab, regelte die Straffreiheit fortan in dessen Art. 16, beließ den Inhalt allerdings unverändert und ist bis heute noch in Kraft. Mit der Einstellungsmöglichkeit wurde allerdings kein tatsächliches Opportunitätsinstrument geschaffen, sondern es wird lediglich die Möglichkeit eingeräumt, die Tatbestandsvoraussetzungen und Verfolgungsvoraussetzungen im Nachhinein aus der Welt zu schaffen.[29] Mit Art. 73 des Gesetzes 24.401 hielt die vollständige Liberalisierung Einzug in das Steuerstrafrecht. Nunmehr können die Steuerbehörden durch Verwaltungsvorschrift für alle Steuerstraftaten, also nicht nur für die leichte Steuerhinterziehung, von ihrer Pflicht zur Anzeige enthoben werden, sofern der Steuerpflichtige im Nachhinein irgendwie zum Ausgleich seiner Steuerschuld beiträgt. Die Pflicht zur freiwilligen spontanen Selbstanzeige kann entfallen. Erst wenn eine Anzeige durch die Steuerbehörden bereits erfolgt ist, ist die freiwillige und spontane Selbstanzeige bei den Strafverfolgungsbehörden zur Entziehung vor der Strafverfolgung Voraussetzung.[30] Der Bundesgesetzgeber legt die Möglichkeit umfangreicher Steueramnestien somit in die Hand der Finanzministerien. MAIER kritisiert, dass es nicht überraschend sei, dass der argentinische Trend zur übermäßigen Strafverfolgung[31] gerade dort gegenläufig ist, wo dem Staat eine lukrative Einnahmequelle winkt.[32]

---

[26] Genannt *Ley Penal Tributaria*, Beschlussfassung am 07.02.1990, erlassen am 22.02.1990, B.O. am 27.02.1990.
[27] Dies entspricht im Wesentlichen der Regelung des deutschen § 371 AO.
[28] Beschlussfassung am 19.12.1996, erlassen am 13.01.1997, B.O. am 15.01.1997.
[29] Vgl. *Marchisio*, Principio de oportunidad, S. 133; *Maier*, DPP, B. I, S. 840, Fn. 51.
[30] Vgl. *Marchisio*, Principio de oportunidad, S. 155 ff.
[31] Vgl. Kapitel I.2.b).
[32] *Maier*, DPP, B. I, S. 840, Fn. 51.

4. Fehlende Opportunitätsinstrumentarien

Die Notwendigkeit von Entlastung und die Einzelfallgerechtigkeit haben mit den Opportunitätsinstrumentarien moderner Gesetze eine zwar oft unbefriedigende, jedoch effektive Lösung gefunden, die international als derzeit gangbarster Weg anerkannt ist. Der internationale Konsens der instruktorischen Verfahrenskulturen hat sich darauf verständigt, das Strafverfahren für Opportunitätsmechanismen im notwendigen Maße zu öffnen, solange keine zufriedenstellendere Lösung gefunden worden ist. Natürlich ist umstritten, welches das gerade noch notwendige Maß ist und an welcher Stelle sich der Staat einer übermäßigen „Bequemlichkeit" hingibt. Der große wissenschaftliche Diskurs der Länder mit instruktorischer Verfahrensweise dreht sich um diese Frage. Jedoch scheint man sich auf Mindeststandards geeinigt zu haben. Denn klar ist, dass sich das Opportunitätsprinzip überall dort Bahn bricht und gerade dort als Wildwuchs erscheint, wo ihm nicht ausreichend Raum gegeben wird.[33]

Es ist daher zu fragen, ob die Opportunitätsmaßnahmen im argentinischen Bundesstrafverfahren ausreichend sind, um die Opportunitätsphänomene in gesetzliche Bahnen und Schranken zu lenken. Hierzu wird die Qualität der einzelnen Maßnahmen zu hinterfragen sein, wozu eine eingehendere Untersuchung notwendig ist, welcher sich Abschnitt 4 dieser Arbeit widmet. In quantitativer Hinsicht ist an dieser Stelle die Absenz einzelner Opportunitätsmaßnahmen aussagekräftiger als die Präsenz der bestehenden Opportunitätsmechanismen. Denn auffällig für den deutschen Rechtsanwender ist, dass ein umfangreiches zentrales Opportunitätsinstrumentarium wie in den §§ 153 ff. dStPO im CPPN nicht existiert.[34]

---

[33] Siehe *Weigend*, ZStW 109, S. 105; *Maier*, DPP, B. I, S. 832.
[34] Einen Überblick gibt *Maier*, CDJP 1998, Nr. 8-A, S. 455. Anders als der CPPN enthält die unter Mitwirkung *Maiers* entstandene Musterstrafprozessordnung für Iberoamerika umfangreiche, den §§ 153 ff. dStPO nachempfundene, Opportunitätsmaßnahmen, ebenso der Gesetzesentwurf *Maiers* zum CPPN (vgl. Kapitel I.1.a)). Die Ähnlichkeit beider Gesetzesvorschläge zur dStPO belegt, dass *Maier* ein exzellenter Kenner des deutschen Straf- und Strafverfahrensrechts ist. Auf ihn geht eine Übersetzung mit Kommentar der dStPO in spanischer Sprache zurück (*ders.*, Ordenanza procesal penal alemana).

a) Bagatellstraftaten

Wie gerade gezeigt werden konnte, kennt das argentinische Bundesstrafprozessrecht Fälle des „ablösbaren Interesses", wenn also „das Strafverfolgungsinteresse
auf andere Weise befriedigt werden kann" und Fälle des „privatisierten Interesses",
wenn „der Verletzte selbst die Strafverfolgung betreiben kann". Die Fallgruppe des
„schwindenden Interesses" bei geringfügigem Tatvorwurf ist nicht berücksichtigt.[35]
Die derzeitige Bundesgesetzeslage erlaubt keine (auflagenfreie) Verfahrenseinstellung im Bereich der Bagatellkriminalität. Selbst leichteste Straftaten unterliegen ausnahmslos dem Strafverfolgungszwang.

Zwar können diese Verfahren regelmäßig über die Anwendung des abgekürzten
Verfahrens oder die Aussetzung der Hauptverhandlung zur Bewährung gelöst werden, doch hat dies nur einen Suspensiveffekt für die Hauptverhandlung zur Folge.
Ein frühzeitiger hypothetischer Schuldausschluss[36] noch im Verlauf des Vorverfahrens ist nicht möglich. Es muss bis zur Anklagereife ermittelt werden. Auch ist
weder mit der Prozessaussetzung zur Bewährung noch mit dem abgekürzten Verfahren eine sanktionenfreie Einstellung möglich, was bei Vergehen mit sehr geringer Schuld im Lichte des – in Argentinien ebenfalls gültigen – verfassungsmäßigen
Verhältnismäßigkeitsprinzips kritisiert wird.[37]

b) Einstellung im Falle des Absehens von Strafe

Ein Absehen von Strafe ist nach argentinischem Bundesrecht ebenfalls nicht möglich. Auch nicht in den praktisch wichtigen Fällen des § 60 dStGB, wenn der Täter
von den Tatfolgen selbst schwer mitbetroffen ist. Auf prozessrechtlicher Seite ist

---

[35] Begriffe aus *Roxin/Schünemann*, Strafverfahrensrecht, S. 71 f., Rn. 5.
[36] BVerfGE 82, 106.
[37] *Maier*, DPP, B. I, S. 829, Fn. 30, berichtet von einem Fall, in dem ein vorgeladener Beschuldigter bei seiner Vernehmung (in einer anderen Strafsache) ein auf dem Tisch liegendes Schinken-
Käse-Sandwich aß, im Werte von umgerechnet ca. einem Euro, welches dem ermittelnden Bundesbeamten gehörte. Dieser Diebstahl kam zur Anzeige vor dem Bundesstaatsanwalt, immerhin
handelte es sich um ein Sandwich im Eigentum eines Bundesbeamten bei dessen Amtsausübung.
Der Fall verlangte eine sehr ausführlich begründete Abweisung wegen „Atypizität". Tatsächlich
bewegte sich nämlich der Bundesstaatsanwalt damit am Rande eigener Strafverfolgung wegen
Strafvereitelung. Hierzu auch *Marchisio*, Principio de oportunidad, S. 169 f.

somit auch keine frühzeitige Einstellung solcher Fallkonstellationen möglich, wie es in § 153b dStPO vorgesehen ist. Auch dies scheint angesichts des verfassungsmäßigen Verhältnismäßigkeitsprinzips bedenklich.

c) Verfahrenskonzentration

Ebenso fehlt es im CPPN (oder im CP) im Vergleich mit der deutschen Rechtslage an der Möglichkeit eines Teilverzichts für unwesentliche Nebenstraftaten (§ 154 dStPO) oder der Beschränkung der Strafverfolgung bei einer Tat im prozessualen Sinne (§ 154a dStPO). Das gilt auch, wenn die Haupttat bereits abgeurteilt wurde und mit der Tat im Zusammenhang stehende Delikte erst im Nachhinein bekannt werden.[38]

5. Phänomene fehlender Opportunitätsansätze

a) Belastung der Justiz

Die fehlenden Opportunitätsausnahmen belasten die argentinische Bundesjustiz in unnötiger Weise. Kritisiert wird, dass der argentinische Bundesstrafprozess mit Verfahren gegen Kleinkriminalität Ressourcen vergeudet, die an anderer Stelle gebraucht würden. Die Überlastung der Justiz durch Fälle von Bagatellkriminalität trägt deshalb dazu bei, die Verfahrensdauer der Prozesse, in denen eine strafrechtliche Verfolgung tatsächlich geboten ist, zu verlängern.[39]

---

[38] Prof. Dr. *Julio B. Maier*, Emeritus der Universität Buenos Aires und Richter am *Tribunal Superior de Justicia de la Ciudad Autónoma de Buenos Aires* i.R., berichtet in einer Befragung vom 20.03.2009 von einem Fall, in dem sich ein bereits wegen Mordes zur Höchststrafe verurteilter Täter nachträglich wegen diverser Straftaten des Waffenrechts verantworten musste, da neue Tataspekte (es ging um den Ankauf der Tatwaffe) auf die Mitverwirklichung dieser Straftaten hinwiesen. Das Verfahren konnte nicht eingestellt werden, obwohl nach argentinischem Recht das höchste Strafmaß bereits erreicht war, und weitere Straftaten keinen Einfluss auf das Strafmaß haben konnten.

[39] Vgl. *Maier*, DPP, B. I, S. 837.

b) Verhältnismäßigkeitsprinzip

Zudem ist die Rechtslage nach Teilen der argentinischen Literatur mit dem verfassungsrechtlichen Verhältnismäßigkeitsgrundsatz unvereinbar.[40] Das Vertrauen in die staatliche Strafe als Lösung sozialer Konflikte soll das letzte Mittel sein. Wird das öffentliche Interesse durch eine Straftat nicht berührt, könnte der zivile Rechtsschutz ausreichender Vergeltungsgarant sein.[41] Über die rechtspolitische Forderung einer umfangreicheren Entkriminalisierung des als bedrückend empfundenen argentinischen Strafapparats hinaus, muss das Strafrecht stets *ultima ratio* bleiben. Eine unangemessene Strafverfolgung ohne öffentliches Interesse verletzt die Grundrechte des Verfolgten.

c) Starre Klauseln

Zur Lösung wären jedoch Klauseln notwendig, die es den Strafverfolgungsbehörden überlassen zu entscheiden (bzw. subsumieren), wann das öffentliche Interesse durch eine Tat noch berührt wird und wann nicht mehr. In dieser Freiheit sehen konservative Kräfte eine Bedrohung. Sie befürchten, dass damit weite Teile der argentinischen Justiz unkontrollierbar wären.[42] Insgesamt ist das Bundesstrafverfahrensrecht im Vergleich zur dStPO daher überwiegend ermessensfeindlich ausgestaltet. Eine flexible Lösung, die es den Behörden im Einzelfall überlässt, von der Strafverfolgung abzusehen, scheint derzeit politisch nicht durchsetzbar. Die Nichtberücksichtigung von Ermessens- oder Subsumtionsklauseln im Bereich der Bagatellkriminalität verkörpert mithin den (überkommenen) Gedanken MONTES-

---

[40] Hierzu *Maier*, DPP, B. I, S. 839 m.w.N.

[41] So *Maier*, DPP, B. I, S. 839 f.

[42] Dieser Kontrollwille der Strafverfolgungsorgane manifestiert sich insbesondere in der Kontroverse um das Akkusationsprinzip. Eine Seite fordert die lückenlose Ausgestaltung, die andere Seite verlangt die Kontrolle durch ein staatlich betriebenes Klageerzwingungsverfahren (*Fierro* in: Baigún/Zaffaroni, CP, B. 2B, Arts. 71/76, S. 375 m.w.N.). Hierbei geht es also um die Kontrolle der staatsanwaltlichen Entscheidung über die Anklagereife, sprich die Einschätzung des hinreichenden Tatverdachts; vgl. hierzu Kapitel XI.2. Möchte man dies schon nicht autonom gewähren, so wird erst recht die autonome und unumkehrbare Einstellungsentscheidung im Vorverfahren auf Grund von Ermessens- oder Subsumtionsklauseln abgelehnt.

QUIEUS im engeren Sinne, dass der Richter nur der Mund des Gesetzes sei und das Recht immer die adäquate Antwort für sozialschädliches Verhalten kenne.[43]

d) Ideologisches Ungleichgewicht

Während die Opportunitätsansätze, die der Idee des Unterwerfungsverfahrens folgen, weitgehend umgesetzt wurden, ist die bedingungslose Einstellung nicht kodifiziert. Dabei wird die Einstellung wegen Geringfügigkeit international weitgehend unkritisch akzeptiert. Sie ist auf Grund des Gedankens der *ultima ratio* sogar geboten. Den Unterwerfungsverfahren haftet ein negatives Image an, das Bild einer Zwei-Klassen-Justiz, Klüngelei und Sanktionenschere. Wenn man sich durch die Lobpreisung eines maximal umgesetzten Legalitätsprinzips die Kontrolle der Verfolgungsorgane und die Eindämmung dieser Willkürelemente verspricht, dann ist es inkonsequent, einmal der Einführung der hierfür anfälligen Unterwerfungsinstitute des *juicio abreviado* und der *suspensión del juicio a prueba* zuzustimmen, andererseits das Opportunitätsprinzip im Bereich der Bagatellkriminalität jedoch zu verhindern. Denn schließlich wird der Entscheidungsspielraum bei geringfügigen Delikten über ein geringeres Strafmaß eingeräumt und kann so auch nur geringeren rechtsstaatlichen Schaden verursachen, sollte es einmal ungerechtfertigter Weise zu einer Verfahrenseinstellung kommen. Dass die tendenziell bedenklichen Unterwerfungsverfahren akzeptiert und die tendenziell unbedenklichen Tatbestände des schwindenden Interesses abgelehnt werden, ist deshalb ein ideologisches Ungleichgewicht. Erklären lässt sich dies wohl nur damit, dass die Unterwerfungsverfahren entweder auf eine Strafe oder zumindest auf ein Strafsurrogat abzielen und somit die Vergeltungskulisse der staatlichen Strafverfolgung aufrecht erhalten. Die sanktionenfreie Verfahrenseinstellung steht demgegenüber für Entkriminalisierung.

---

[43] *Montesquieu*, De l'esprit des lois, B. XI, Kapitel 6, „Aber die Richter sind, wie wir gezeigt haben, nur der Mund, der die Worte des Gesetzes ausspricht, willenlose Wesen, die weder seine Schärfe, noch seine Strenge zu mildern vermögen," Übersetzung aus Forsthoff, Vom Geist der Gesetze, 1951, S. 225. Ähnlich der Grundsatz „Quod delicta to poena", *Fierro* in: Baigún/Zaffaroni, CP, B. 2B, Arts. 71/76, S. 375. Zur Kritik: *Wenzel*, NJW 2008, 345 ff.; *Papier* in: Mass, Montesquieu, S. 16 f.

Wie aber bereits gezeigt wurde, ist jede Reduzierung staatlicher Präsenz im Bereich des Strafrechts derzeit politisch kaum durchsetzbar.[44]

e) Dissonanzen der Tatschwere und Dunkelziffern

Die Erfahrung, insbesondere die der deutschen Judikatur zur Verständigung im Strafprozess, zeigt, dass sich Ausnahmen zum Legalitätsprinzip stets durchsetzen, sei es *praeter* oder *contra legem*. Dies passiert auch im Zuständigkeitsbereich der argentinischen Bundesgerichte. Als problematisch wird gesehen, dass kein Gesetz solche Vorgänge in rechtsstaatliche (Subsumtions-)Bahnen lenkt. Auch Richterrecht erreicht diese natürliche Selektion kaum.[45] So scheint also das Gegenteil der durch das starke Legalitätsprinzip gewollten Willküreinschränkung der Fall zu sein. Die Rechtsfindung bewegt sich teilweise außerhalb des rechtsstaatlichen Ermessens- bzw. Subsumtionskorridors.

Quellen beziffern den Anteil der begangenen Straftaten im Bereich der argentinischen Bundesjurisdiktion, die zu einer Verurteilung führen, zwar mit 10 %,[46] wo-

---

[44] Umfangreiche Opportunitätskataloge nach dem Vorbild der §§ 153 ff. dStPO sind stets im Projektstatus stecken geblieben. So das Projekt von *Maier*, ein Alternativentwurf zur Reform des CPPN, in den Art. 230 f. (Bagatelldelikte) und 371 ff. (besondere Verfahrensarten), abgedruckt in Doctrina Penal 9 (1986), S. 645 ff; hierzu *Woischnik*, Untersuchungsrichter, S. 62 ff. insbesondere S. 68. Zuletzt das Projekt von *Donna/Pessoa/Baigún/Chiara Díaz/Roger/Paz/Liporace*, die eine Erweiterung der Art. 71 ff. CP vorschlagen, hierzu *Fierro* in: Baigún/Zaffaroni, CP, B. 2B, Arts. 71/76, S. 365. Hierzu muss an dieser Stelle bereits vorweggenommen werden, dass auch ein anderes Verständnis des Grundsatzes *ne bis in idem* in der argentinischen Verfassung wohl zur Verhinderung einer sanktionenfreien Verfahrenseinstellung beiträgt. Nach argentinischem Verständnis ist nicht nur die doppelte Bestrafung (Art. 103 Absatz 3 GG), sondern bereits das Risiko einer doppelten Strafverfolgung (Art. 18 CN) zu vermeiden. Deshalb zieht jede Verfahrenseinstellung einen Strafklageverbrauch nach sich. Ein für die Bagatelleinstellungsentscheidung notwendiger frühzeitiger hypothetischer Schuldausschluss wird deshalb häufig an der Gefahr einer zu schnell getroffenen Fehleinschätzung des Sachverhaltes als Bagatelle scheitern, weil die Strafverfolgungsbehörden im Zweifelsfalle weiterermitteln müssen. Siehe hierzu Kapitel XII.1. u. 3.

[45] Vgl. *Maier*, DPP, B. I, S. 833.

[46] *Fierro* in: Baigún/Zaffaroni, CP, B. 2B, Arts. 71/76, S. 375; *Maier*, DPP, B. I, S. 833; annähernd *Marchisio*, Juicio abreviado, S. 27; eine Übersicht aus den Jahren 1972 bis 1982 bietet *Cosacov*, Mito de la no impunidad, S. 65, wobei diese Zahlen angesichts der politisch unruhigen Lage dieser Zeit und dem Umstand, dass die Zahlen stets von den Strafverfolgungsbehörden selbst stammen nur sehr eingeschränkte Aussagekraft besitzen. Neuere Statistiken finden sich auf der Homepage des *Ministerio Público Fiscal* (www.mpf.gov.ar/).

mit die Verurteilungsquote nicht geringer ist, als etwa die der Bundesrepublik Deutschland.[47] Den Weg in die Kriminalstatistik finden dabei nur die registrierten Straftaten, wobei für Argentinien angenommen wird, dass die Dunkelziffer begangener, jedoch nicht registrierter Straftaten sehr hoch ist.[48]

Berichtet wird, dass Staatsanwälte und Richter angesichts hoher Arbeitsbelastungen häufiger großzügig die Augen verschließen.[49] Das faktische „Aussieben" findet allerdings vor allem durch die Polizei statt, am Ort des Geschehens, bevor die Tat überhaupt formal ins Strafverfolgungssystem gelangen kann. Die tatsächliche Herrin über Legalität und Opportunität ist somit häufig der Polizeiapparat und dies meist durch die Beamten des Vollzugsdienstes, indem häufig Straftaten ignoriert werden. Dies ist angesichts des Gebots der Gewaltenteilung[50] und der Ausbildung der einzelnen Polizisten besorgniserregend, das niedrige Lohnniveau zudem ein Nährboden für Korruption und Bestechlichkeit.[51]

Die Verfolgung der Straftaten richtet sich somit nicht nach standardisierten Kriterien. Zwar muss auch dem Opportunitätsprinzip entgegengehalten werden, dass es in der Praxis häufig ein Einfallstor für Vorzugsbehandlung und Einzelfallprivilegien ist. Doch durch Unterpräsenz von Opportunitätsmaßnahmen scheint die erhoffte Gleichbehandlung im argentinischen Bundesstrafverfahren in noch stärkerem Maße auf der Strecke zu bleiben. Das Kriterium zur Verfolgungsentscheidung

---

[47] Etwa: Statistisches Bundesamt, Justiz auf einen Blick, 2008, S. 6.
[48] So *Maier*, DPP, B. I, S. 835 und S. 833, Fn. 41. Der persönliche Eindruck des Autors war zudem die wissenschaftlich kaum messbare hohe Toleranz auf der Intensitätsskala der begangenen Delikte in der Bevölkerung des ganzen Landes und in besonders hohem Maße im Ballungsgebiet Buenos Aires. Die schlechte Sicherheitslage führt zu einem im Vergleich zu Deutschland abgehärteten Verletzungsempfinden durch deliktisches Verhalten. Kleinere bis mittlere Eigentumsdelikte werden vergleichsweise selten zur Anzeige gebracht, auch weil man sich keine effektive Hilfe in diesem Kriminalitätssegment erhoffen kann. Siehe hierzu für Argentinien *Hinton*, The State on the Streets, S. 25.
[49] Befragung von Prof. Dr. *Julio B. Maier*, Emeritus der Universität Buenos Aires und Richter am *Tribunal Superior de Justicia de la Ciudad Autónoma de Buenos Aires* i.R. am 20.03.2009; *Woischnik*, Untersuchungsrichter, S. 103, Fn. 81.
[50] Vgl. *Krey*, Strafverfahrensrecht, B. 1, Rn. 461.
[51] Ausführlich zur Qualität (u.a.) der argentinischen Polizei *Ambos/Malarino*, ZStW 116, S. 513 ff., insbesondere zur Ausbildung S. 523 ff. und Korruption S. 539 auf Basis der Untersuchung in spanischer Sprache der Bundespolizei in Argentinien (Landesbericht) von *Cordoba/Pastor* in: Ambos/Gómez Colomer/Vogler, La policía, S. 45 ff.

wird nicht die Schwere der Tat oder das öffentliche Strafverfolgungsinteresse sein, sondern vielmehr ihr (zufälliger) Grad an Öffentlichkeit. Denn die drohende Strafbarkeit aus Strafvereitelung (Art. 274 und 277 CP, s.o.) entfaltet umso mehr Wirkung, je stärker der Vorgang zur Kenntnis genommen wurde. Die nach *lege artis* der Opportunitätsvorgaben eingestellten Strafverfahren haben zudem einen gewissen Grad an (amtsinterner) Öffentlichkeit erlangt, etwa durch einen Archivierungsvorgang, während die verschleierten Straftaten vollständig im Dunkeln belassen werden, da der Amtsträger die eigene Strafverfolgung fürchtet. Zu Letzterem führt das derzeitige argentinische Bundesrecht.

Ein weiteres Argument benennt MAIER: Wenn es letztlich nicht der Gesetzgeber ist, der die Opportunitätsvorgaben der Strafverfolgung definiert, sondern die (politische) Entscheidung hierüber in die Hände der Polizei und Verfolgungsapparate gelegt ist (natürliche Selektion), dann kann nicht kontrolliert werden, wie die Kanalisierung der Verfolgungskriterien stattfindet. Man ist somit nur einen kleinen Schritt von der staatlichen Repression bestimmter Gruppierungen und Minderheiten entfernt.[52]

f) Qualität der Strafverfolgung

Nicht zuletzt kann auf Grund der fehlenden Einstellungsmöglichkeiten die Qualität der Strafverfolgung leiden. Es liegt nahe, dass durch Überbelastungen die Strafverfolgungsbehörden nicht mehr mit letzter Konsequenz eine Straftat aufklären. Eine umfangreiche Ermittlung könnte neue Mittäter oder verwirklichte Straftaten aufzeigen, die zusätzlich zu ermitteln wären. Bei Ermittlungen gegen Unbekannt drängt es sich auf, das Verfahren frühzeitig mit der Begründung ruhen zu lassen, dass der Täter nicht zu ermitteln sei. Kritisiert wird, dass auch an den Tatverdacht zu hohe Anforderungen gestellt werden. Die Entscheidung, ob eine Tatermittlung den hinreichenden Tatverdacht herbeigeführt hat, also Verurteilungswahrscheinlichkeit besteht und somit das Ermittlungsverfahren in das Hauptverfahren überzuleiten wäre, wird somit nicht mehr objektiv sondern ökonomisch getroffen.[53]

---

[52] So *Maier*, DPP, B. I, S. 834.
[53] In diesem Sinne *Maier*, DPP, B. I, S. 833.

g) Korruptionsprobleme durch das Opportunitätsprinzip

Mit Blick auf die argentinische Geschichte sind die Stichworte Vetternwirtschaft und Korruption im Strafprozess nicht weit entfernt.[54] Demzufolge ist es verständlich, dass man „weichen" Klauseln, basierend auf dem Prinzip der Opportunität (z.B. öffentliches Interesse), nicht unkritisch begegnet. Entkriminalisierungsbefürworter fürchten hierin ein Einfallstor für autoritäres Gedankengut sowie die Gefahr, dass der Staat seinen verbleibenden Entscheidungsspielraum zu Ungunsten der Beschuldigtenrechte ausreizt.[55] Die Befürworter eines starken Legalitätsprinzips bei gleichzeitig wenig Opportunitätsausnahmen sehen die Vorteile hingegen darin, dass nur so die Teilung der Gewalten gewährleistet wird und es eine gesetzgeberische Entscheidung bleibt, wann Strafe anzuwenden ist.[56] Hinzu kommt, dass ohne ein starkes Legalitätsprinzip der Verlust an Kontrolle gegenüber den Exekutivorganen in der Strafverfolgung befürchtet wird.[57] Letztlich sei nur durch das Legalitätsprinzip die Gleichheit vor dem Gesetz gewährleistet.[58]

Sowohl die autoritäreren als auch die liberaleren Ansichten haben also jeweils ein Interesse daran, eine Über- oder Unterreaktion der Strafverfolgungsbehörden aus fremdgeleiteten Motiven im Rahmen einer Ermessens- bzw. Subsumtionsentscheidung auszuschließen. Doch die vollständige Ablehnung solcher Klauseln scheint oftmals nur ein Pyrrhussieg. Denn den wenigsten Delikten ist tatbestandsgemäß eine Bagatellobergrenze immanent, so dass diese vollständig entkriminalisiert oder einer anderen Abwicklungsform zugeführt werden könnten. Letztlich ist nur anhand von flexiblen Klauseln, die eine angemessene Einzelfallentscheidung ermöglichen, die Ausgestaltung von Opportunitätskriterien für eine Vielzahl von Delikten denkbar, die ihrer Art nach oft, jedoch nicht immer geringfügig sind. Die Ableh-

---

[54] Das Erreichen eines hochgradig besorgniserregenden Niveaus (*alcanza de un nivel altamente preocupante*) bescheinigt *Vitale*, Suspensión, S. 32. Nach *Hinton*, The State on the Streets, S. 76 „*one of the most corrupt countries*". Nach dem Corruption Perceptions Index 2009 von Transparency International (www.transparency.org) ist Argentinien auf Rang 106 von 180 Ländern weltweit.

[55] Vgl. hierzu die Diskussion um die Umwandlung gewisser uneingeschränkter Antragsdelikte in eingeschränkte Antragsdelikte in Kapitel XIII.8.; siehe ebenso *Maier*, Hassemer-FS, S. 483

[56] Vgl. *Cafferata Nores*, Cuestiones actuales, S. 31 f. m.w.N.

[57] Hierzu *Woischnik*, Untersuchungsrichter, S. 94.

[58] So *Cafferata Nores*, Cuestiones actuales, S. 32.

nung von Generalklauseln scheint somit die Ausweitung des Opportunitätsprinzips im argentinischen Bundesstrafrecht bzw. Bundesstrafprozessrecht zu blockieren.[59] Und genauso, wie sich das Opportunitätsprinzip auf natürliche Weise Bahn bricht, kann die Korruption in diesem außergesetzlichen Bereich mitschwingen. So berichtet CAFFERATA NORES in Anlehnung an die Dunkelziffer, von der vergoldeten Ziffer (*cifra dorada*), Fallzahlen, die sich auf andere Weise „regeln" lassen, ohne formell ins Strafverfolgungssystem eingeflossen zu sein.[60] Die Unterbindung von Opportunitätsmechanismen garantiert nicht automatisch eine höhere Kontrolle, sondern kann sich vielmehr ins Gegenteil verkehren. Denn verdrängt man die Mechanismen schneller Verfahrenserledigung bei Geringfügigkeit in die Illegalität – schließlich verstoßen die Beamten gegen geltendes Recht (Art. 274, 277 CP) –, dann wird eine Grenze übertreten und der Schritt zur Vorteilsannahme im ohnehin illegalen Vorgang ist nicht mehr groß. CAFFERATA NORES weist daher zu Recht darauf hin, dass neben Kontrolle und funktionaler Unabhängigkeit „das Werkzeug im Kampf gegen diese Korruption ohne Zweifel die Moralisierung des Polizei- und Justizstabes" sei.[61]

6. Würdigung und Fazit

a) Ungleichgewicht zwischen Legalitäts- und Opportunitätsprinzip

Die Analyse hat bereits gezeigt, dass über das argentinische Strafgesetzbuch das Legalitätsprinzip einfachgesetzlich bundesweit gültig ist. Die herrschende Meinung untersagt es den Provinzen, von diesem Grundsatz abzurücken.[62] Weiterhin hält die wohl herrschende Meinung die Provinzen an die bestehenden zentralen Opportunitätsausnahmen des Bundes im Strafgesetzbuch für gebunden. Ebenso ist anerkannt, dass die Provinzen die Freiheit haben, eigene Opportunitätsinstitute prozessrechtlich zu formulieren. Während manche Provinzen hiervon Gebrauch gemacht haben, lässt sich im Bundesstrafrecht und Bundesstrafprozessrecht ein quantitatives[63] De-

---

[59] Vgl. bspw. Kapitel XIV.9.
[60] *Cafferata Nores*, Cuestiones actuales, S. 35; ebenso *Vitale*, Suspensión, S. 32.
[61] *Cafferata Nores*, Cuestiones actuales, S. 35.
[62] Vgl. Kapitel VIII.3.c).
[63] Der qualitativen Analyse der jeweiligen Opportunitätsansätze ist Abschnitt 4 dieser Arbeit gewidmet.

fizit an Opportunitätsmaßnahmen ausmachen. Während Unterwerfungsverfahren und summarische Erledigungsformen im weiteren Verlauf der Reformbewegung Ende der neunziger Jahre kodifiziert wurden, fehlt es vor allem an sanktionsfreien Einstellungsmöglichkeiten im Bereich der Bagatellkriminalität. Im argentinischen Bundesrecht herrscht folglich ein Ungleichgewicht zwischen Legalitäts- und Opportunitätsprinzip. Auf Grund der natürlichen Beschränkung von Ressourcen bricht sich die Opportunität in der Praxis ihre Bahn. Ihre Anwendung ist dabei häufig chaotisch bis willkürlich und bewegt sich oftmals außerhalb der staatlichen Kontrolle.[64]

Das Legalitätsprinzip, fest verankert im argentinischen Recht durch seine historische Entwicklung,[65] wird daher in der argentinischen Literatur zugleich hoch gelobt und scharf kritisiert. Die Kritik dreht sich nicht um die Grundidee des Legalitätsprinzips an sich, sondern um dessen naive Umsetzung in der argentinischen Legislatur. Das Versprechen des Staates, jedwede Straftat ausnahmslos zu verfolgen, sei „heuchlerisch".[66] Dazu sei er nicht in der Lage, es sei denn, er beschränke sich auf wenige von Amts wegen zu verfolgende Straftaten.[67] Es ist eine politische Entscheidung, das Legalitätsprinzip so weitreichend zu versprechen, eine Idealvorstellung, die in der Praxis zu erreichen unmöglich ist – und im Einzelfall oftmals nicht wünschenswert.

Andererseits soll hier nicht der unreflektierte Eindruck vermittelt werden, die extensive Ausweitung des Opportunitätsprinzips im argentinischen Strafprozess sei der Heilsbringer für dessen Probleme überlanger Verfahrensdauern. Die vorwiegend aus dem adversatorischen Prozessmodell gewonnenen Verfahrensarten, wie das abgekürzte Verfahren und die Aussetzung der Hauptverhandlung zur Bewährung, stehen auch in der argentinischen Literatur unter Kritik.[68] Es wäre daher falsch zu behaupten, die Befürworter von weitergehenden Opportunitätsinstrumentarien wären sich der rechtsstaatlichen Schwäche dieser Institute nicht bewusst. Im

---

[64] Vgl. *Maier*, DPP, B. I, S. 834.
[65] Vgl. *Fierro* in: Baigún/Zaffaroni, CP, B. 2B, Arts. 71/76, S. 374.
[66] So *Fierro* in: Baigún/Zaffaroni, CP, B. 2B, Arts. 71/76, S. 375.
[67] Aussage von Prof. Dr. *Ignacio Tedesco*, Universität Buenos Aires. Siehe auch *Weigend*, ZStW 109, S. 104.
[68] Vgl. *Zaffaroni* in: Zaffaroni/Styma, StGB Argentinien, S. 10; vgl. Kapitel XV.5. und Anm. 12.

Gegenteil: Die Befürworter sind meist die größten Kritiker, wohl wissend, dass die Öffnung des Strafverfahrens für die bekannten Mechanismen des Opportunitätsprinzips nur das kleinere von zwei Übeln ist.

b) „Triumphmarsch" des adversatorisch geprägten Strafverfahrens in Argentinien?

Die Untersuchung des Opportunitätsprinzips im argentinischen Recht erlaubt Rückschlüsse auf die Einflussnahme der adversatorischen Verfahrensweise bzw. des anglo-amerikanischen Rechtskreises auf das instruktorisch geprägte Strafverfahren in Argentinien. Dass man angesichts der deutlich zurückhaltenderen Ausprägung der Opportunitätsinstrumente von einer großen Einflussnahme des adversatorischen Verfahrenssystems oder wie SCHÜNEMANN von einem „Triumphmarsch des amerikanischen Strafverfahrens"[69] auch in Argentinien sprechen könnte, wäre übertrieben, jedenfalls wenn man auf die Quantität der unterschiedlichen Verfahrens- und Einstellungsmodelle in Relation zu anderen instruktorisch geprägten Ländern abstellt. Es zeigt sich, dass die Umsetzung umfangreicher Dispositionsmaximen nur zögerlich stattfindet und (wichtige) Maßnahmen erst in der Nachphase der Reform stattfanden, wie etwa das abgekürzte Verfahren, welches erst fünf Jahre nach der eigentlichen CPPN-Reform mit einbezogen wurde. Andere Opportunitätsmaßnahmen, die in den meisten Ländern mit instruktorischer Verfahrensweise seit Jahren selbstverständlich sind, fehlen noch völlig und werden gerade mit Bezug auf die Nachteile dispositiver Vorgehensweisen weiter blockiert (Stichwort: Entkriminalisierung). Während der Ermittlungsgrundsatz für das instruktorische Verfahren und die Schlagwörter Opportunitätsprinzip oder Dispositionsmaxime für die adversatorische, anglo-amerikanische Verfahrensweise stehen, ist der Einfluss von letzterer Verfahrensweise im argentinischen Prozess (noch) geringer ausgeprägt als in vielen kontinentaleuropäischen Staaten mit instruktorischer Verfahrensstruktur.

Anders sieht es freilich aus, wenn man als Bezugspunkt nicht die Quantität opportuner Maßnahmen anderer Länder heranzieht, sondern die Situation in Argentinien vor der großen Strafprozessreform. Hier lässt sich tatsächlich von einem Vormarsch des adversatorisch geprägten Strafverfahrens sprechen, was insbesondere

---

[69] *Schünemann*, Fezer-FS, S. 555.

die Einführung des abgekürzten Verfahrens und die Möglichkeit der Aussetzung der Hauptverhandlung zur Bewährung zeigen, zwei Verfahren die dem Ermittlungszwang nicht folgen.

Ebenfalls hat selbstverständlich die Qualität der jeweiligen Maßnahme entscheidenden Einfluss auf die Programmplanung weiterer Verfahrensarten. So kann an dieser Stelle bereits festgestellt werden, dass das abgekürzte Verfahren und die Aussetzung der Hauptverhandlung zur Bewährung durchaus nicht nur Marginalien sind. Es wäre daher falsch zu sagen, das argentinische Recht sei eine Bastion gegenüber dem weltweiten Rechtseinfluss adversatorischer Verfahrenskultur.

Keinen Einzug in den CPPN haben die relativ unkritisch betrachteten Einstellungsmöglichkeiten zur Verfahrenskonzentration oder bei geringer Schuld gehalten, sondern nur die rechtsstaatlich bedenklichen Unterwerfungsverfahren. Man kann also sagen: Die positiven Einflüsse der adversatorischen Grundsätze auf unser Rechtssystem haben bisher kaum Berücksichtigung im argentinischen Bundesstrafprozess gefunden, während die kritisch zu betrachtenden Einflüsse im argentinischen Recht Einzug hielten. Dies ist eine Schieflage, die es für den argentinischen Bundesgesetzgeber zu korrigieren gilt.

X. Unmittelbarkeitsprinizp und kontradiktorische Verfahrensweise (principio de la inmediación y juicio contradictorio)

1. Das Unmittelbarkeitsprinzip und starke Präjudizwirkungen des Vorverfahrens

Der mit dem Mündlichkeitsprinzip „eng verwandte"[1] Unmittelbarkeitsgrundsatz (*principio de la inmediación*) ist im CPPN strukturell gewahrt. Nur im Rahmen der Ausnahmen gemäß der Art. 378, 391 und 392 CPPN ist die direkte Einbringung von Erkenntnissen aus dem Ermittlungsverfahren in die Hauptverhandlung gestattet. Im Erkenntnisverfahren gewonnene Zeugenaussagen dürfen bei Einverständnis der Prozessbeteiligten (Art. 391 Nr. 1 CPPN), bei Widersprüchen oder zur Gedächtnisstütze (Art. 391 Nr. 2 CPPN), bei Unerreichbarkeit des Zeugen (Art. 391 Nr. 1 CPPN) oder bei vorheriger kommissarischer Vernehmung (Art. 391 Nr. 1 CPPN) verlesen werden. Das Konzept ist daher mit dem deutschen Recht vergleichbar. Sehr problematisch erscheint, dass die Einlassungen des Angeklagten im Vorverfahren gemäß Art. 378 CPPN obligatorisch zu verlesen sind, wenn dieser in der Hauptverhandlung zu den Vorwürfen schweigt.[2]

In der Vergangenheit wurde von häufigen Durchbrechungen des Unmittelbarkeitsgrundsatzes durch die Gerichtspraxis berichtet, auch unter dem Regime des neuen CPPN. Demnach beschränke sich auch aus ökonomischen Gründen das Hauptverfahren häufig auf eine Debatte über den Beweiswert der bereits im Vorverfahren erlangten Erkenntnisse.[3] Ebenso wird auf die hohe Präjudizwirkung des Vorverfahrens hingewiesen.[4] Erklärt wird dies zunächst damit, dass Gewohnheiten der alten Richterschaft aus der Zeit des alten CPMP, wo der Schwerpunkt des Strafverfahrens eindeutig auf dem Vorverfahren lag, in die Zeit des CPPN übernommen wurden.[5] Ebenso wird häufig auf die Person des Untersuchungsrichters im Vorverfahren verwiesen, woraus der Trugschluss einer ausreichenden richterlichen Beteili-

---

[1] *Roxin/Schünemann*, Strafverfahrensrecht, S. 81, Rn. 1.
[2] Vgl. *Woischnik*, Untersuchungsrichter, S. 112.
[3] Vgl. *Guariglia/Bertoni* in: Maier/Ambos/Woischnik, Las reformas, S. 55.
[4] Hierzu *Woischnik*, Untersuchungsrichter, S. 113.
[5] Vgl. *Woischnik*, Untersuchungsrichter, S. 7, 42 und 43 f.

gung im Gesamtprozess gezogen wird.[6] Dies war in den Fällen des Korrektionalrichters der häufige Fall, bei denen Untersuchungsrichter und erkennender Richter
sich in einer Person vereinten und die spätere Beweiserhebung sich tatsächlich nur
noch auf eine Beweispräsentation beschränkte.[7] Weiterhin spricht Art. 388 CPPN
von der möglichen Einbeziehung „neuer" Beweise, die erst während der Hauptverhandlung auftauchen. Damit bezieht sich diese Vorschrift eigentlich auf die Möglichkeit, Beweise von Amts wegen durch das Hauptverhandlungsgericht zu erheben. Möglich (nicht zwingend) ist aber aus dem Wortlaut das *argumentum e
contrario*, wonach bereits im Vorverfahren erlangte „alte" Beweise nicht mehr re-
zipiert werden müssten.[8] Damit ist die Kontrolle durch die Öffentlichkeit eingeschränkt, denn sie kann ohne Aktenkenntnis, das Handeln der Justizorgane schwerer nachvollziehen.[9]

2. Recht auf konfrontative Befragung nach der Entscheidung „Benítez"

Wichtige Vorgaben zur Einhaltung des Unmittelbarkeitsprinzips machte das Verfassungsgericht schließlich im Jahre 2006 in der Entscheidung „Benítez".[10] Dort
hob es die Verurteilung eines Straftäters auf, der nur auf Grund im Vorfeld erlang-
ter Zeugenaussagen verurteilt wurde. Das Verfassungsgericht stellte klar, dass die
der Entscheidung zu Grunde liegenden Beweismittel in kontradiktorischer Weise
erlangt worden sein müssen, speziell beim Zeugenbeweis der Beschuldigte ein
Konfrontationsrecht gegenüber den Belastungszeugen habe (*derecho de confronta-
ción*), um deren Glaubwürdigkeit erschüttern zu können. Ausnahmen seien nur im
Einzelfall zulässig, eine nur auf nicht-kontradiktorisch erlangte Beweise gestützte
Verurteilung insgesamt verfassungswidrig. Die von dem Urteil ausgehende Sig-
nalwirkung dürfte die in der Praxis vorkommenden Durchbrechungen des Rechts
auf kontradiktorische Befragung eindämmen. Auch dürfte die Entscheidung eine

---

[6] Rechtsvergleichend mit Deutschland zu diesem Thema *Di Corleto/Soberano*, CDJP 2000, Nr.
10, S. 415.
[7] Diese angesichts des Unparteilichkeitsprinzips unvereinbare Konstellation (*Woischnik*, Untersuchungsrichter, S. 180 ff.) ist mittlerweile für verfassungswidrig erklärt worden (siehe hierzu ausführlich Kapitel XVIII.3.). Gleichwohl wird die Denk- und Vorgehensweise dieser Korrektionalgerichte (hierzu *Woischnik*, Untersuchungsrichter, S. 183) noch verankert sein.
[8] Hierzu *Woischnik*, Untersuchungsrichter, S. 113 m.w.N.
[9] Vgl. *Maier*, DPP, B. I, S. 661.
[10] CSJN, Fall Nr. 1524 vom 12.12.2006, B. 329-4, S. 5556 ff.

Stärkung des Unmittelbarkeitsprinzips zur Folge haben, denn spätestens in der Hauptverhandlung wird eine versäumte konfrontative Befragung nachgeholt werden müssen.

3. Verfahrensökonomische Überlegungen

Verstöße gegen das Unmittelbarkeitsprinzip und das Recht auf konfrontative Befragung sind aus verfahrensökonomischer Sicht nicht unerheblich. Durch diese Vereinfachung des Normalverfahrens sind Auswirkungen auf die Quantität alternativer Verfahrensarten zu erwarten. Gerade bei einfach gelagerten Sachverhalten, die eine kurze Erörterung erwarten lassen, könnte somit der Anreiz der Strafverfolgungsbehörden auf verkürzte oder vereinfachte Verfahrensarten (wie insbesondere die Aussetzung der Hauptverhandlung zur Bewährung und das abgekürzte Verfahren) geschwächt sein. Empirische Daten über die Häufigkeit der jeweilig beschrittenen Verfahrensarten könnten dadurch in nicht unerheblicher Weise verzerrt werden und weniger Aussagekraft besitzen.[11] So mag das Gesamtbild befriedigender erscheinen, da die Wahl häufiger zu Gunsten des vermeintlich rechtstaatlich unbedenklicheren Hauptverfahrens ausfällt. Letztlich ist aber das nicht unter Berücksichtigung des Unmittelbarkeitsgrundsatzes und der kontradiktorischen Verfahrensweise durchgeführte Hauptverfahren kaum mehr wert als ein auf Unterwerfung beruhendes Verfahren.

---

[11] Umfangreiches Zahlenmaterial lässt sich auf der Seite des *ministerio público fiscal* finden unter www.mpf.gov.ar über den Link „*Estadisticas*".

XI. Akkusationsprinzip (principio acusatorio) im formalisierten Vor- und Zwischenverfahren

1. Überblick über das Vor- und Zwischenverfahren

a) Vorfragen: Rollenaufteilung zwischen Untersuchungsrichter und Staatsanwaltschaft im Vor- und Zwischenverfahren

Die Ermittlungs- und Anklagefunktion im Vor- und Zwischenverfahren ist nach argentinischem Bundesrecht zwischen zwei Protagonisten, der Staatsanwaltschaft (*Ministerio Público* oder *Ministerio Fiscal*) und dem Untersuchungsrichter (*Juez de Instrucción*), aufgeteilt. Letzterer ist nicht wie der Ermittlungsrichter nach der (heutigen)[1] deutschen StPO auf die Rolle des Rechtegaranten beschränkt. Vielmehr betreibt der Untersuchungsrichter die Sachverhaltserforschung im Vorverfahren eigenständig. Die Funktion der Staatsanwaltschaft ist im Vergleich mit der deutschen Rechtslage stark eingeschränkt. Die staatsanwaltlichen Befugnisse kommen meist nur punktuell zur Geltung.[2]

Die Aufgabenverteilung zwischen Staatsanwaltschaft und Untersuchungsrichter ist dabei kompliziert und bisweilen sehr formal.[3] Die Rollenaufteilung ist somit ein nicht unbeachtlicher verfahrensökonomischer Faktor, denn das Wechselspiel zwischen den Ermittlungsbehörden trägt maßgeblich zum bürokratischen Charakter des Vorverfahrens bei. BOVINO sieht im formalen Vorverfahren die Hauptursache überlanger Verfahrensdauern.[4]

Dazu besteht seit langem Streit über die Vormachtstellung im Ermittlungsverfahren. Viele Stimmen fordern, die diffuse Aufteilung zu vereinfachen und die Ermittlungsbefugnisse – nach deutschem Vorbild – in die Hände der Staatsanwaltschaft

---

[1]   Es existierte vor dem 1. StVRG auch hierzulande die gerichtliche Voruntersuchung in den §§ 178-197 dStPO. Man kannte also in Deutschland bis zum Jahr 1974 die richterliche Untersuchungstätigkeit, wenngleich dies geringe praktische Bedeutung hatte, weil die Delegation der Vorverfahrensuntersuchung an die Staatsanwaltschaft - entgegen der argentinischen Praxis - der Regelfall war (*Rieß* in: LR-StPO, Einl. Abschn. F, Rn. 112 f. und J, Rn. 41).

[2]   Vgl. *Woischnik*, Untersuchungsrichter, S. 94.

[3]   Vgl. *Ambos/Woischnik*, ZStW 113, S. 363; *Woischnik*, Untersuchungsrichter, S. 100.

[4]   *Bovino*, CDJP 1998, Nr. 8-A, S. 536 f..

zu legen.[5] Kritiker halten dies hingegen für verfassungswidrig. Die Staatsanwalt-schaft erlange hierdurch Entscheidungsrechte, die über das Schicksal der Strafver-folgung endgültig entscheiden würde.[6] Es herrscht Misstrauen der Vertreter dieser Ansicht in das Rechtspflegeorgan Staatsanwaltschaft. Die Debatte um die Befug-nisse im Vorverfahren ist deshalb vorwiegend ein rechtspolitischer Machtkampf,[7] in dem vor allem die Untersuchungsrichterschaft ihre ausgeprägte Machtstellung im Vorverfahren ungern abgeben möchte.

Neben der Ermittlungsfunktion im Allgemeinen ist im Konkreten die Anklagefunk-tion zwischen dem Untersuchungsrichter und der Staatsanwaltschaft aufgeteilt. Jeder Part ist zur Überführung des Verfahrens in das jeweils nächste Stadium von der Mitwirkung des Anderen abhängig. Bei der Betrachtung des Akkusationsprin-zips ist daher nicht nur entscheidend, ob die Trennung zwischen Ankläger und Spruchkörper gewahrt ist, sondern welche Besonderheiten sich aus der Pluralität der Ankläger ergeben.[8]

---

[5]   So *Di Corleto/Soberano*, CDJP 2000, Nr. 10, S. 380 m.w.N. (Nur) einige Provinzen haben dies im Gegensatz zum Bundesrecht verwirklicht, hierzu *Gómez Colomer*, CDJP 1997, Nr. 7, S. 915.

[6]   So äußert sich *Ricardo Levene (h.)*, Autor des Reformprojekts zum CPPN (*Di Corleto/Soberano*, CDJP 2000, Nr. 10, S. 378, Fn. 3); diese Argumentationen entkräftend *Woischnik*, Untersu-chungsrichter, S. 155 f.; hierzu muss gesagt werden, dass die Tragweite der Einstellungsent-scheidung im argentinischen Recht weitaus größer ist als im deutschen Recht. Das Gebot *ne bis in idem* verbietet nicht nur jedwede doppelte Bestrafung (Wortlaut GG) sondern auch jedwede mehrfache Strafverfolgung (so Art. 1 CPPN). Mit anderen Worten: ist ein Verfahren eingestellt worden, kann es später nicht wieder aufgegriffen werden, nicht einmal im Wiederaufnahmever-fahren, welches nur zu Gunsten des Täters betrieben werden darf. Die Einstellungsentscheidung spricht den Beschuldigten daher von der prozessualen Tat endgültig frei (hierzu Kapitel XII.1.). Die Kritiker sagen deshalb, dass die Staatsanwaltschaft zu weitgehende Rechtsprechungsbefug-nisse habe, wenn diese nur indirekt kontrollierbar sein sollte. Hierzu *Bertelotti*, La Ley 2006-B, S. 736 f. Die Diskussion findet sich auch in Deutschland (zum Ganzen *Kausch*, Der Staatsan-walt, insb. S. 226 f.).

[7]   Nach *Maier*, DPP, B. II, S. 311: *Fundamentalmente política*; nach *Bertelotti*, La Ley 2006-B, S. 736 „ist gewiss, dass sowohl das Legalitätsprinzip, als auch die Frage der Herrschaft des Vorverfahrens und die materielle Wahrheit als Ziel des Strafverfahrens politische Prinzipien sind, ohne Verfassungsrang" (*Lo cierto es que tanto el principio de legalidad procesal, como la cuestión de la titularidad de la acción y la verdad real como meta del procedimiento penal son principios políticos que no tienen rango constitucional.*).

[8]   Im Folgenden bleibt zur Vereinfachung die Rolle der Polizei im Vorverfahren ausgeklammert und es wird nur auf die Staatsanwaltschaft und die Untersuchungsrichterschaft eingegangen. Ohnehin sollte sich die Rolle der Polizei auf die des Hilfsorgans der Staatsanwaltschaft be-schränken, was wegen der unglücklichen Formulierung des Art. 195 Absatz 1 Alt. 2 CPPN an-

Begleitet wird die Pluralität der Ermittlungsbehörden durch zahlreiche Fristen im Vorverfahren des CPPN.[9] Teilweise existieren diese Fristen nur auf Grund der „Doppelung" der Behörden im Vorverfahren, wie etwa Vorlagefristen.

Das Ermittlungsverfahren gliedert sich grob in drei Verfahrensabschnitte: Den Einleitungsakten, der Erstvernehmung des Beschuldigten und der Überleitung in das Hauptverfahren.

b) Einleitungsakte (actos iniciales)

Bereits zu Beginn des Strafverfahrens ist ein Zusammenwirken zwischen Staatsanwaltschaft und Untersuchungsrichter erforderlich. Möchte der Untersuchungsrichter Ermittlungen zu einer Straftat aufnehmen, hat er hiervon die Staatsanwaltschaft in Kenntnis zu setzen (Art. 180 CPPN). Diese hat nunmehr innerhalb von 24 Stunden zu prüfen, ob ein Anfangsverdacht vorliegt und sie deshalb eine Ermittlungsaufforderung (*requerimiento de instrucción*) gemäß Art. 188 CPPN erlässt.[10] Ohne diese Ermittlungsaufforderung kann der Untersuchungsrichter nicht tätig werden. Die Ermittlungsaufforderung gemäß Art. 195 CPPN legt zudem den Umfang der Untersuchungsgegenstände fest.[11] Der CPPN zieht also bereits für das Vorverfahren eine akkusatorische Schranke.

Erlässt die Staatsanwaltschaft eine Ermittlungsaufforderung, geht die Verfahrensherrschaft auf den Untersuchungsrichter über. Diese behält er im Regelfall bis zur Anklageerhebung. Wenn sich der Verdacht nicht erhärtet, kann der Untersuchungsrichter das Verfahren durch Beschluss jederzeit zur Einstellung bringen (Art. 195 Absatz 2 Satz 1 CPPN).

---

gezweifelt wird. Hierzu *Fierro* in: Baigún/Zaffaroni, CP, B. 2B, Arts. 71/76, S. 372 f. Siehe auch *Woischnik*, Untersuchungsrichter, S. 104, Fn. 85 m.w.N. Siehe ebenso Kapitel VIII.2.a).

9   Beispielsweise seien genannt: Art. 180 Absatz 1 Satz 2, Absatz 2, Art. 281 Absatz 2, Art. 286, 294 Satz 1, Art. 306, 329, 332, 337 Absatz 2, Art. 346, 348 Absatz 2 Satz 1, Art. 349 Absatz 1, Absatz 2, Art. 350, 352, 353 bis Absatz 4 CPPN.

10 Erreicht der Anfangsverdacht zuerst die Staatsanwaltschaft, hat diese das Erfordernis der Ermittlungsaufforderung zu prüfen (Art. 196 Absatz 2 CPPN). Nur einzelne Maßnahmen kann sie in diesem Fall zur Beweissicherung selbst durchführen. Sie ist danach quasi ein Notuntersuchungsrichter.

11 Vgl. *Woischnik*, Untersuchungsrichter, S. 101.

Es existieren drei Ausnahmen, in denen nicht der Untersuchungsrichter die Ermittlungen führt, sondern die Staatsanwaltschaft die Vorverfahrensherrschaft innehat.

Einmal kann der Untersuchungsrichter die Ermittlungstätigkeit gemäß Art. 180 Absatz 2 i.V.m. Art. 196 Absatz 1 CPPN von Anfang an auf die Staatsanwaltschaft übertragen. In diesem Fall ist keine Ermittlungsaufforderung notwendig, denn der Richter hat hier von Beginn an auf seine Verfahrensherrschaft verzichtet. Auch noch nach der Ermittlungsaufforderung kann der Untersuchungsrichter die Staatsanwaltschaft durch eine einfache Delegation zur Vorverfahrensherrin machen. Beim Untersuchungsrichter verbleibt in diesem Fall eine Anordnungs- oder Durchführungskompetenz für schwerwiegende grundrechtseingreifende Maßnahmen[12] und er führt die obligatorische Erstvernehmung des Beschuldigten selbst durch (sog. *indagatoria*; siehe sogleich); mit anderen Worten ist er im Delegationsfalle auf die Rolle eines Ermittlungsrichters beschränkt. Die Delegationssituation ist daher mit der Konstellation einer untersuchenden Staatsanwaltschaft und einem lediglich kontrollierenden Ermittlungsrichter wie in Deutschland vergleichbar. Es wird berichtet, das hiervon in der Praxis jedoch wenig Gebrauch gemacht wird.[13]

Eine Neuerung erfuhr der CPPN mit den Art. 196 bis ff.[14] Danach werden alle Ermittlungen gegen unbekannte Täter im Zuständigkeitsbereich der Nationalen Gerichtsbarkeit der Bundeshauptstadt,[15] vorerst durch die Staatsanwaltschaft ermittelt.[16] Lässt sich ein Tatverdächtiger ermitteln, hat nun die Staatsanwaltschaft ge-

---

[12] Diese Richtervorbehalte sind an mehreren Stellen des CPPN geregelt; bspw. Art. 213 ff., 224, 230; hierzu *Woischnik*, Untersuchungsrichter, S. 102.

[13] Vgl. *Woischnik*, Untersuchungsrichter, S. 102, Fn. 78. Nach den Daten von www.mpf.gov.ar im Oktober 2010 ergibt sich im Bereich der Föderalen Gerichtsbarkeit der Bundeshauptstadt, dass dort im Zeitraum der Jahre 2004 bis 2009 nur zwischen 6,9 bis 9,6 % der Ermittlungstätigkeit an die Staatsanwaltschaft gemäß Art. 196 CPPN delegiert wurde. Im Bereich der Nationalen Gerichtsbarkeit der Bundeshauptstadt gibt es vergleichsweise mehr Delegationsfälle. Dort ergibt sich für das Jahr 2008 eine Quote von 40,7 %, für das Jahr 2009 eine Quote von 45,1 % delegierter Ermittlungen. Für ältere Berichtszeiträume sind die Daten unvollständig.

[14] Eingefügt durch Gesetz 25.409; Beschlussfassung am 14.03.2001, erlassen am 17.04.2001, B.O. am 20.04.2001.

[15] Mit Ausnahme der Art. 142 bis (entspricht einer Geiselnahme) und Art. 170 CP (entspricht einem erpresserischen Menschenraub) auf Grund Art. 196 bis Absatz 2 CPPN (Eingefügt durch Art. 2 des Gesetzes 25.760; Beschlussfassung am 16.07.2003, erlassen am 07.08.2003, B.O. am 11.08.2003).

[16] Vgl. *Navarro/Daray*, CPPN, B. I, Art. 196 bis, S. 546.

mäß Art. 196 quater Absatz 2 CPPN die Akte dem zuständigen Untersuchungsrichter vorzulegen, der daraufhin wieder gemäß Art. 196 Absatz 1 CPPN zu entscheiden hat, ob er die Untersuchung selbst weiterführen möchte oder diese an die Staatsanwaltschaft delegiert. Die Art. 196 bis ff. CPPN enthalten also eine Art gesetzlichen Regelfall der Delegation an die Staatsanwaltschaft, wenn gegen einen noch unbekannten Täter ermittelt wird. Mit der Identifikation eines Tatverdächtigen geht dann die Verfahrensherrschaft wieder auf den Untersuchungsrichter über.

Zudem wurden durch Gesetz 24.826[17] die Art. 353 bis f. CPPN hinzugefügt, welche die sogenannte summarische Untersuchung (*instrucción sumaria*) regeln. Dies sind vorwiegend Fälle mit einfach gelagertem Sachverhalt und in denen der Täter bei der Tatausführung auf frischer Tat angetroffen wurde.[18] Hierfür ist die staatsanwaltliche Untersuchung nach den Regeln der Delegation gemäß Art. 180 Abs. 2 CPPN nunmehr obligatorisch.

Diese kurze Analyse der Einleitungsakte und der ersten Schritte des Vorverfahrens zeigt bereits, dass nach argentinischem Bundesstrafverfahrensrecht zwei Behörden eingesetzt werden, wo nach deutschem Recht die Staatsanwaltschaft über die Aufnahme von Ermittlungen allein entscheidungsbefugt ist. Die Funktionsaufteilung kann aus verfahrensökonomischer Sicht von Nachteil sein, weil bereits die wechselseitigen Vorlagepflichten Zeit in Anspruch nehmen. Zudem sind auf Grund der vielen Ausnahmeregelungen zu Beginn der Ermittlungen, Zuständigkeitsfragen zu prüfen, weil in jedem Fall zunächst entschieden werden muss, ob ein Ermittlungsverfahren durch den Untersuchungsrichter oder die Staatsanwaltschaft durchzuführen ist.

c) Erstvernehmung des Beschuldigten (indagatoria)

Vor der Anklageerhebung ist im Verlaufe der Ermittlungen die sogenannte Erstvernehmung des Beschuldigten (*indagatoria*) durchzuführen.[19] Zuständig ist hier-

---

17 Beschlussfassung am 21.05.1997; erlassen am 11.06.1997; B.O. am 19.06.1997.
18 Zu den einzelnen Tatbestandsvoraussetzungen siehe Kapitel XVII.3.
19 Eine ausführliche Beschreibung in deutscher Sprache findet sich in *Woischnik*, Untersuchungsrichter, S. 105 ff., ebenso *Gropengießer*, ZStW 105, S. 185 ff.

für der Untersuchungsrichter, der diese Aufgabe gemäß Art. 213 lit. a CPPN auch nicht delegieren kann, selbst wenn er vorher die gesamte Untersuchung an die Staatsanwaltschaft gemäß Art. 180 Absatz 2 i.V.m. Art. 196 Absatz 1 CPPN übergeben hatte.[20] Die *indagatoria* ist ein Einschnitt in das Strafverfahren, ein Inkulpationsakt, eine förmliche Inverfolgungsetzung. Sie wird gemäß Art. 294 Satz 1 HS 1 CPPN durchgeführt, „wenn es ausreichend Anhaltspunkte für den Verdacht gibt, dass eine [bestimmte] Person an der Begehung einer Straftat teilgenommen hat".[21] Außerdem muss gemäß Art. 294 Satz 1 HS 2 CPPN die *indagatoria* spätestens innerhalb von 24 Stunden durchgeführt werden, wenn der Verdächtige in Untersuchungshaft genommen wurde. Hierdurch wandelt sich das zuvor geheime Ermittlungsverfahren in eine Untersuchung mit offenem Visier. Ab diesem Zeitpunkt bestehen insbesondere umfangreiche Akteneinsichtsrechte für den Beschuldigten.

Ebenso sind nach der *indagatoria* innerhalb von zehn Tagen zwingend Prozessbeschlüsse zu treffen. Diese bringen entweder das Verfahren zur Einstellung, was gemäß Art. 334 CPPN zu jedem Zeitpunkt des Vorverfahrens durch den Untersuchungsrichter verfügt werden kann (*auto de sobreseimiento*),[22] ordnen gemäß Art. 309 CPPN weitere Sachverhaltserforschungen an, weil der Verdacht weder ausgeräumt noch in ausreichendem Maße bestätigt werden konnte (*falta de merito*), oder leiten gemäß Art. 306 CPPN direkt in das Zwischenverfahren über (*auto de procesamiento*). Letztere Alternative setzt einen abgeschwächten hinreichenden Tatverdacht voraus.[23] Die *indagatoria* ist somit mehr als die obligatorische Beschuldigtenvernehmung gemäß § 163a dStPO. Die Inkulpation ist in Deutschland an keinen Akt gebunden, sondern wird durch jede erkennbare Verfolgungsmaßnahme begründet.[24] Die *indagatoria* erfüllt allerdings wie § 163a dStPO neben der „Inquisitionsfunktion" auch eine „Verteidigungsfunktion", indem sie dem Beschuldigten

---

[20] Allerdings wird im Falle der Summarischen Untersuchung die *indagatoria* durch eine staatsanwaltliche Erstvernehmung ersetzt; vgl. Kapitel XVII.2.
[21] *Cuando hubiere motivo bastante para sospechar que una persona ha participado en la comisión de un delito, [...].*
[22] Zur Einstellungsentscheidung vgl. Kapitel XII.6.a).
[23] Im Ergebnis auch *Woischnik*, Untersuchungsrichter, S. 106.
[24] Vgl. *Erb* in: LR-StPO, § 163a, Rn. 11 f.

erstmals rechtliches Gehör gewährt und ihn umfangreich von den Beschuldigungen in Kenntnis setzt.[25]

Aus prozessökonomischer Sicht bedeutet die *indagatoria* einen größeren formalen Aufwand. Einmal müssen hier zwingend Prozessbeschlüsse innerhalb fester Fristen getroffen werden. Zum Vergleich ist die obligatorische Erstvernehmung in der deutschen StPO nach § 163a Absatz 1 an keine weiteren Prozesshandlungen geknüpft. Des Weiteren ist die *indagatoria* eine zusätzliche Verdachtsabstufung. Für die Durchführung der *indagatoria* ist gemäß Art. 294 CPPN mit dem Wortlaut „ausreichend Anhaltspunkte für den Verdacht" ein abgeschwächter hinreichender Tatverdacht gefordert. Abgeschwächt deshalb, weil der Weiterermittlungsbeschluss im Anschluss an die *indagatoria* nach Art. 306 CPPN einen etwas höheren Verdachtsgrad impliziert, und zwar „wenn ausreichend Überzeugung besteht, um der Meinung zu sein, dass eine Straftat vorliegt und [der Beschuldigte] als Teilnehmer an ihr schuldig ist."[26] Die im CPPN gemachte Abstufung der Verdachtsgrade wäre somit: Möglichkeit (Anfangsverdacht), ausreichende Anhaltspunkte (abgeschwächter hinreichender Tatverdacht) und Überzeugung (hinreichender Tatverdacht). Demnach hat ein Untersuchungsrichter zunächst festzustellen, ob ein abgeschwächter hinreichender Tatverdacht vorliegt, um die Erstvernehmung durchführen zu können. Im Anschluss an die Erstvernehmung hat er nochmals den Verdachtsgrad festzustellen und zu begründen. Ist im Ergebnis nun ein hinreichender Tatverdacht gegeben, hat er im darauffolgenden Zwischenverfahren (hierzu sogleich) nunmehr den hinreichenden Tatverdacht nochmals festzustellen. Aus ökonomischer Sicht scheint dies eine Doppelung zu sein. Es gibt daher Stimmen, dass zumindest der Prozessbeschluss des *auto de procesamiento* gemäß Art. 306 CPPN am Ende des Verfahrensabschnitts der *indagatoria* überflüssig sei.[27]

---

[25] *Navarro/Daray*, CPPN, B. 2, Art. 294, S. 877 verweisen explizit auf *Roxin*, DPP, S. 210, spanische Übersetzung der 25. Auflage des bekannten Lehrbuchs Strafverfahrensrecht durch *Córdoba/Pastor*.

[26] *[...] siempre que hubiere elementos de convicción suficientes para estimar que existe un hecho delictuoso y que aquél es culpable como partícipe de éste.* Woischnik, Untersuchungsrichter, S. 106, stellt fest, dass Art. 306 CPPN damit der deutschen Definition des hinreichenden Tatverdachts gleichzusetzen sei.

[27] Als ein Schritt mehr, *un paso más*, bezeichnen ihn, *Di Corleto/Soberano*, CDJP 2000, Nr. 10, S. 412 ff. Danach könnte die Schutzfunktion der Feststellung des hinreichenden Tatverdachts allein

d) Zwischenverfahren/Überleitung in das Hauptverfahren (elevación a juicio)

Die zweite Ausprägung des Akkusationsprinzips findet sich bei der Anklageerhebung bzw. im Eröffnungsbeschluss.[28] Diese erfolgt gemäß den Art. 346-353 CPPN am Ende eines Verfahrensabschnitts, in dem die Ermittlungsergebnisse zusammengefasst (clausura de la instrucción) und die Beschlüsse zur Überleitung in das Hauptverfahren getroffen werden (elevación a juicio) und damit die Entscheidung über die Eröffnung der Hauptverhandlung fällt.

Anders als nach der deutschen StPO ergeht der Eröffnungsbeschluss nicht durch das erkennende Gericht. Der Eröffnungsbeschluss ergeht vielmehr durch die Behörden des Vorverfahrens, also den Untersuchungsrichter und die Staatsanwaltschaft. Deshalb sind die Anklageerhebung und der Eröffnungsbeschluss in einem Verfahrensabschnitt zusammengezogen. Das Gericht der Hauptverhandlung ist an die kumulative Entscheidung von Untersuchungsrichter und Staatsanwaltschaft gebunden und kann sich gegen die Eröffnungsentscheidung nicht wehren, auch wenn es der Ansicht ist, dass ein hinreichender Tatverdacht nicht vorliegt. Es muss das Verfahren durch Urteil abschließen, wenn sich der Verdacht nicht vorzeitig vollständig ausräumen lässt (argumentum e contrario aus Art. 361 CPPN).[29] Die weitreichende Entscheidung der Eröffnung der Hauptverhandlung liegt daher bei der Staatsanwaltschaft und dem Untersuchungsrichter.

---

durch die Prüfung der Überleitungsreife in das Hauptverfahren erfüllt werden. Siehe auch *D'Albora*, CPPN, vor Art. 353 bis, S. 785.

[28] Differenzierend zum Anklagebegriff *Woischnik*, Untersuchungsrichter, S. 111.

[29] Art. 361 CPPN besagt, dass das Gericht des Hauptverfahrens die Sache nur vorläufig einstellen kann, „wenn es durch neue Beweise evident erscheint, dass der Beschuldigte sich im Zustand der Schuldunfähigkeit befand, oder dass ein Prozesshindernis existiert oder plötzlich auftritt und für dessen Beweis es der Hauptverhandlung nicht bedarf [...]" (*Cuando por nuevas pruebas resulte evidente que el imputado obró en estado de inimputabilidad o exista o sobrevenga una causa extintiva de la acción penal y para comprobarla no sea necesario el debate, [...]*). Das zeigt, dass die Einstellungsvoraussetzungen des Art. 361 CPPN sehr eng sind. Keinesfalls möglich ist die Einstellung durch das Gericht der Hauptsache, wenn es lediglich auf Grund der bisher vorliegenden Beweise des Vorverfahrens den Sachverhalt anders bewertet und den hinreichenden Tatverdacht verneint. Es muss eine Bewertung auf Grund neu auftretender Beweise sein und zudem muss die auf neuen Beweisen beruhende Neubewertung des Verdachtsgrades offensichtlich (*evidente*) sein. Vgl zur Einstellungsentscheidung Kapitel XII.6.b).

Auch das Zwischenverfahren ist so durch die wechselseitigen Befugnisse von Untersuchungsrichter und Staatsanwaltschaft geprägt. Sind nach Ansicht des Untersuchungsrichters die Ermittlungen abgeschlossen, dann legt er gemäß Art. 346 CPPN der Staatsanwaltschaft die Ermittlungsakten für sechs Tage vor. Innerhalb dieses Zeitraums hat die Staatsanwaltschaft den hinreichenden Tatverdacht zu prüfen.[30]

Gemäß Art. 347 Absatz 1 Nr. 1 Alt. 2 CPPN kann die Staatsanwaltschaft erklären, dass sie bestimmte weitere Ermittlungen für notwendig erachtet. Nach Maßgabe des Art. 348 Absatz 1 CPPN kommt der Untersuchungsrichter dieser Aufforderung nach, wenn die beantragten Beweiserhebungen einschlägig und zweckmäßig (*pertinentes y útiles*) sind. Danach legt er die Akten mit den neuen Erkenntnissen wiederum der Staatsanwaltschaft vor, bis sich diese gemäß Art. 347 Absatz 1 Nr. 2 CPPN dahingehend äußert, dass die Ermittlungen abgeschlossen seien und dementsprechend einzustellen oder das Hauptverfahren zu eröffnen sei.[31]

Kommt die Staatsanwaltschaft zu dem Schluss, dass der hinreichende Tatverdacht gegeben ist, muss sie gemäß Art. 347 Absatz 1 Nr. 2 Alt. 2 CPPN ein Eröffnungsersuchen (*requerimiento de elevación a juicio*) an den Untersuchungsrichter stellen. Der Untersuchungsrichter hat seinerseits die Möglichkeit, dem Eröffnungsersuchen nachzukommen und den Überleitungsbeschluss ins Hauptverfahren zu treffen (Art. 347 Absatz 2 CPPN). Ohne das Eröffnungsersuchen der Staatsanwaltschaft kann der Untersuchungsrichter den Überleitungsbeschluss nicht anordnen. Darin liegt die akkusatorische Schranke. Andersherum kann auch die Staatsanwaltschaft den Eröffnungsbeschluss nicht selbst erlassen, sondern ist hierbei von der Mitwirkungshandlung des Untersuchungsrichters abhängig.

---

[30] War die Ermittlung bereits von Beginn an die Staatsanwaltschaft delegiert, ist die Vorlage gemäß Art. 346 CPPN unsinnig, da die Akten bereits in der Obhut und Bearbeitung der Staatsanwaltschaft sind. Art. 215 CPPN stellt daher die Pflichten der ermittelnden Staatsanwaltschaft klar. Letztlich wird sie verpflichtet, nach Abschluss der Ermittlungen von sich aus das vorläufige Ergebnis dem Untersuchungsrichter vorzulegen. Art. 215 CPPN verweist dann auf das Vorgehen nach Art. 347 - 349 CPPN und klammert somit lediglich die Vorlagepflicht gemäß Art. 346 CPPN aus (*Woischnik*, Untersuchungsrichter, S. 108).

[31] Vgl. *Woischnik*, Untersuchungsrichter, S. 107 f.

Ist die Staatsanwaltschaft der Ansicht, es liege kein hinreichender Tatverdacht vor, wird sie gemäß Art. 347 Absatz 1 Nr. 2 Alt. 1 CPPN beim Untersuchungsrichter die Verfahrenseinstellung beantragen; selbst ist sie dazu nicht ermächtigt.

2. Staatliche Klage- und Ermittlungserzwingungsverfahren

Teil des Vorverfahrens sind auch verschiedene Klage- und Ermittlungserzwingungsmöglichkeiten. Da nach argentinischem Bundesrecht eine Doppelung der Ermittlungsbehörden vorliegt, kann es zu unterschiedlichen Auffassungen über den jeweiligen Verdachtsgrad eines Beschuldigten im Vorverfahren kommen. Das hat zur Folge, dass nicht nur dem Nebenkläger ein Klageerzwingungsrecht zusteht (Art. 348 Absatz 2 Satz 2 Alt. 2 CPPN und Art. 352 Satz 2 Alt. 2 CPPN), sondern auch die Staatsanwaltschaft gegen die Einstellungsentscheidung des Untersuchungsrichters im Vorverfahren jeweils ein Rechtsmittel beim Beschwerdegericht (*Cámara de Apelación*) geltend machen kann. Diese sind geregelt in Art. 195 Absatz 2 Satz 2 CPPN (gegen die Einstellungsentscheidung des Untersuchungsrichters bei den Einleitungsakten), in Art. 337 Absatz 2 CPPN (gegen die Einstellungsentscheidung im laufenden Vorverfahren) und Art. 352 Satz 2 Alt. 1 CPPN (gegen die Einstellungsentscheidung im Zwischenverfahren).

Umgekehrt hatte der Untersuchungsrichter gem. Art. 348 Absatz 2 Satz 2 Alt. 1 CPPN bislang auch die Möglichkeit eine Entscheidung des Beschwerdegerichts herbeizuführen, wenn sich die Staatsanwaltschaft weigerte das für die Überleitung in das Hauptverfahren notwendige Eröffnungsersuchen zu stellen. Man könnte insofern von einem Klageerzwingungsverfahren des Untersuchungsrichters sprechen. In analoger Weise wurde das staatliche Klageerzwingungsverfahren auch bei den Einleitungsakten angewandt;[32] man könnte es ein Ermittlungserzwingungsverfahren nennen. Damit ergab sich also für den Untersuchungsrichter die Möglichkeit, über das Beschwerdegericht, ein Verfahren gegen den Willen der Staatsanwaltschaft einzuleiten und gegen den Willen der Staatsanwaltschaft zu eröffnen.

---

[32] Vgl. *Woischnik*, Untersuchungsrichter, S. 45 und 101, Fn. 75.

Das von Seiten des Untersuchungsrichters betriebene Klageerzwingungsverfahren nach Art. 348 Absatz 2 Satz 2 Alt. 1 CPPN wurde deshalb stets als Verstoß gegen das Akkusationsprinzip kritisiert.[33] Während die Rechtsprechung diese Vorgehensweise jahrelang für rechtmäßig erachtete,[34] fanden die Kritiker schließlich Gehör bei der CSJN. In der sogenannten Entscheidung „Quiroga"[35] erklärte sie Art. 348 Absatz 2 Satz 2 Alt. 1 CPPN für verfassungswidrig. Sowohl dessen Anwendung bei der Anklageerhebung, wie auch die Analogie zu den Einleitungsakten, ist seitdem untersagt. Gleichzeitig stellten die Richter *obiter dicta* fest, dass das Klageerzwingungsverfahren des Nebenklägers die Verfassung nicht verletze.[36]

Zentraler Punkt der Urteilsbegründung ist die Definition der Rolle der Staatsanwaltschaft innerhalb des Ermittlungsverfahrens. Konservative Kräfte haben aus Misstrauen gegenüber der Staatsanwaltschaft stets eine untergeordnete Rolle derselben verlangt.[37] Abgesehen von der rechtspolitischen Brisanz dieser Machtfrage betonte die CSJN im Urteil die eigenständige und unverzichtbare Rolle der Staatsanwaltschaft im Ermittlungsverfahren. Zentrale Norm ist der mit der Verfassungsreform von 1994[38] eingeführte Art. 120 CN. Dieser garantiert dem *Ministerio Público* finanzielle und funktionale Autonomie. Es hat demnach als unabhängiges Organ die Aufgabe, die Strafverfolgung voranzutreiben/auszulösen.[39] Die in Art. 120 CN beschriebene Unabhängigkeit mache demnach nur Sinn, wenn der Staats-

---

[33] Vgl. *Woischnik*, Untersuchungsrichter, S. 101, Fn. 75.

[34] Siehe *Gil Lavedra*, CDJP 1997, Nr. 7, S. 838 m.w.N.

[35] Fall Nr. 4302 „Quiroga" der CSJN vom 23.12.2004, B. 327-4, S. 5863 ff.; Auszüge abgedruckt in La Ley 2005-B, S 157 ff.; Besprechung von *Bertelotti*, La Ley 2006-B, S. 732 ff.

[36] Gemeinsames Votum der Richter, La Ley 2005-B S. 158, Nr. 10., weil der Nebenkläger keiner staatlichen Gewalt angehöre und nur seine berechtigten Sühneinteressen und das rechtliche Gehör verfolge. Siehe auch *Bertelotti*, La Ley 2006-B, S. 739 f. Dies zeigt eine Tendenz der CSJN zum Verständnis der Funktion des Klageerzwingungsverfahrens weniger zum Schutz des öffentlichen Interesses an der Strafverfolgung (Legalitätsprinzip) als eines subjektiven Rechtsschutzes des Sühneverlangenden gegenüber dem Anklagemonopol des Staates; hierzu m.w.N. Roxin/Schünemann, Strafverfahrensrecht, S. 299 f., Rn. 2.

[37] Vgl. Anm. 6.

[38] Vgl. Kapitel IV.2. Anm. 4.

[39] *El ministerio público es un órgano independiente con autonomía funcional y autarquía financiera, que tiene por función promover la actuación de la justicia en la defensa de la legalidad [...].*

anwaltschaft eine eigenständige, nicht ersetzbare Aufgabe in der Strafverfolgung zukomme.[40]

Eine wichtige Aussage trifft der Gerichtshof im Hinblick auf die Kontrolle der Staatsanwaltschaft. Zwar könne demnach ein Staat, in welchem das Legalitätsprinzip herrsche, Mechanismen entwickeln, die es erlauben, die Einhaltung des Strafverfolgungszwanges seiner Organe zu überwachen, doch müssten sich diese im Rahmen der von Art. 120 CN gesetzten Grenzen bewegen.[41] Die CSJN erteilt dadurch denjenigen Stimmen eine eindeutige Absage, die eine rein repressive Kontrolle (Strafvereitelung, Disziplinarverfahren) der Staatsanwaltschaft für unzureichend erachten. Die CSJN stellt klar, dass die staatlich betriebene *vis absoluta* gegen die Staatsanwaltschaft dem Prinzip der Gewaltenteilung widerspreche. Sie wählt den Weg der *vis compulsiva* indem sie der Judikative den direkten Einfluss auf die Exekutive versagt.[42]

Zwar konnte der Untersuchungsrichter die Staatsanwaltschaft mit dem Klageerzwingungsverfahren nicht alleine überstimmen, sondern muss hierzu das Beschwerdegericht anrufen. Doch auch die Unparteilichkeit des Beschwerdegerichts, der *Cámara de Apelación*, wird von der CSJN in der Urteilsbegründung zu „Quiroga" angezweifelt. Denn neben der Entscheidung im Klageerzwingungsverfahren, ist die *Cámara de Apelación* für das gesamte Vorverfahren als Beschwerdegericht zuständig. Es sei daher möglich und wahrscheinlich, dass das Beschwerdegericht, welches nun über das Schicksal der Klage zu entscheiden hat, bereits im Vorfeld durch Rechtsmittel in das Vorverfahren involviert war. Richter MAQUEDA führt an, dass die Beschwerdekammer deshalb durch frühere Entscheidungen im Vorverfahren bereits mehrfach eine Verurteilungstendenz festgestellt habe, indem es beispielsweise einen für die Untersuchungshaft notwendigen Verdachtsgrad ermittelte.[43] Die Unparteilichkeit werde dadurch gefährdet, weil diese Überzeugung durch

---

[40] Votum Richter *Fayt*, La Ley 2005-B, S. 158, Rn. 15; so auch *Maier*, DPP, B. II, S. 45.
[41] Gemeinsames Votum der Richter, La Ley 2005-B S. 158, Nr. 8.
[42] So auch im Votum des Richters *Zaffaroni*, La Ley 2005-B, S. 159, Nr. 21.
[43] Ähnlich auch Votum der Richter *Petracchi* und *Highton de Nolasco*, Fall Nr. 4302 „Quiroga" der CSJN vom 23.12.2004, B. 327-4, S. 5887, Nr. 12 und Votum des Richters *Zaffaroni*, B. 327-4, S. 5954, Nr. 12. Das Problem des vorbefassten Beschwerdegerichts machen sie weniger am Akkusationsprinzip als an den allgemeinen Grundsätzen der Richterbefangenheit fest. Bemer-

einen Beschluss nach außen getragen wird, da sich das Gericht in eine Schuldhypothese verwickle.[44]

Im Rahmen der komplizierten und formalisierten Rollenaufteilung zwischen Staatsanwaltschaft und Untersuchungsrichter war „Quiroga" eine herbeigesehnte Schlichtung des lange schwelenden Streites um die Vorherrschaft in den Abschnitten des Vorverfahrens der Einleitungsakte und der Überleitung in das Hauptverfahren. Die klare Zuweisung hat insofern auch prozessökonomische Bedeutung, weil nunmehr einzig der Nebenkläger das Klageerzwingungsverfahren betreiben kann. Damit besteht nach dieser Rechtsprechung zwar die Parallelität von Untersuchungsrichter und Staatsanwaltschaft fort, doch ist mit „Quiroga" der Streitpunkt der Vorherrschaft bei der Anklageerhebung und dem Eröffnungsersuchen nicht

---

kenswert ist das Beispiel einer möglichen Versetzung des Richters, durch die dieser vom Beschwerdegericht (zufällig) zum Gericht des Hauptverfahrens wechselt. Die Parteilichkeit durch Vorbefassung des ehemaligen Beschwerderichters erstrecke sich nun auf das Hauptverfahren. Nach deutschem Recht ist dies gemäß den Normen der §§ 22 Nr. 4, 23 Absatz 1 und 24 Absatz 2 dStPO zulässig. Die hierzu einschlägige Rechtsprechung stammt noch aus der Zeit, in der die dStPO selbst noch das Institut des Untersuchungsrichters kannte. Der BGH (BGHSt 9, S. 233 ff.) hatte früh unter Beibehaltung der Rechtsauffassung des Reichsgerichts (RGSt 60, S. 324; 62, S. 302) entschieden, dass die dStPO nur den Ausschluss des mit der Sache als erkennendes Organ vorbefassten Richters kraft Gesetzes fordert. Die Mitwirkung an Vorentscheidungen, wie die bloße Eröffnung der Voruntersuchung, der Ausspruch über ihren Abschluss, die Entscheidung über die Fortdauer der Untersuchungshaft und ähnlichen Handlungen, rechtfertigen grundsätzlich keinen gesetzlichen Ausschluss wegen Befangenheit des Richters (siehe hierzu auch BayOLG NJW 1955, 395; auf den „verständigen Richter" verweisend BGHSt 21, S. 341; BGH NStZ 1983, S. 135; NStZ-RR 2009, S. 85; siehe auch *Meyer-Goßner*, StPO, § 23, Rn. 2; a.A. *Rudolphi* in: SK-StPO, 3. A., § 23, Rn. 1). Die CSJN vertritt gegenüber dem vorbefassten Richter demnach eine restriktivere Haltung als der BGH.

[44] Tatsächlich muss man in unserer - und der argentinischen - instruktorischen Verfahrensweise immer davon ausgehen, dass sich ein mit der Sache befasster Richter stets ein vorgefasstes Bild durch die Aktenlage machen wird. Diese Schwäche ist unseren in die Sachverhaltsaufklärung eingebundenen Richtern durch unsere Verfahrensweise mitgegeben. Das adversatorische Verfahren vermeidet dies durch die nicht mit dem Fall betraute Jury - bei uns teilweise durch nicht aktenkundige Schöffen. Auch bei erfahrenen Richtern kann dieser menschliche Effekt nicht geleugnet werden. Problematisch wird dies dann, wenn das Verfahren den Richter zwingt, seine innere (vorläufige) Überzeugung von der Schuld des Beschuldigten/Angeklagten kundzutun. Der Expressionsakt erhärtet das Meinungsbild des Richters nach außen, da es ihm schwerer fallen wird, einen einst gefassten Beschluss im Nachhinein als unbegründet erscheinen zu lassen. Musste der Richter hingegen seine Überzeugung bisher nicht kundtun, so ist ihm die innere Überzeugungsumkehr erleichtert, denn er muss sich nicht öffentlich einen „Fehler" eingestehen; so auch *Loritz*, Zwischenverfahren, S. 56; *Sessar*, ZStW 92, S. 702; *Roxin/Schünemann*, Strafverfahrensrecht, S. 304 f., Rn. 3. Siehe zum sog. „Intertia-Effekt", *Schünemann*, StV 2000, S. 159.

mehr offen und Divergenzen zwischen beiden Ermittlungsbehörden führen nicht mehr zu längeren Verfahrensdauern durch betriebene staatliche Klageerzwingungsverfahren. Letztlich ist anzunehmen, dass nach der Entscheidung der CSJN die Kontrolle der Staatsanwaltschaft nur noch repressiv erfolgen kann. Ein damit einhergehender, für die Befürworter der eigenständigen Staatsanwaltschaft begrüßenswerter Effekt könnte die häufigere Delegation der Ermittlungstätigkeit des Untersuchungsrichters an die Staatsanwaltschaft sein. Die Richterschaft wird wenig gewillt sein, aufwändige Ermittlungsarbeit vorzuleisten, um im Nachhinein das Schicksal der Anklage in die Hände der Staatsanwaltschaft legen zu müssen.[45]

3. Würdigung des Akkusationsprinzips im Vor- und Zwischenverfahren

a) Gegenseitige Abhängigkeit von Untersuchungsrichter und Staatsanwaltschaft

Die Untersuchung hat gezeigt, dass weder der Untersuchungsrichter noch die Staatsanwaltschaft das Verfahren ohne die Zustimmung des jeweils Anderen fortführen kann. Die Staatsanwaltschaft hat nur die Möglichkeit eine Ermittlungsaufforderung oder ein Eröffnungsersuchen zu stellen, worüber aber letztlich der Untersuchungsrichter entscheidet. Umgekehrt kann der Untersuchungsrichter ohne die jeweilige Mitwirkungshandlung der Staatsanwaltschaft nicht eigenmächtig tätig werden. Hierin liegt eine Ausprägung des Akkusationsprinzips. Nachteilig wirkt sich die „Doppelung" der Ermittlungsbehörden bei diesen Prozesshandlungen auf die Verfahrensdauer aus.

b) Prüfungsherrschaft des Anfangsverdachts und des hinreichenden Tatverdachts

Sowohl Anfangsverdacht als auch der hinreichende Tatverdacht sind durch den Untersuchungsrichter und die Staatsanwaltschaft festzustellen. Bisher war unklar, wer die Verfahrensherrschaft in dieser Prüfung innehatte. Seit „Quiroga" ist klargestellt, dasss der Ermittlungsrichter keine Möglichkeit mehr hat, die ablehnende Entscheidung der Staatsanwaltschaft zu übergehen.

---

[45] So *Bertelotti*, La Ley 2006-B, S. 739.

Der hinreichende Tatverdacht ist im Laufe des Vorverfahrens gleich mehrfach – in jeweils leicht abgewandelter Form – festzustellen. Dies zeugt sicherlich vom erhöhten formalen Aufwand des argentinischen Vorverfahrens.

Die Phase der *clausura de la instrucción* und der Beschluss der *elevación a juicio* dienen dazu, die Eröffnung des Hauptverfahrens und die damit verbundenen negativen Folgen einer öffentlichen Hauptverhandlung für den Beschuldigten (sog. *strepitus fori*) nochmals zu überdenken.[46] Tatsächlich spricht die argentinische Literatur beim Verfahrensabschnitt der *clausura de instrucción* und der *elevación a juicio* von einem Zwischenverfahren (*procedimiento intermedio*)[47] oder verdeutlichend vom Verfahrensabschnitt zur Kontrolle der Anklage (*etapa de control de la acusación*).[48] Der Eröffnungsbeschluss setzt dabei die überwiegende Wahrscheinlichkeit einer Verurteilung voraus, also hinreichenden Tatverdacht. Der Verfahrensabschnitt soll daher die gleiche Funktion wie das deutsche Zwischenverfahren gemäß §§ 198 bis 211 dStPO erfüllen, wird allerdings nicht – und darin liegt der entscheidende Unterschied – durch die Richter des Hauptverfahrens (oder durch ein anderes unabhängiges Organ) durchgeführt, sondern durch die Behörden des Vorverfahrens.

Allerdings wird bezweifelt, ob das so gestaltete Zwischenverfahren dem Schutzgedanken gerecht wird, denn Untersuchungsrichter und Staatsanwaltschaft sind auf Grund ihrer Ermittlungstätigkeit nicht die wünschenswerte objektive Instanz, um den hinreichenden Tatverdacht nochmals auf den Prüfstein zu legen.[49] Doch sorgt zumindest die Funktionsaufteilung zwischen Staatsanwaltschaft und Untersuchungsrichter für eine gewisse Kontrollfunktion.[50] Demnach existiert zwar nach

---

[46] Vgl. *Binder*, Introducción, S. 247.
[47] *D'Albora*, CPPN, B. II, vor Art. 346, S. 759; *Navarro/Daray*, CPPN, Band 2, Art. 346, S. 1028.
[48] *Vegezzi* in: Maier/Bovino, Procedimiento abreviado, S. 354.
[49] Vgl. *Vegezzi* in: Maier/Bovino, Procedimiento abreviado, S. 354, Fn. 33.
[50] Die Staatsanwaltschaft prüft das Verfahren auch auf seine formelle Substanz (*Binder*, Introducción, S. 246). Das heißt, sie prüft nicht nur, ob die materiellen Strafbarkeitsvoraussetzungen gegeben sind, sondern auch, ob die bisher erlangten Kenntnisse formell einwandfrei erlangt wurden oder, falls Verfahrensfehler vorliegen, inwiefern diese Auswirkungen auf die Überführbarkeit des Delinquenten haben. Verfehlungen des Untersuchungsrichters im Vorverfahren sind also bei der staatsanwaltlichen Entscheidung über das Eröffnungsersuchen zu beachten (z.B. Prozesshindernisse, Beweisverwertungsverbote, etc.) und können im Extremfall zur Ablehnung des Eröffnungsersuchens führen.

argentinischem Bundesrecht ein Zwischenverfahren (*intermedio*), nur handelt es sich hierbei um kein erkennungsrichterliches Zwischenverfahren.[51] Zudem ist der Eröffnungsbeschluss für den Beschuldigten – wie in Deutschland – gemäß Art. 352 Satz 1 CPPN nicht durch Rechtsmittel angreifbar.

c) Schutz der Beschuldigtenrechte bei grundrechtseinschneidenden Maßnahmen

Die zentrale Kritik von WOISCHNIK bemängelt, dass das argentinische Bundesrecht keine präventive unabhängige Kontrolle der Ermittlungstätigkeiten vorsieht, wenn im Vorverfahren besonders einschneidende Maßnahmen gegenüber dem Beschuldigten vorgenommen werden.[52] Ein Ermittlungsrichter, der die Tätigkeiten des Untersuchungsrichters durch Vorbehalte überwachen würde, existiert nicht. Nur im Falle der (gesetzlichen) Delegation der Ermittlungstätigkeit an die Staatsanwaltschaft nach den Art. 196, 196 bis und 353 bis CPPN begibt sich der Untersuchungsrichter in Richtung der Position eines neutralen Ermittlungsrichters (s.o.). In den übrigen, zugleich häufigeren Fällen kann der Untersuchungsrichter nicht die Rolle eines Garanten der Beschuldigtenrechte i.s. eines Ermittlungsrichters übernehmen, weil er selbst mit der Ermittlungstätigkeit betraut und dadurch als parteiisch einzustufen ist. Dies wird zwar von konservativen Kräften bestritten, die darauf hinweisen, dass hier nicht ein Ankläger, sondern ein Richter *in persona* han-

---

[51] Vgl. *Gropengießer*, ZStW 105, S. 180 und 190 f., *Woischnik*, Untersuchungsrichter, S. 100. Dabei hat das argentinische Bundesrecht gegenüber dem deutschen einen entscheidenden Vorteil. Indem es den Eröffnungsbeschluss in die Hände der Vorverfahrensinstitutionen legt, muss hierüber nicht das Gericht der Hauptverhandlung eine Entscheidung treffen. Dass durch den Eröffnungsbeschluss der Spruchkörper seine Überzeugung vom hinreichenden Tatverdacht kundtut (kundtun muss) und durch diesen Expressionsakt vorbelastet im Sinne der Unbefangenheit in das Hauptverfahren geht, sog. Inertia-Effekt oder auch Urteilsperseveranz (Trägheitseffekte, wonach einmal getroffene Entscheidungen eine Immunisierung gegen widersprechende Informationen bewirken; hierzu und zu weiteren negativen Effekten der instruktorischen Verfahrensweise *Schünemann*, StV 2000, S. 159 und *Roxin/Schünemann*, Strafverfahrensecht, S. 304, Rn. 3 m.w.N. und S. 80, Rn. 7), dieser Kritik sieht sich das argentinische Recht nicht ausgesetzt. Das argentinische Bundesrecht ist somit zwar unzureichend in der Prüfung der negativen Folgen einer Hauptverhandlung, vermeidet im Umkehrschluss aber den Befangenheitsvorwurf der Richter der Hauptverhandlung auf Grund der vorherigen Eröffnungsbeschlussfassung.

[52] *Woischnik*. Untersuchungsrichter, S. 151 ff., insb. S. 153 f.

deln würde,[53] doch kann nicht die Berufsbezeichnung ausschlaggebend sein, wenn die gesamte Konzeption der Institution gegen die Unparteilichkeit spricht.[54]

Die Einbindung der Staatsanwaltschaft durch Ermittlungsaufforderung und Eröffnungsersuchen gewährt zumindest bei den Einleitungsakten und der Überleitung in das Hauptverfahren eine gegenseitige Entscheidungskontrolle. Dies ist eine wichtige Beschränkung der Machtfülle der Untersuchungsrichter. Im Vergleich mit dem deutschen Recht vertauschen sich strukturell gesehen die Rollen des Untersuchungsrichters und der Staatsanwaltschaft geradezu; während ersterer ermittelt, kontrolliert die Staatsanwaltschaft diese Ermittlungstätigkeit durch ihre akkusatorischen Vetobefugnisse.[55] Trotzdem können sehr starke Zwangsmittel, wie klassischerweise die Untersuchungshaft oder Hausdurchsuchungen, vom Untersuchungsrichter allein angeordnet werden. Ohne die unparteiische Kontrollinstanz eines Ermittlungsrichters verbleibt dem Beschuldigten nur noch das rückwirkende Rechtsmittel der Beschwerde. Dadurch wird aber eine Maßnahme, wie beim Richtervobehalt, nicht im Vorfeld geprüft. Die Beschwerde ist zudem im Gegensatz zum (Ermittlungsrichter-)Vorbehalt nicht obligatorisch und muss vom Beschuldigten selbst aktiviert werden.[56]

---

[53] Hierzu *Woischnik*, Untersuchungsrichter, S. 155; *Gómez Colomer*, CDJP 1997, Nr. 7, S. 922 ff. mit Pro- und Contraargumenten. Siehe auch noch die Rechtsauffassung zur deutschen Untersuchungsrichterschaft bis 1974 BVerfG NJW 1969, S. 1106.

[54] Herr *Alberto Nanzer* von der Universität Buenos Aires schilderte diesen Umstand so, dass der Untersuchungsrichter gleichsam schizophren zwischen zwei Rollen hin- und herwechseln müsse, seine eben (subjektiv) getroffene Entscheidung nun (objektiv) überdenken müsse.

[55] Vgl. *Cafferata Nores*, Doctrina Penal 1987, S. 675 ff.; *Di Corleto/Soberano*, CDJP 2000, Nr. 10, S. 379 f. Dies gilt allerdings nur teilweise, denn auch die Staatsanwaltschaft ist ein Organ der Anklage und als parteiisch einzustufen. Eine echte Kontrollfunktion wie ein Ermittlungsrichter ist daher nicht ihre Aufgabe. Es scheint allerdings ein gewisses existenzrechtfertigendes Eigeninteresse der Staatsanwaltschaft an der Kontrolle der Untersuchungsrichterschaft zu bestehen, weshalb die Kontrollfunktion in den Mitwirkungshandlungen durch die Staatsanwaltschaft vorhanden zu sein scheint.

[56] Krit. *Woischnik*, Untersuchungsrichter, S. 154.

XII. Ne bis in idem

1. Vorfragen: früher Strafklageverbrauch und Prozessökonomie

Der Grundsatz *ne bis in idem* ist weiter gefasst als im deutschen Recht. Das hat zur Folge, dass jede nochmalige Strafverfolgung wegen der gleichen prozessualen Tat nach argentinischem Recht ausgeschlossen ist, sobald eine Person wegen ihr die Beschuldigtenstellung innehatte. Mit anderen Worten tritt nach argentinischem Recht der Strafklageverbrauch bereits sehr früh ein. Sobald eine verfolgte Person aus der Beschuldigtenstellung „entlassen" wird, ist die gleiche prozessuale Tat für sie nicht mehr verfolgbar. Dies gilt im argentinischen Recht ohne Ausnahme.

Nach deutschem Recht kann eine prozessuale Tat, die mangels hinreichendem Tatverdacht gemäß § 170 Absatz 2 dStPO oder wegen Geringfügigkeit gemäß § 153 Absatz 1 oder 2 dStPO eingestellt wurde, wieder aufgegriffen werden. Eine prozessuale Tat kann nach einer Einstellung gemäß § 153a Absatz 1 dStPO zumindest noch als Verbrechen verfolgt werden (§153a Absatz 1 Satz 5 dStPO). Das wäre nach argentinischem Verständnis des Grundsatzes *ne bis in idem* nicht möglich, weil jede Verfahrenseinstellung einen Strafklageverbrauch nach sich zieht. Es mag daher die Problematik bestehen, dass der weitreichende Grundsatz *ne bis in idem* im argentinischen Recht möglicherweise Opportunitätsmaßnahmen verhindert. Denn damit die verfahrensökonomischen Maßnahmen basierend auf dem Prinzip der Opportunität den gewünschten Einsparungseffekt erzielen können, ist meist ein frühzeitiger hypothetischer Schuldausschluss notwendig, ohne dass die Tat zum Zeitpunkt der Einstellung zur Gänze ermittelt ist. Im argentinischen Recht würde dies die Gefahr bedeuten, dass Taten, die anfänglich als geringfügig oder nicht nachweisbar gelten, durch die Einstellung einem endgültigen Freispruch gleichkämen. Erweist sich eine prozessuale Tat später als schwerwiegender – entpuppt sich etwa die Körperverletzung als versuchtes Tötungsdelikt –, so wäre deswegen keine Strafverfolgung mehr möglich.

2. Schutzbereich des Grundsatzes ne bis in idem

Anders als das deutsche GG in Art. 103 Absatz 3 beinhaltet die argentinische Verfassung den Grundsatz *ne bis in idem* nicht explizit. Er wird aber als eines der nicht aufgezählten Garantien des Rechtsstaatsgebotes in Art. 33 CN angesehen.[1] Daneben regelt Art. 8 Nr. 4 AMRK, dass ein durch rechtskräftiges Urteil freigesprochener (ehemaliger) Beschuldigter wegen derselben Tat keinem neuen Prozess unterworfen werden darf. Über Art. 75 Nr. 22 CN wird der Grundsatz *ne bis in idem* Teil der Verfassung.[2] Zudem heißt es gleich in Art. 1 CPPN: „Niemand darf [...] wegen derselben Tat mehr als einmal strafrechtlich verfolgt werden."[3] Der Grundsatz *ne bis in idem* ist somit ein den argentinischen Bundesstrafprozess beherrschender Grundsatz.

Die Unterschiede zum deutschen Verständnis ergeben sich besonders deutlich bei einem Vergleich des Wortlauts der Normen. Während Art. 103 Absatz 3 GG die mehrfache *Bestrafung* untersagt, unterbindet Art. 1 CPPN bereits die mehrfache *Strafverfolgung*. Das argentinische Recht verhindert so bereits die Gefahr, ein zweites Mal die Beschuldigtenstellung in einem gegen sich gerichteten Verfahren wegen der selben prozessualen Tat einzunehmen. Es ist somit strenger gegenüber der staatlichen Strafverfolgungstätigkeit, der dogmatische Ansatz enger als im deutschen Recht.[4] Das argentinische Recht sucht immer den endgültigen Abschluss, die abschließende Lösung des sozialen Konflikts und die definitive Sicherheit für den Beschuldigten, nicht nochmals der Gefahr einer Bestrafung unterworfen zu werden.[5]

---

[1] Vgl. *Maier*, DPP, B. I, S. 596.
[2] Siehe Kapitel II.3.f).
[3] *Nadie podrá ser [...] perseguido penalmente más de una vez por el mismo hecho.*
[4] Vgl. *Maier*, DPP, B. I, S. 598 f.
[5] Vgl. *Rodríguez* in: Plazas/Hazan, Garantías constitucionales, S. 395. Nach deutscher h.M. ist der Wortlaut des Art. 103 Absatz 3 GG zu eng gefasst, so *Roxin/Schünemann*, Strafverfahrensrecht, S. 396, Rn. 7; *Schulze-Fielitz* in: Dreier, GG, Art. 103, Rn. 25. Die mehrfache Verfolgung ist prinzipiell ausgeschlossen, bzw. generiert ein Verfahrenshindernis. Allerdings - und das ist der Unterschied zur argentinischen Lösung - nur nach *endgültiger* Einstellung, was nicht immer der Fall ist. So gibt es viele Durchbrechungen, etwa die vorläufige Einstellung in § 153a Absatz 1 Satz 5 dStPO („beschränkter Strafklageverbrauch", *Meyer-Goßner*, StPO, § 153a, Rn. 45) oder - wenn auch in engen Grenzen - die Wiederaufnahme zu Ungunsten des Täters in § 362 dStPO. Auch die Einstellung im Falle einer Bagatelle nach § 153 dStPO hat nur einen „beschränkten

Daher zieht die Einstellungsentscheidung in jedem Stadium des Strafverfahrens einen unumstößlichen Strafklageverbrauch nach sich. Die Einstellungsentscheidung im Vorverfahren und im Hauptverfahren hat somit die Wirkung eines endgültigen Freispruches.[6] Ebenso ist eine Wiederaufnahme des Verfahrens (*recurso de revisión*) gemäß Art. 479 CPPN nur zu Gunsten des Täters (*a favor del condenado*) möglich. Argentinien folgt damit dem Rechtsverständnis etwa der USA oder Großbritanniens (*double jeopardy*).[7] Allerdings ist eine von Seiten der Strafverfolgungsbehörde eingelegte Revision (*recurso de casación*) gemäß Art. 458 CPPN möglich, weil darin keine neue Strafverfolgung gesehen wird, sondern eine von einem einzigen Strafanspruchsimpuls betriebene Strafverfolgung im linearen Instanzenzug (*sistema bilateral*).[8]

3. Auswirkungen auf das Opportunitätsprinzip

Die Ausdehnung des Grundsatzes *ne bis in idem* auf die formelle Rechtskraft ist möglicherweise ein Grund für die Zurückhaltung des argentinischen Gesetzgebers, großzügigere Einstellungsmöglichkeiten auf der Basis des Opportunitätsprinzips zu gewähren. Denn alle Einsparungseffekte, die durch eine vorzeitige Verfahrenseinstellung erreicht werden, ziehen zugleich ein endgültiges Verfahrenshindernis nach sich. Weil die Einstellung definitiv ist, ist die Angst vor Justizirrtümern groß. Die Vorverfahrensbeteiligten sind daher zu besonderer Sorgfalt angehalten. Eine zügige Einstellung, etwa aus Geringfügigkeitserwägungen, könnte schnell zu Fehleinschätzungen über das Ausmaß der Straftat führen.[9] Allein deshalb wäre gerade im frühen Verfahrensstadium von einer größeren Zurückhaltung der Strafverfolgungsbehörden bei der Anwendung großzügigerer Opportunitätsinstrumentarien auszugehen. Im Zweifelsfalle müsste vorsichtshalber weiterermittelt werden, um das Vorliegen schwererer Tatbestände mit Sicherheit ausschließen zu können. Folgerichtig

---

Strafklageverbrauch" zur Folge (*Meyer-Goßner*, StPO, § 153, Rn. 37). Keinen Strafklageverbrauch zieht auch die Einstellungsentscheidung der Staatsanwaltschaft im Rahmen des § 170 Absatz 2 dStPO nach sich (*Meyer-Goßner*, StPO, § 170, Rn. 9).

[6] Vgl. *Rodríguez* in: Plazas/Hazan, Garantías constitucionales, S. 397; *Woischnik*, Untersuchungsrichter, S. 152.

[7] Vgl. *Maier*, DPP, B. I, S. 633; zum Begriff siehe *Scherzberg/Thiée*, ZRP 2008, S. 82

[8] Krit. hierzu *Maier*, DPP, B. I, S. 632 ff., insbesondere S. 638 f.

[9] Im gleichen Sinne *Woischnik*, Untersuchungsrichter, S. 153.

wird deshalb von der Rechtsprechung für jede Einstellungsentscheidung Gewissheit gefordert, dass kein Restverdacht mehr besteht.[10] Der Entlastungseffekt geforderter weiterer Einstellungsmöglichkeiten im CPPN basierend auf dem Prinzip der Opportunität scheint sich deshalb durch den Grundsatz *ne bis in idem* zu relativieren. Soweit ersichtlich wird von der argentinischen Literatur ein solcher Zusammenhang vom weitreichenden Verständnis des Grundsatzes *ne bis in idem* und eine daraus resultierende Blockierung weiterer Opportunitätsinstrumente bisher nicht thematisiert. Hervorgehoben wird durch die argentinische Literatur, dass sich hinter dem Wunsch der definitiven Verfahrenserledigung die Absicht verbirgt, dem Beschuldigten Rechtssicherheit zu gewähren.[11]

4. Quasi Rechtssprechungsbefugnisse

Eine weitere Befürchtung ist, dass man den Behörden des Vorverfahrens, namentlich Untersuchungsrichter und Staatsanwaltschaft, durch den Freispruchseffekt der Verfahrenseinstellung zu große Rechtsprechungsbefugnisse einräumt. Vor allem gegenüber der Staatsanwaltschaft ist die Skepsis (des Gesetzgebers) groß.[12] Die Staatsanwaltschaft kann deshalb – auch im Delegationsfalle nach den Art. 196, 196 bis oder 353 bis CPPN – das Verfahren nicht selbstständig einstellen, sondern kann dies nur über den Untersuchungsrichter herbeiführen. Man verspricht sich somit eine richterliche Beteiligung am Quasi-Freispruch.[13] Allerdings ist die Staatsanwaltschaft durch das Akkusationsprinzip dazu in der Lage, die Verfolgung und

---

[10] CNCP, Sala II, Fall Nr. 4973 „Brennan y Emiliano" vom 04.05.2004; *Cafferata Nores*, La prueba, S. 5 ff. Strukturell handelt es sich um eine „negative Gewissheit", denn der maßgebende Tatbestand des Art. 336 CPPN ist positiv formuliert, dass eingestellt werden muss, wenn einer der aufgezählten Einstellungsgründe greift; so auch *Rodríguez* in: Plazas/Hazan, Garantías constitucionales, S. 403.

[11] CNCP, Sala IV, Fall Nr. 923 „Close" vom 31.05.2000; Sala II, Fall Nr. 3612 „Esquivel" vom 11.04.2002. Insofern ist die Reichweite des Grundsatzes *ne bis in idem* vom Sinn und Zweck her auf die Fälle beschränkt, in denen ein konkreter Verdächtiger und eine konkrete prozessuale Tat vorliegen. Denn nur so besteht das zu vermeidende Risiko der mehrfachen Strafverfolgung einer Person wegen einer prozessualen Tat. Abzugrenzen ist das Risiko der Verfolgung eines unbekannten Täters wegen einer nicht näher bestimmten prozessualen Tat. Eine gewisse Konkretisierung ist also notwendig. So *Rodríguez* in: Plazas/Hazan, Garantías constitucionales, S. 411.

[12] Hierzu *Woischnik*, Untersuchungsrichter, S. 74, Fn. 230.

[13] Vgl. *Bertelotti*, La Ley 2006-B, S. 736 f.

Verurteilung einer vermeintlichen Straftat endgültig zu verhindern.[14] Die direkte Einflussnahme bleibt der Staatsanwaltschaft allerdings verwehrt.

5. Beginn des Schutzbereiches

Durch das weite Verständnis des Grundsatzes *ne bis in idem* zieht jede Strafverfolgung eine unumstößliche materielle Rechtskraft nach sich. Dies gilt auch im frühen Vorverfahrensstadium, in dem anfangs ggf. nur vage Hinweise vorliegen. Große Bedeutung hat daher die Frage, ab wann die staatliche Strafverfolgung beginnt, eine Person die formelle Beschuldigtenstellung einnimmt, denn ab diesem Zeitpunkt gilt der Schutz vor doppelter Strafverfolgung.

a) Ablehnung und Archivierung

Notwendig wird ein Blick auf die Einleitungsakte. Dort finden sich zwei Erledigungsformen, die eine Anzeige oder einen polizeilich/staatsanwaltlich wahrgenommenen Sachverhalt noch vor der formellen Strafverfolgung eines Beschuldigten beiseite tun: in Art. 195 Absatz 2 Alt. 1 CPPN die Ablehung (*rechazamiento*) und gemäß Art. 195 Absatz 2 Alt. 2 die Archivierung (*archivo*). Die unterschiedliche Benennung ist nur den unterschiedlichen Eingangsmöglichkeiten (entweder beim Untersuchungsrichter oder bei der Staatsanwaltschaft) geschuldet, die maßgeblichen Einfluss auf den Ablauf der Einleitungsakte haben.[15] In der Sache unterscheiden sich die vorprozessualen Erledigungsformen nicht. Beide haben gemeinsam, dass durch sie noch kein Strafklageverbrauch eintritt. Gemeinsame Grundaussage beider Alternativen ist, dass die Strafverfolgung erst mit dem Beginn der Ermittlungstätigkeit in Gang gesetzt wird,[16] nicht dagegen bereits mit der Kenntnisnahme eines Sachverhalts, der Anzeige oder der Ermittlungsaufforderung durch die Staatsanwaltschaft.[17]

---

[14] Dies gilt nun ausnahmslos nach der Rechtsprechung zu „Quiroga". Siehe Kapitel XI.2.
[15] Vgl. Kapitel XI.1.b).
[16] *Argumentum e contrario* aus Art. 180 Absatz 1 und Art. 195 Absatz 2 CPPN.
[17] Vgl. Kapitel XI.1.b).

Hinzutreten muss die strafrechtliche Relevanz des Sachverhalts. Dies prüft die Staatsanwaltschaft auf Grund der ihr übermittelten Anzeige bzw. der tatsächlichen Wahrnehmung. Die Staatsanwaltschaft ist in diesem Verfahrensabschnitt nicht befugt, eigene Ermittlungen anzustellen. Das würde ihre Kompetenzen gegenüber dem Untersuchungsrichter überschreiten. Sie nimmt nur die rechtliche Bewertung des ihr zugetragenen oder wahrgenommenen Sachverhalts vor. Kommt die Staatsanwaltschaft zu dem Ergebnis, dass nach dem jeweiligen Sachverhalt kein Anfangsverdacht vorliegt, unterrichtet sie hiervon den Untersuchungsrichter und beantragt die Abweisung gemäß Art. 180 Absatz 1 CPPN.[18] Teilt der Untersuchungsrichter die Ansicht der Staatsanwaltschaft,[19] ordnet er die Archivierung (*archivo*) gemäß Art. 195 Absatz 2 Alt. 2 CPPN an. Es tritt kein Strafklageverbrauch ein. Sieht die Staatsanwaltschaft in der Anzeige oder im tatsächlichen Vorgang eine Straftat, wird sie, aus dem Legalitätsprinzip gebunden, eine Ermittlungsaufforderung erlassen. Der Untersuchungsrichter hat nun zwei Möglichkeiten. Lehnt er die Ermittlungsaufforderung gemäß Art. 195 Absatz 2 Alt. 1 CPPN ab (*rechazamiento*), weil er der (gegenteiligen) Meinung ist, dass keine Straftat vorliegt, führt dies noch zu keinem Strafklageverbrauch. Erst wenn er die Ermittlungen aufnimmt (oder delegiert), gilt die Sache als formal verfolgt und der Grundsatz *ne bis in idem* entfaltet seine Wirkung. Mit anderen Worten gilt eine Person als formell Beschuldigt, sobald der Untersuchungsrichter die Ermittlungen gegen sie aufnimmt oder dies auf die Staatsanwaltschaft überträgt. Nicht ausreichend ist die bloße Ermittlungsaufforderung der Staatsanwaltschaft.

b) Ermittlungen gegen Unbekannt

Keine Geltung erlangt der Grundsatz *ne bis in idem* auch bei Ermittlungen gegen Unbekannt, die nach Maßgabe des Art. 196 bis CPPN häufig von der Staatsanwaltschaft durchgeführt werden.[20] Erst wenn sich der Verdacht auf ein Individuum verdichtet, besteht auch die Gefahr, eine Person einer mehrfachen Strafverfolgung auszusetzen.[21] In diesem Fall hat der zuständige Staatsanwalt ohnehin gemäß Art.

---

[18] Bspw. die Anzeige eines Sohnes, dass sein Vater ihn nicht liebe.

[19] Und hierzu ist er nach der neuen Rechtsauffassung in Folge des Falles „Quiroga" gezwungen, weil ihm kein (analoges) Rechtsmittel (mehr) zur Verfügung steht; vgl. Kapitel XI.2.

[20] Vgl. Kapitel XI.1.b).

[21] Vgl. *Rodríguez* in: Plazas/Hazan, Garantías constitucionales, S. 411.

196 quarter Absatz 2 CPPN die Sache an den Untersuchungsrichter zu übermitteln. Es wird nach den Regeln der Einleitungsakte gemäß Art. 196 CPPN verfahren, was auch die Prüfung der strafrechtlichen Relevanz bzw. *archivo* und *rechazamiento* beinhaltet (s.o.).

6. Die Einstellungsentscheidung

Letztlich ist es der Einstellungsbeschluss, der ein gegen den Beschuldigten gerichtetes Strafverfahren wegen einer prozessualen Tat endgültig zum Abschluss bringt. Nach dem CPPN sind zwei Einstellungsarten zu unterscheiden: Die Verfahrenseinstellung im Vorverfahren und die Verfahrenseinstellung im Hauptverfahren. Bei beiden handelt es sich um eine Einstellung mangels Tatverdacht. Aus Opportunitätserwägungen ist eine Verfahrenseinstellung nicht möglich.[22]

a) Die Einstellungsentscheidung im Vorverfahren

Der Untersuchungsrichter kann gemäß Art. 334 CPPN das Verfahren zu jeder Zeit der Untersuchung einstellen, wenn nach seiner Meinung ein Einstellungstatbestand des Art. 336 CPPN einschlägig ist. Diese Einstellungsentscheidung entspricht damit im Wesentlichen dem § 170 Absatz 2 dStPO. Darüber hinaus gibt es im Laufe der Untersuchung festgelegte Zeitpunkte, in denen zur Überleitung in den nächsten Verfahrensabschnitt der Untersuchungsrichter das Vorhandensein eines geforderten Verdachtsgrades zu prüfen hat und ggf. einstellen muss (*actos iniciales, indagatoria, elevacion a juicio*).[23]

In Art. 335 CPPN wird nochmals der Grundsatz *ne bis in idem* deutlich, wie er in Art. 1 CPPN festgelegt ist. Dort heißt es: „Der Verfahrenseinstellungsbeschluss schließt den Prozess definitiv und unwiderruflich in Bezug auf den Beschuldigten zu dessen Gunsten er erlassen wurde."[24]

---

[22] Vgl. Kapitel IX.3.b)bb) und IX.4.a). Die Aussetzung der Hauptverhandlung hat zumindest einen Suspensiveffekt für die Hauptverhandlung zur Folge, vgl. Kapitel IX.3.b)cc) und XVI.
[23] Hierzu *D'Albora*, CPPN, B. II, Art. 334, S. 722 und 724.
[24] *El sobreseimiento cierra definitiva e irrevocablemente el proceso con relación al imputado a cuyo favor se dicta.*

Nach Art. 337 Absatz 1 CPPN wird die Einstellungsentscheidung durch begründeten Beschluss getroffen. Staatsanwaltschaft und Nebenkläger können noch gemäß Art. 337 Absatz 2 CPPN innerhalb von drei Tagen Rechtsmittel bei der *Cámara de Apelaciones* einlegen.

b) Die Einstellungsentscheidung im Hauptverfahren

Nach Eröffnung des Hauptverfahrens ist eine Verfahrenseinstellung nicht mehr ohne Weiteres möglich. Das Hauptverfahren soll grundsätzlich durch ein Urteil zum Abschluss gebracht werden, durch ein Verfahren, in dem die Prinzipien der Öffentlichkeit und Mündlichkeit gewahrt bleiben. Hier spielt auch das Rehabilitationsinteresse des Angeklagten eine Rolle, weil mit der Überleitung in das Hauptverfahren der Prozess öffentlich gemacht wurde.[25]

Nur ausnahmsweise kann nach Art. 361 CPPN noch vor der mündlichen Hauptverhandlung das Verfahren eingestellt werden. Dies ist der Fall, wenn durch neue Beweise offensichtlich wird, dass der Beschuldigte nicht schuldfähig war oder sich ein Verfahrenshindernis plötzlich auftut.[26] Ebenso verhält es sich, wenn das Gebot der Anwendung eines milderen Gesetzes greift oder einer der Strafausschließungsgründe des Art. 132 CP (Strafausschließungsgrund nach Versöhnungstermin bei den Antragsdelikten einiger Sexualstraftaten) oder des Art. 185 Nr. 1 CP (Strafausschließungsgrund bei einigen Vermögensdelikten für nahe Familienangehörige) greift.[27] Die genannten Umstände müssen offensichtlich sein, sich geradezu aufdrängen, um das Verfahren im Stadium der Hauptverhandlung durch Einstellung beenden zu können. Sie sind abschließend, so dass etwa Beweise, die die Unschuld des Angeklagten evident machen, nicht berücksichtigt werden können. Hier muss ein Freispruch durch Urteil erfolgen. Weiteres Kriterium ist, dass eine mündliche

---

[25] Im Ergebnis auch *Rodríguez* in: Plazas/Hazan, Garantías constitucionales, S. 396.

[26] Ebenso kann die Aussetzung der Hauptverhandlung zur Bewährung (*suspensión del juicio a prueba*) noch während des Hauptverfahrens beantragt werden, wodurch nach Auflagenerfüllung die Strafverfolgung „gelöscht wird" (*extinguirá*); vgl. Kapitel XVI. insb. XVI.6.

[27] Art. 361 CPPN: *Cuando por nuevas pruebas resulte evidente que el imputado obró en estado de inimputabilidad o exista o sobrevenga una causa extintiva de la acción penal y para a comprobarla no sea necesario el debate, o el imputado quedare exento de pena en virtud de una ley más benigna o del art. 132 o 185 inc. 1 del Código Penal, el tribunal dictará, [...], el sobreseimiento.*

Hauptverhandlung auf Grund der oben genannten Gründe offensichtlich nicht notwendig ist.[28] Der Anwendungsspielraum des Art. 361 CPPN ist daher sehr eingeschränkt.

7. Würdigung

Das argentinische Recht strebt mit dem weiten Verständnis des Grundsatzes *ne bis in idem* die größtmögliche Sicherheit der beschuldigten Person an, dass diese sich wegen einer gegen sie eingestellten Strafverfolgung nicht nochmals wegen der gleichen prozessualen Tat der Strafverfolgung ausgesetzt sieht. Die Kehrseite dieser Rechtssicherheit könnte neben des – von der Gesellschaft – hinzunehmenden möglichen Strafanspruchsverlustes allerdings sein, dass der Beschuldigte wegen einer übersteigerten Verfolgungssorgfalt länger die Beschuldigtenstellung innehat. Denn auf Grund des frühen Strafklageverbrauchs wäre eine voreilige Entlassung des Verdächtigen aus der Beschuldigtenstellung eine irreversible Entscheidung. Weder die versagte Rechtssicherheit vor Strafverfolgung, noch die aus der Angst vor Justizirrtümern resultierende Zögerlichkeit des Staates, den Verfolgten aus der Beschuldigtenstellung zu entlassen, sind wünschenswert. Ein möglicher vermittelnder Lösungsansatz könnte die Abstufung des Tatvorwurfs nach dem Vorbild des § 153a Absatz 1 Satz 5 dStPO sein. Dort wird ausgeschlossen, dass die Tat nicht mehr als Vergehen, wohl aber noch als Verbrechen verfolgbar bleibt. Dies gewährt sowohl dem Delinquenten als auch den Verfolgungsbehörden ein gewisses Maß an Rechtssicherheit.

Gleichzeitig wäre dies wohl eine Voraussetzung für die Schaffung weitreichenderer Opportunitätsmaßnahmen nach dem Vorbild der §§ 153 ff. dStPO. Wenngleich dies mangels einer argentinischen Untersuchung zur Wechselwirkung zwischen dem Grundsatz *ne bis in idem* und der notwendigen frühzeitigen hypothetischen Schuldprognose im Rahmen einer Opportunitätsentscheidung vorliegend nicht mit abschließender Sicherheit gesagt werden kann, liegt es nahe, dass der frühe Strafklageverbrauch die Anwendung weiterer Opportunitätsinstrumente blockiert.

---

[28] Siehe *Rodríguez* in: Plazas/Hazan, Garantías constitucionales, S. 396 f.

4. Abschnitt

Verfahrensimmanente ökonomische Maßnahmen

XIII. Antragsdelikt (instancia privada)

1. Überblick

In Art. 71 Nr. 1 CP ist als Ausnahme zum Legalitätsprinzip das Antragsdelikt (*instancia privada*) mit folgenden Worten geregelt: „Jede Strafverfolgung ist von Amts wegen einzuleiten, mit Ausnahme der Folgenden: 1. diejenigen, die von einem privaten Strafantrag abhängig sind; [...].“[1] Die argentinische Bezeichnung *instancia privada* trifft das Wesen des Antragsdeliktes dabei genauer als der deutsche Terminus. Mit *privada* wird deutlich, dass die Strafverfolgungstätigkeit der Behörden[2] hier grundsätzlich von der Initiative einer Privatperson abhängig gemacht wird. *Instancia* verdeutlicht, dass es sich hierbei um ein Gesuch handelt, die Strafverfolgung selbst aber in den Händen der öffentlichen Hand bleibt.

Welche Straftaten unter ein Antragserfordernis gestellt sind, wird in Art. 72 Absatz 1 CP genannt. Anders als im deutschen StGB, welches die Antragsdelikte dezentral in den jeweiligen Abschnitten des besonderen Teils bestimmt, sind im argentinischen Recht alle Antragsdelikte in einem Katalog gesammelt. Weitere Antragsdelikte existieren im argentinischen Strafgesetzbuch nicht.[3] Deutlich wird demnach auf den ersten Blick, dass im argentinischen Bundesrecht weniger Straftaten als Antragsdelikte ausgestaltet sind als im deutschen Recht. Nur einige Delikte gegen die sexuelle Selbstbestimmung, die fahrlässige Körperverletzung, die vorsätzliche Körperverletzung und die Entziehung Minderjähriger vom sorgeberechtigten Elternteil unterfallen einem Antragserfordernis.

---

[1] *Deberán iniciarse de oficio todas las acciones penales, con excepción de las siguientes: 1° las que dependieren de instancia privada [...]*; Übersetzung des Verfassers. Die Übersetzung von Styma, Strafgesetzbuch der argentinischen Nation, S. 86 lautet: Strafklagen sind von Amts wegen einzuleiten; ausgenommen sind: 1. diejenigen, die eines privaten Antrags bedürfen; [...].

[2] Sinnvoller ist es hier durchgehend allgemein von den Strafverfolgungsbehörden zu sprechen, da die *instancia privada* im argentinischen Strafgesetzbuch geregelt ist, das bundesweit gilt. Allerdings wird die Strafverfolgung nicht in jeder argentinischen Provinz von den gleichen Organen ausgeführt. Im Geltungsbereich des CPPN kann Strafverfolgungsbehörde der Untersuchungs-, Korrektional(untersuchungs-)richter oder die Staatsanwaltschaft sein (vgl. Kapitel XI.1.).

[3] Diese Konzentration mag für den ausländischen Betrachter den Vorteil haben, mit einem Blick alle Antragsdelikte erfassen zu können. Materielle Auswirkungen bzw. Unterschiede hat diese Gesetzestechnik jedoch nicht. Genauso gut könnten die einzelnen Delikte dezentral aufgeführt sein.

Die Tatbestände der fahrlässigen und vorsätzlichen Körperverletzung sind als relative Antragsdelikte ausgestaltet. Das heißt, dass ein Einschreiten der Strafverfolgungsbehörden von Amts wegen aus Gründen der öffentlichen Sicherheit oder bei Vorliegen eines öffentlichen Interesses möglich ist.[4] Die übrigen katalogisierten Straftatbestände der sexuellen Selbstbestimmung und der Entziehung Minderjähriger vom sorgeberechtigten Elternteil sind (grundsätzlich)[5] absolute Antragsdelikte.

Antragsberechtigt ist gemäß Art. 72 Absatz 2 Satz 1 CP der „Verletzte, [ggf.] sein Vormund, Pfleger oder sein gesetzlicher Vertreter".[6]

In Art. 72 Absatz 2 Satz 2 und Absatz 3 CP finden sich noch besondere Bestimmungen zum Minderjährigenschutz. Danach sind auch die absoluten Antragsdelikte ggf. von Amts wegen zu verfolgen, wenn das Opfer eine minderjährige Person ist.

2. Rechtsnatur

Die Zuordnung der *instancia privada* zum materiellen oder formellen Recht ist umstritten. Die herrschende Meinung sieht in der *instancia privada* ein reines Verfahrenshindernis (*condición de procedibilidad*),[7] unter der Prämisse, dass das Fehlen des Strafantrags nicht nur die Verfahrenseinstellung, sondern von vorneherein die Nichtigkeit (Art. 166 ff. CPPN) nach sich zieht.[8] Die Gegenmeinung sieht in

---

[4] *En los casos de este inciso se procederá de oficio cuando mediaren razones de seguridad o interés público.*
[5] Mit Ausnahmen zum Minderjährigenschutz (siehe sogleich).
[6] *[...] denuncia del agraviado, de su tutor, guardador o representantes legales.*
[7] Vgl. *Clariá Olmedo*, DPP, B. I, S. 354 f.; *Maier*, DPP, B. II, S. 97; *Zaffaroni/Alagia/Slokar*, DP, Parte general, S. 895; dies entspricht der deutschen Rspr. gemäß BGHSt 46, S. 315 und h.L., *Sternberg-Lieben/Bosch* in: Schönke/Schröder, StGB, § 77, Rn. 8/9 m.w.N.
[8] Nach dieser Ansicht kann man die Rechtsfolge der Nichtigkeit aus Art. 72 Absatz 2 CP herauslesen, der besagt, dass es im Falle des Fehlens eines notwendigen Strafantrages nicht zur Entstehung des Strafprozesses kommt (*no se puede proceder a la formación de causa*); so *Maier*, DPP, B. II, S. 201; *D'Alessio*, CP, B. I, S. 722. Auch in Deutschland ist das Fehlen eines Strafantrages von Amts wegen zu beachten. Der dogmatische Unterschied zur Nichtigkeitskonstruktion liegt darin, dass nach argentinischem Verständnis eine nichtige Strafverfolgung von vorneherein nicht existent war (*Clariá Olmedo*, DPP, B. I, S. 355). Ein mögliches Rehabilitationsinteresse des Beschuldigten (Freispruch erster Klasse) findet daher niemals Berücksichtigung (Hinweis von Herrn *Alberto Nanzer*, Universität von Buenos Aires; zur deutschen Diskussion *Sternberg-*

der *instancia privada* einen materiellen Strafaufhebungsgrund (*condición de puni-bilidad*).[9] Der Effekt ist freilich der Gleiche: im Ergebnis wird der Prozess nicht durchgeführt. Eine gemischte Theorie schließlich sieht das Antragsdelikt teils als Verfahrenshindernis und teils als Strafaufhebungsgrund (*materia mixta*).[10] Es wird argumentiert, dass eine Zuordnung zum materiellen oder formellen Recht einigermaßen willkürlich erscheint oder aus historischer – in diesem Sinne ebenfalls willkürlicher – Entwicklung stammt.[11] Diese Regelungen seien prozessual in ihrer Zielsetzung, jedoch materiell in ihrer Wirkung.[12] Damit komplettiert sich die Diskussion auch um die in Deutschland vertretenen Auffassungen.[13]

Die Rechtsfolge der rein prozessualen Ansicht ist – neben dem bereits erwähnten Streit um die Gesetzgebungszuständigkeit zwischen Bund und Provinzen um das materielle und formelle Strafrecht[14] –, dass das Anwendungsgebot des mildesten Gesetzes für das Antragsdelikt entfiele, wenn dieses Gesetz erst nach Begehung der Tat erlassen wurde (Art. 2 Absatz 1 CP).[15] Bei einer Erweiterung des Katalogs der Antragsdelikte in Art. 72 CP kann eine Strafbarkeit somit nicht rückwirkend entfallen.[16] Umgekehrt ist bei einem Wegfall des Antragserfordernisses nach der Tat der Täter nicht durch das Rückwirkungsverbot geschützt. Die herrschende argentinische Meinung führt an, dass der Täter kein schutzwürdiges Interesse habe, die Verfolgbarkeit schon vor der Tatbegehung abschätzen zu können. Verschärfend komme beim Antragsdelikt hinzu, dass es ohnehin bereits vom – aus Tätersicht – Zufall abhängt, ob die Tat verfolgbar ist, oder nicht, da das Opfer im Falle der Erweiterung des Katalogs die Strafverfolgung durch nachträgliche Anzeige nach seinem Willen – und damit für den Täter wiederum zufällig – aufrecht erhalten könne.

Lieben, ZStW 108, S. 721). Hinzu kommt, dass beim Antragsdelikt das Opferinteresse wohl Vorrang vor dem Rehabilitationsinteresse genießt.

9   Vgl. *Núñez*, DP, Parte general (1959), B. II, S. 144 m.w.N.
10 Vgl. *Velez Mariconde*, DPP, B. 1, S. 279 ff. und B. 2, S. 267 f.; so auch CNCP, sala IV, Fall Nr. 938 „Fuentes", Az 1460.4 vom 07.09.1998.
11 Einen Überblick über diese Entwicklung gibt *Fierro* in: Baigún/Zaffaroni, B. 2B, Arts. 71/76, S. 359 ff. und 378 f.
12 Vgl. *Pastor*, La Ley 2002-B, 682; im Ergebnis auch *Zaffaroni/Alagia/Slokar*, DP, Parte general, S. 894 und S. 895.
13 Vgl. *Sternberg-Lieben/Bosch* in: Schönke/Schröder, § 77, Rn. 8/9 m.w.N.
14 Siehe Kapitel VI.1.
15 Vgl. *Fierro* in: Baigún Zaffaroni, CP, B. 2B, Arts. 71/76, S. 377.
16 Vgl. *D'Alessio*, CP, B. I, S. 26 und S. 721.

Schließlich handele es sich bei der *instancia privada* um ein Recht zu Gunsten des Opfers und niemals zu Gunsten des Beschuldigten.[17]

Dagegen führen ZAFFARONI, ALAGIA und SLOKAR an, dass sich das Rückwirkungsverbot auch auf prozessuale Vorschriften erstrecken sollte, da im konkreten Fall der Täter nicht mit einer Strafbarkeit zu rechnen hatte. Darüber hinaus besage Art. 18 CN, dass niemand ohne vorherigen Prozess, der auf zum Prozess und zur Tat vorherigem Gesetz beruhe, bestraft werden dürfe.[18] Der Wortlaut spreche eher für eine Eingliederung des Rückwirkungsverbots zum Prozessrecht.[19]

3. Ratio legis

Während die deutsche Legislative einer uneinheitlichen *ratio legis* folgt,[20] ist das argentinische Verständnis enger gefasst. Das beherrschende Prinzip der *instancia privada* ist der Schutz des Opfers vor den negativen Folgen einer öffentlichen Hauptverhandlung (sog. *strepitus fori*), der sekundären Viktimisierung.[21] Dagegen spielt der Aspekt des häuslich-familiären Bereichs und eine daraus resultierende persönliche Nähebeziehung zwischen Opfer und Täter nur eine untergeordnete Rolle. Das argentinische Recht löst diese Fälle durch einen Strafausschließungsgrund (siehe sogleich). Ebenfalls fremd ist der *instancia privada* der Gedanke einer prozessrechtlichen Lösung bei Geringfügigkeitsfällen, in denen nur ausnahmsweise das öffentliche Interesse berührt ist und/oder das Tatopfer auf Strafverfolgung insistiert.[22] Dies ist insofern konsequent, da das argentinische Bundesrecht generell keine Ausnahmen vom Legalitätsprinzip in Geringfügigkeitsfällen gewährt.[23] Bei der Aufnahme der vorsätzlichen und fahrlässigen Körperverletzung in den Katalog

---

[17] So *D'Alessio*, CP, B. I, S. 722; ebenso CNCP, sala I, Fall Nr. 4.734 „Pino Torres", Az 5.882.1 vom 13.05.2003. Für Deutschland: *Beulke*, Strafprozessrecht, Rdn. 8.

[18] [...] *juicio previo fundado en ley anterior al hecho del proceso*.

[19] *Zaffaroni/Alagia/Slokar*, DP, Parte general, S. 123 f.; ebenso *Pastor*, La Ley 2002-B, 682.

[20] Vgl. *Schwarz/Sengbusch*, NStZ 2006, S. 673.

[21] Hierzu *Zaffaroni/Alagia/Slokar*, DP, Parte general, S. 895. Ursprünglich war auch der Katalog der Antragsdelikte weiter gefasst und teleologisch nicht einheitlich. Erst Anfang des 20. Jahrhunderts kristallisierte sich der *strepitus fori* als (überragender) Hauptzweck heraus. Siehe *Fierro* in: Baigún/Zaffaroni, CP, B. 2B, Arts. 71/76, S. 378.

[22] Vgl. *Eser/Bosch* in: Schönke/Schröder, StGB, § 248a, Rn. 1-3.

[23] Vgl. Kapitel IX.4.a).

der Antragsdelikte wurde die parlamentarische Diskussion um die Gesetzesnovel-le[24] erstmals von verfahrensökonomischen Argumenten begleitet.[25]

Der verfahrensökonomische Effekt durch faktischen Verfahrensverzicht und damit Entscheidungen zu Gunsten des Beschuldigten sind aber in erster Linie nur ein Reflex des Opferschutzes. Trotzdem ist ein Einwand der Verteidigung, dass eine nötige Anzeige (*denuncia*) nicht vorliege, zu berücksichtigen.[26] Denn nach der herrschenden Meinung hat das Fehlen des Antrags Nichtigkeit zur Folge (s.o.). Demnach ist der Strafprozess ohne Anzeige in diesem Fall nicht nur fehlerhaft, sondern nicht existent. Ein Strafprozess ist aber Voraussetzung für die Verurteilung und Bestrafung. Daher hat die Einrede des Beschuldigten hier Erfolg, obwohl der Verfahrensverzicht nach herrschender Meinung keine Garantie für den Beschuldigten ist.

Auch wenn die *instancia privada* erstrangig keine verfahrensökonomische Maßnahme darstellt, ist sie für diese Untersuchung doch aus mehreren Gründen interessant. An erster Stelle wird das Offizialprinzip durchbrochen, da hier der Initialakt der Strafverfolgung in die Hand einer Privatperson gelegt wird. Ohne deren Impuls ist das spätere staatliche Vorgehen prinzipiell nicht möglich.[27]

Zum Zweiten ist das Antragsdelikt eine Ausnahme zum Legalitätsprinzip. Der Staat ist zunächst vom Strafverfolgungszwang befreit und das nicht an das Legalitätsprinzip gebundene Opfer hat ein freies Ermessen.[28] Des Weiteren kann es auch in den Fällen der relativen Antragsdelikte zu einer Entscheidung mit Beurteilungsspielraum (Subsumtion einer Generalklausel)[29] der Strafverfolgungsbehörden kommen.[30] Hier kennt das argentinische Bundesrecht die Generalklauseln der „Gründe

---

[24] Gesetz 17.567, erlassen am 06.12.1967, B.O. am 12.01.1968.
[25] Vgl. *Fierro* in: Baigún/Zaffaroni, CP, B. 2B, Arts. 71/76, S. 379 f.
[26] Vgl. *Fierro* in: Baigún/Zaffaroni, CP, B. 2B, Arts. 71/76, S. 383.
[27] Daher auch die historische Bezeichnung der *instancia privada* als halboffiziell (*semipública*); *Fierro* in Baigún/Zaffaroni, CP, B. 2B, Arts. 71/76, S. 377.
[28] Klar ist jedoch auch, dass das Tatopfer nur über das „Ob" der Strafverfolgung entscheiden kann, nicht über das „Wie". Die *instanica privada* ist unabänderlich (*irretractable*). Es herrscht also das Opportunitätsprinzip, nicht die Dispositionsmaxime. So *Fierro* in: Baigún/Zaffaroni, CP, B. 2B, Arts. 71/76, S. 384.
[29] Nach a.A. echte Ermessensausübung, vgl. Kapitel IX.2. Anm. 7.
[30] Vgl. *Maier*, DPP, B. II, S. 675.

der öffentlichen Sicherheit und des öffentlichen Interesses" (s.o.). Somit sind dem argentinischen Recht die Mechanismen und Formulierungen, wie sie für ein umfangreiches Opportunitätsinstrumentarium für Bagatellstraftaten notwendig wären,[31] nicht fremd. Zudem können hier im engen Rahmen unterschiedliche Gründe der Strafverfolgungszweckmäßigkeit eine Rolle spielen, was letztlich auch ökonomische Ursachen haben kann.

4. Keine Antragsdelikte auf Grund besonderer Opfer-Täter-Beziehung

Das argentinische Strafrecht kennt keine Antragsdelikte, die eine gewisse Nähebeziehung wie etwa ein Angehörigenverhältnis voraussetzen. Antragserfordernisse zum Schutz des inneren Lebens- und Familienkreises fehlen.[32]

Das argentinische Strafrecht wählt hier eine andere Lösung. Art. 185 CP enthält für einige Eigentums- und Vermögensdelikte im engen Familienkreis einen Strafausschließungsgrund (*excusa absolutoria*).[33] Dies gilt für den Diebstahl (Art. 162 CP, *hurto*), den Betrug und betrügerische Handlungen (Art. 172 ff. CP, *estafa/defraudación*) und die Sachbeschädigung (Art. 183 CP, *daño*), jeweils mit Qualifikationen. Nach Art. 185 Absatz 1 Nr. 1 CP sind nach diesen Delikten nicht strafbar: der Ehegatte, die Abkömmlinge, Vorfahren und Verschwägerte in gerader Linie. Für Geschwister und Verschwägerte gilt dies gemäß Art. 185 Absatz 1 Nr. 3 CP allerdings nur, wenn diese zusammenleben. Art. 185 Absatz 2 CP beinhaltet zudem eine Akzessorietätsdurchbrechung für den nicht (in gerader Linie) verwandten Mittäter. Der Zweck des Strafaufhebungsgrundes liegt im Schutz des Familienfriedens und der Einschätzung, dass diesen Eigentumsdelikten im engen Familienkreis der sozialschädliche Charakter fehle.[34]

---

[31] Vgl. Kapitel Opportunitätsprinzip.
[32] Vgl. *Maier*, DPP, B. II, S. 635.
[33] Hierzu *D'Alessio*, CP, B. II, S. 575.
[34] Vgl. *Donna*, DP, Parte especial, B. 2B, S. 772; *Molinario*, Los delitos, B. II, S. 550 ff.; *Marín*, DP, Parte especial, S. 549.

5. Unwiderrufbarkeit

Die *instancia privada* ist unwiderruflich (*irretractable*).[35] Dies wird damit begründet, dass das angezeigte Delikt nunmehr die Öffentlichkeit erlangt habe. Der Grund für die Zurückhaltung der Anzeige durch das Opfer, einer Opferstigmatisierung zu entgehen, würde nun nicht mehr greifen.[36] Diese Auffassung wird von der argentinischen Literatur kritisiert, da sie zu einseitig mit dem Sinn und Zweck des Antragsdeliktes argumentiere. Es mag sehr wohl einen Unterschied geben, wenn das Tatopfer – möglicherweise durch die Frische der Tat noch beeindruckt – die spontane Anzeige mit zunehmendem zeitlichen Abstand bereut, da es den öffentlichen Strafprozess nicht als den geeigneten Rahmen der Konfliktlösung sieht.[37] Zudem besteht ein Unterschied zwischen einer (vertraulichen) Anzeige bei der Ermittlungsbehörde und der später öffentlichen Untersuchung, insbesondere der öffentlichen mündlichen Hauptverhandlung. Ggf. wird zunächst heimlich ermittelt, so dass auch der Beschuldigte vom Tatvorwurf vorerst nicht in Kenntnis gesetzt wird. Erst mit der Erstvernehmung (*indagatoria*) wird der Beschuldigte über die ihm zur Last gelegten Umstände informiert und darüber *wer* ihm die Umstände zur Last legt. Es besteht dann ein Akteneinsichtsrecht.[38] Wünschenswert sei daher die flexiblere Lösung, dem Antragsberechtigten eine Widerrufsmöglichkeit einzuräumen.[39]

6. Minderjährigenschutz

Art. 72 Absatz 2 Satz 2 und Absatz 3 CP bilden zu allen Antragsdelikten allgemeine Ausnahmen im Sinne des Minderjährigenschutzes. Insofern sind alle Delikte gegenüber einem minderjährigen Tatopfer relative Antragsdelikte. Prinzipiell sind drei Fallgruppen zu unterscheiden.

---

[35] Hierzu *D'Alessio*, CP, B. I, S. 722; *De la Rúa*, CP, Parte general, Art. 71 a 76, S. 1145; *Fierro* in: Baigun/Zaffaroni, B. 2B, Arts. 71/76, S. 378; *Maier*, DPP, B. II, S. 67 und 111.

[36] Vgl. *D'Alessio*, CP, B. I, S. 722, Fn. 103 m.w.N.

[37] So argumentierend *Binder*, Introducción, S. 219; *Maier*, DPP, B. II, S. 618.

[38] Hierzu ausführlich *Woischnik*, Untersuchungsrichter, S. 104 ff., vgl. auch Kapitel XI.1.c).

[39] So auch *Zaffaroni/Alagia/Slokar*, DP, Parte general, S. 895.

a) Minderjähriges Tatopfer ohne Eltern, Vormund oder Pfleger

Die erste Fallgruppe umfasst die Fälle, in denen der Minderjährige weder Eltern, Vormund noch Pfleger hat. Das Gesetz geht hier von einem Regelfall aus, nach welchem ohne Strafantragserfordernis immer von Amts wegen zu ermitteln ist. Zweck ist der Schutz der/des Minderjährigen, da von ihr/ihm keine besonnene Prüfung des Für und Wider eines Strafantrages erwartet werden könne.[40]

b) Straftaten gegen Minderjährige durch die Eltern, einen Elternteil, Vormund oder Pfleger

Die zweite Fallgruppe umfasst Fälle, in denen die Straftat gerade durch den Vormund, Pfleger, die Eltern oder den gesetzlich vertretenden Elternteil des Minderjährigen begangen wurde. Zudem ist der Kreis auf Verwandte in aufsteigender Linie erweitert, denn auch diese kommen als gesetzliche Vormünder in Betracht. Grund für diese Regelung ist, dass in dieser Fallgruppe eine objektive Vertretung des Kindes bzw. Jugendlichen nicht gegeben ist. Auch hier ist zwingend von Amts wegen zu ermitteln.

c) Schwerwiegende Interessensgegensätze zwischen Betreuungsperson und Minderjährigem

In der dritten Fallgruppe kann gemäß Art. 72 Absatz 3 CP der Staatsanwalt von Amts wegen tätig werden, wenn schwerwiegende Interessensgegensätze zwischen der Betreuungsperson und der/dem Minderjährigen bestehen. Der Staatsanwalt prüft eine tatsächliche Beeinträchtigung im Interessenskonflikt zwischen Betreuendem und dem Minderjährigen und darüber hinaus, ob die strafrechtliche Verfolgung dem überwiegenden Interesse des minderjährigen Opfers entspricht.[41] Das sind vorwiegend Fälle, in denen die Nähebeziehung der Betreuungsperson zum Täter keine objektive Vertretung durch die Betreuungsperson bei der Entscheidung

---

[40] Zur zivilrechtlichen Systematik der Volljährigkeit und Geschäftsfähigkeit siehe *Fierro* in: Baigún/Zaffaroni, CP, B. 2B, Arts. 71/76, S. 392 m.w.N.

[41] *Cuando existieren intereses gravemente contrapuestos entre algunos de éstos y el menor, el Fiscal podrá actuar de oficio cuando así resultare más conveniente para el interés superior de aquél.*

über die Anzeige erwarten lassen.[42] In dieser Fallgruppe wird den Strafverfolgungsbehörden ein Beurteilungsspielraum eingeräumt, der eine Entscheidung ermöglicht, ob der notwendige Strafantragsimpuls des Vertreters nur zur Verhinderung der Strafverfolgung zum Wohle des Täters unterbleibt oder die Nichtverfolgbarkeit der Straftat dem Kindeswohl entspricht.[43]

7. Die einzelnen Fallgruppen

Die Zentralisierung aller Antragsdelikte in einem Katalog offenbart auf den ersten Blick, dass die Anzahl dieser Delikte in Argentinien deutlich kleiner ist als in Deutschland. Es lassen sich drei Fallgruppen unterscheiden:

a) Erste Fallgruppe – Straftaten gegen die sexuelle Selbstbestimmung

Als besonders dringlich wird das Problem der sogenannten sekundären Viktimisierung bei den Sexualstraftaten angesehen, weswegen die erste Fallgruppe der Antragsdelikte einige Straftaten gegen die sexuelle Selbstbestimmung des 3. Abschnitts des besonderen Teils des CP vorsieht.[44] Der Staat möchte den Konflikt bewusst nicht automatisch an sich ziehen, sondern dem Opfer die Entscheidung überlassen, ob ihm/ihr der Strafprozess als geeigneter Ort erscheint, die Tat aufzuarbeiten, oder ob es vorzieht, die Tat und deren Umstände unaufgeklärt zu lassen.[45] Hierzu gehören der Art. 119 und 120 CP mit nahezu allen Qualifikationen und schweren Folgen und der Art. 130 CP.

aa) Sexueller Missbrauch

Art. 119 Absatz 1 CP enthält den einfachen sexuellen Missbrauch (abuso sexual simple) mit einem Strafrahmen von sechs Monaten bis zu vier Jahren Freiheitsstrafe. Absatz 2 desselben Artikels erfasst die Qualifikation eines schweren Miss-

---

[42] Bspw. nicht sorgeberechtigter Lebensgefährte der Mutter ist der Täter; *Fierro* in: Baigún/Zaffaroni, CP, B. 2B, Arts. 71/76, S. 393.

[43] Krit. hierzu *Donna*, DP, Parte especial, B. I, S. 514; siehe auch *Fierro* in: Baigún/Zaffaroni, CP, B. 2B, Arts. 71/76, S. 393 f.

[44] Vgl. *Zaffaroni/Alagia/Slokar*, DP, Parte general, S. 895.

[45] Vgl. *D'Alessio*, CP, B. I, S. 723.

brauchs in herabwürdigender Form (*gravemente ultrajante*) mit einem Strafrahmen von vier bis zehn Jahren Freiheitsstrafe. Absatz 3 enthält mit angedrohten sechs bis 15 Jahren Freiheitsstrafe die Vergewaltigung, welche ein körperliches Eindringen (*acceso carnal*) voraussetzt. In den Fällen der Absätze 2 und 3 sieht Art. 119 Absatz 4 CP weitere Qualifikationen vor, etwa wenn eine Vergewaltigung unter Waffengewalt erzwungen wird. Hierfür ist eine Freiheitsstrafe von acht bis 20 Jahren vorgesehen.

bb) Sexueller Missbrauch Minderjähriger

Art. 120 Absatz 1 CP enthält eine Form des sexuellen Missbrauchs Minderjähriger durch Verführung und Ausnutzen der sexuellen Unerfahrenheit des Opfers. Im einfachen Fall drohen hierfür drei bis sechs Jahre Freiheitsstrafe, in den Qualifikationsfällen des Art. 120 Absatz 2 CP, der wiederum auf Tatbestandsmerkmale des Art. 119 Absatz 4 CP verweist, sind es sechs bis zehn Jahre.

cc) Freiheitsberaubung mit Missbrauchsabsicht

Art. 130 Absatz 1 CP ist ein Sonderfall der Freiheitsberaubung, wenn diese in der Absicht eines sexuellen Missbrauchs erfolgt (*rapto*). Zu einem tatsächlichen Missbrauch muss es nicht gekommen sein. Der Strafrahmen liegt zwischen einem und vier Jahren Freiheitsstrafe. Analog zu Art. 120 CP gilt eine Strafschärfung auf zwei bis sechs Jahre, wenn die Unerfahrenheit einer/s Minderjährigen unter 16 Jahren ausgenutzt wird.

dd) Anwendungsobergrenze: Tod des Opfers und schwere Körperverletzung

Die Grenze zieht der CP in der Fallgruppe des Art. 72 Absatz 1 Nr. 1 allerdings bei der schweren Folge des durch den Missbrauch verursachten Todes des Opfers. Folgerichtig ist Art. 124 CP, der diese schwere Folge enthält, deshalb nicht bei den Antragsdelikten aufgezählt. Gleiches gilt bei der schweren Körperverletzung des Art. 91 CP, der ähnlich wie § 226 dStGB gravierende und dauerhafte Gesundheits-

127

schäden beinhaltet.[46] Hier entfällt das Antragserfordernis. Die Strafverfolgungsbehörden müssen von Amts wegen die Ermittlungen aufnehmen.

ee) Delikte des sexuellen Missbrauchs als absolute Antragsdelikte

Die Delikte der ersten Fallgruppe sind absolute Antragsdelikte. Das heißt, sie unterliegen keiner Generalklausel (z.b. das öffentliche Interesse) und sind daher ohne Anzeige des Tatopfers der staatlichen Strafverfolgung vollständig entzogen.[47] Es ist mit Blick auf das Strafmaß bemerkenswert, dass es sich bei den Tatbeständen keinesfalls um ausschließlich leichte Straftaten handelt, sondern auch Delikte des mittleren bis schweren Segments umfasst sind. Auch der Blick auf die Konkurrenzen der Delikte der ersten Fallgruppe verrät, dass die Straftaten gegen die sexuelle Selbstbestimmung nicht wegen anderer typischerweise mitverwirklichter Delikte durch den Staat verfolgbar sind.[48] Ist vom Tatopfer somit kein Strafantrag gestellt, sind die Delikte der ersten Fallgruppe der Antragsdelikte straflos.

---

[46] Der CP nimmt zwischen Art. 91 und Art. 90 nochmals eine Abstufung vor. Art. 90 CP, mit einem Strafrahmen von einem bis sechs Jahren, beinhaltet vom Gesetzgeber als weniger gravierend gewertete Folgen. Darunter fällt aber beispielsweise schon die dauerhafte Entstellung des Gesichts (*una deformación permanente del rostro*). Art. 90 CP selbst ist nicht Teil der Ausnahmeregelung zum Antragserfordernis. Daher muss gesagt werden, dass die Grenze höher liegt, als die uns bekannte schwere Körperverletzung. Allerdings werden nur die Fälle der leichten Körperverletzung im Wege der Gesetzeskonkurrenz von den Missbrauchsdelikten verdrängt (*Donna*, DP, Parte especial, B. I, S. 514), so dass in einem Fall der schweren Körperverletzung nach Art. 90 CP, bspw. einhergehend mit einer Vergewaltigung, zumindest die Körperverletzung von Amts wegen zu verfolgen sein müsste (Art. 72 Absatz 1 Nr. 2 CP stellt auch nur die leichte Körperverletzung unter das Antragserfordernis [*D'Alessio*, CP, B. I, S. 724], so dass Art. 90 CP nicht davon umfasst ist).
[47] Nur beim minderjährigen Tatopfer ist in den Konstellationen des Art. 72 Absatz 2 und 3 CP die Strafverfolgung von Amts wegen notwendig bzw. Ermessenssache (s.o.).
[48] Die Delikte des sexuellen Missbrauchs (Art. 119 CP) und des sexuellen Missbrauchs Minderjähriger (Art. 120 CP) konsumieren die Nötigung (Art. 149 bis Satz 3 CP, *coacción*), die Bedrohung (Art. 149 bis Satz 1 CP, *amenaza*) und die leichte Körperverletzung (*Donna*, DP, Parte especial, B. I, S. 514; *ders.*, Delitos contra la integridad sexual, S. 82). Letzteres ist für die Freiheitsberaubung mit Missbrauchsabsicht (Art. 130 CP) umstritten. Führt der Akt der Gewaltanwendung zu Verletzungen, seien sie leicht oder schwer, stehen diese nach *Donna* zur Entführungshandlung in Realkonkurrenz (*Donna*, DP, Parte especial, B. I, S. 704). Die *Cámara Nacional en lo Criminal y Correccional* sah hingegen einen Fall der Idealkonkurrenz gegeben, da „die Gewaltanwendung, die beiden Straftatbeständen gemein ist, in gleicher Handlung und gleicher Absicht durchgeführt wurde: der Entführung." (CNCC vom 05.03.1948, Fallsammlung 6:57; *la violencia que integra ambas figuras ha sido ejercida en la misma acción y con única intención:*

ff) Kein Antragserfordernis im deutschen Recht

Der Blick auf die deutsche Rechtslage offenbart, dass die Delikte des dreizehnten Abschnitts des dStGB entgegen dem argentinischen Strafgesetzbuch fast ausnahmslos Offizialdelikte sind.[49] Bisher steht das überwiegende deutsche Schrifttum Antragserfordernissen im dreizehnten Abschnitt des dStGB kritisch gegenüber.[50]

b) Zweite Fallgruppe – fahrlässige und vorsätzliche Körperverletzung

Art. 72 Absatz 1 Nr. 2 CP normiert das Antragserfordernis für die fahrlässige Körperverletzung und die vorsätzliche Körperverletzung. Im Gegensatz zur ersten Fallgruppe enumeriert der CP diesmal die Delikte nicht nach den betreffenden Artikeln, sondern umschreibt nur allgemein: „leichte Körperverletzung, sei sie vorsätzlich oder schuldhaft."[51] Davon sind die Delikte der Art. 89 CP (vorsätzliche einfache Körperverletzung) und Art. 94 CP (fahrlässige Körperverletzung) umfasst, sowie einige Qualifikationen des Art. 92 CP.[52] Die Abgrenzung ist im Einzelfall schwierig, vor allem dann, wenn sich die schwere Folge einer Verletzung nicht unmittelbar einstellt, sondern erst entwickelt (z.B. eine Blutvergiftung auf Grund einer kleinen Wunde).

Ursprünglich wurde die *instancia privada* für diese Körperverletzungsdelikte eingeführt, um die Justiz von Delikten, mit offensichtlich geringer Relevanz für den

---

el rapto; zitiert aus *Donna*, DP, Parte especial, B. I, S. 704; *ders.*, Delitos contra la integridad sexual, S. 197). Eine in der sexuellen Nötigungshandlung mitverwirklichte Freiheitsberaubung (Art. 140 ff. CP, *privación de libertad*) wird ebenfalls durch die Delikte der Art. 119 und 120 CP konsumiert, sofern die Freiheitsberaubung nur zur Verwirklichung des Missbrauchs eingesetzt wurde und somit kein darüber hinausgehendes eigenständiges Delikt darstellt (*Donna*, Delitos contra la integridad sexual, S. 82). Für die Entführung mit Missbrauchsabsicht (Art. 130) kann dies an dieser Stelle nicht mit Sicherheit gesagt werden, es steht aber zu vermuten, dass die Freiheitsberaubung bei diesem Delikt im Wege der Spezialität verdrängt wird.
[49] Ausnahme sind nur § 183 Absatz 1 und Absatz 2 und § 182 Absatz 3 und Absatz 5 dStGB, als eingeschränkte Antragsdelikte, wobei letzteres Antragserfordernis das Opfer vor den Belastungen des Strafverfahrens schützen soll (*Perron/Eisele*, in: Schönke/Schröder, StGB, § 182, Rn. 20).
[50] Bspw. *Renzikowski*, in: MK-StGB, § 182, Rn. 76; *Laufhütte*, in: LK-StGB (11. A.), § 182, Rn. 7; *Wolters*, in: SK-StGB, § 182, Rn. 25; *Schroeder*, NJW 1994, S. 1504; a.A. *Hörnle*, in: LK-StGB, § 182, Rn. 75 ff. mit Verweis auf den Opferschutz.
[51] *[...] lesiones leves, sean dolosas o culposas.*
[52] Vgl. *D'Alessio*, CP, B. I, S. 724.

Rechtsfrieden, die auch nicht durch das Tatopfer gerügt werden, zu entlasten (s.o.).[53] Somit ist ein prozessökonomischer Gedanke mitverwirklicht. Doch der Hauptgrund liegt auch hier im *strepitus fori* und darin, dass das Opfer selbst über den geeigneten Rahmen zur Konfliktlösung entscheiden solle.[54]

Die zweite Fallgruppe der Antragsdelikte sind relative Antragsdelikte. Denn Art. 72 Absatz 1 Nr. 2 CP enthält zwei Ausnahmen zum Antragerfordernis, die der deutschen Regelung ähnlich sind.

Einmal ist dies die öffentliche Sicherheit (*seguridad pública*). Hiervon werden Taten umfasst, die mit allgemeingefährlichen Mitteln begangen werden, die grundsätzlich oder wegen des Zustandes oder der Verhaltensweise des Täters schwer beherrschbar sind. Daraus muss eine Gefahr für eine größere Anzahl von Menschen und nicht nur für den tatsächlich Verletzten selbst resultieren. Typische Fälle sind daher eine waghalsige Fahrt mit einem Auto,[55] eine Trunkenheitsfahrt[56] oder das in Gefahr bringen eines öffentlichen Transports.[57] Weiter wird das öffentliche Interesse (*interés público*) genannt. Hierdurch werden institutionelle Verfassungsgarantien geschützt. Dies sind einmal Einrichtungen des Staates, aber auch Staatsziele sowie durch Gesetz bestimmte Ziele, die das individuelle Interesse tangieren.[58] Nach dieser Definition müsste die Ausnahmeregelung auch spezialpräventive Erwägungen mit umfassen. Es muss jedoch eingegrenzt werden, da unter diesem Gesichtspunkt alle Straftaten die Ausnahme aktivieren würden. Daher muss es im politischen Interesse aller Einwohner liegen und nicht nur in der einer bestimmten Teilgruppe.[59]

---

[53] Vgl. *Fierro* in: Baigun/Zaffaroni, B. 2B, Arts. 71/76, S. 394; *D'Alessio*, CP, B. I, S. 724.
[54] Vgl. *D'Alessio*, CP, B. I, S. 724.
[55] CNCP, sala III, Fall Nr. 2715 „Riquelme", Az 657.00.3 vom 02.11.2000.
[56] *Ossorio y Florit*, CP, S. 181.
[57] *Ossorio y Florit*, CP, S. 181.
[58] Vgl. *D'Alessio*, CP, B. I, S. 725.
[59] Vgl. *D'Alessio*, CP, B. I, S. 725.

c) Dritte Fallgruppe – Entziehung Minderjähriger vom sorgeberechtigten Elternteil

Die dritte Fallgruppe umfasst die Behinderung des Kontakts minderjähriger Kinder mit einem getrennt lebenden Elternteil.[60] Dies ist ein neuer Straftatbestand, der durch Gesetz 24.270[61] eingeführt wurde.[62] Auch diese Tat ist ein absolutes Antragsdelikt.

d) Fehlende Fallgruppen

Im Vergleich vermisst der deutsche Rechtsanwender einige gewohnte Fallgruppen. Der praktisch sehr relevante Tatbestand des Hausfriedensbruchs (Art. 150 CP, *violación de domicilio*) ist nicht unter ein Antragserfordernis gestellt.[63] Bei Diebstahl (Art. 162 CP) geringwertiger Sachen und bei der Sachbeschädigung (Art. 183 CP) kommt nur ein Strafausschließungsgrund für Familienangehörige in Betracht (s.o.). Die Beleidigung (Art. 110 CP, *injuria*) und die Verletzung von (persönlichen) Geheimnissen (Art. 153 CP, *violación de secretos*) sind gemäß Art. 73 Nr. 1 und Nr. 2 CP Privatklagedelikte.[64]

8. Fazit und Würdigung

Das Antragsdelikt des argentinischen Strafgesetzbuchs ist deutlich schlanker gestaltet als dessen deutsches Pendant. Der an einer Stelle konzentrierte Katalog umfasst deutlich weniger Delikte. Dies liegt auch daran, dass Fälle besonderer sozialer Nähebeziehungen durch einen Strafausschließungsgrund gelöst sind. Daneben ist ein großer Teil der Sexualdelikte unter ein Antragserfordernis gestellt, was im deutschen Recht nicht der Fall ist.

---

[60] *Impedimiento de contacto de los hijos menores con sus padres no convivientes.*
[61] Beschlussfassung am 03.11.1993, erlassen am 25.11.1993, B.O. am 26.11.1993.
[62] Siehe *De la Rúa*, CP, Parte general, Art. 71 a 76, S. 1156.
[63] Herausgenommen durch Gesetz 23.077, Beschlussfassung am 09.08.1984, erlassen am 22.08.1984, B.O. am 27.08.1984.
[64] Im Gegensatz zur deutschen Rechtslage sind die Privatklagedelikte den Strafverfolgungsbehörden von vornehrein vollständig entzogen (vgl. Kapitel XIV.3.). Die Privatklage erfüllt somit den Opferschutz des Antragsdeliktes ebenfalls, da die Privatperson frei disponieren kann, ob sie das Delikt auf dem Privatklageweg verfolgen möchte.

Die *instancia privada* zeigt allerdings auch eine gewisse Ermessensfeindlichkeit des argentinischen Strafrechts. Nur im geringen Maße haben die Strafverfolgungsbehörden einen Entscheidungsspielraum, weil von den ohnehin nur wenigen Antragsdelikten nur die fahrlässige und vorsätzliche Körperverletzung als relative Antragsdelikte ausgestaltet sind. Möglich könnten mehr relative Antragsdelikte sein, die eine flexiblere Handhabe der Strafverfolgungsbehörden erlauben würden. Indem das argentinische Strafgesetzbuch mit Art. 185 CP einen Strafausschließungsgrund für nahe Familienangehörige vorsieht, anstatt solch gelagerte Fälle über ein Antragserfordernis zu lösen, erreicht das argentinische Recht zudem eine Alles-oder-Nichts-Lösung. Denn ein Nachteil ist, dass die tatsächliche Nähebeziehung zwischen Täter und Opfer nicht berücksichtig wird. Eine mögliche Entfremdung zwischen den Angehörigen wird nicht erwogen. Enge (möglicherweise langjährige) nicht-verwandtschaftliche Lebenspartnerschaften sind umgekehrt nicht umfasst.[65] Dies ist vor allem vor dem Hintergrund problematisch, dass keine Ausnahme vom Legalitätsprinzip für Geringfügigkeitsfälle existiert.[66] Taten, die sich im persönlichen Nahbereich zwischen Täter und Opfer ereignen, unter ein Antragserfordernis zu stellen, hätte den Vorteil, dass es die Entscheidung dem Opfer überlässt, wann es den Frieden seines inneren Lebens- und Familienkreises höher bewertet und wann es das Strafrecht als Lösung des sozialen Konflikts aktivieren möchte.

Ebenso erscheint die Lösung, im Falle eines unbetreuten Minderjährigen oder bei deliktischer Involvierung der Betreuungsperson immer ermitteln zu müssen, dass

---

[65] CNCC, sala VI, vom 21.06.1994, La Ley 1995-B, S. 625.
[66] Krit. auch das abweichende Votum des Richters *González Palazzo*, CNCC, sala VI, vom 21.06.1994, La Ley 1995-B, 625 f. Beispielsfälle lassen sich schnell konstruieren: Bedient sich etwa der Lebenspartner bei der Freundin am Geldbeutel, um ihr im Wert von 10 Euro Blumen zu kaufen und ist diese nicht einverstanden, so wäre dies strafbarer Diebstahl. Erleichtert der seit Jahren nicht mit seinen Eltern in Kontakt stehende Sohn diese um einen höheren Betrag, den er sogleich in einer Spielbank verprasst, wäre dieser straffrei. Im ersteren Fall mag die etwas unglücklich „Beschenkte" sicherlich zu Recht erbost sein, doch ob diese gleich eine (zwingende) strafrechtliche Verfolgung wünscht, die mangels Opportunitätsmöglichkeiten auch zu einer Strafe oder zu einem Strafsurrogat führen müsste, ist zweifelhaft. Im letzteren Fall mögen die Eltern den Verweis auf die sicherlich fruchtlose zivilrechtliche Entschädigung nicht als Genugtuung empfinden. Ein weiteres Beispiel wären im Streit getrennt lebende Eheleute, für die jeweils Art. 185 CP bis zur rechtskräftigen Scheidung gilt (*Marín*, DP, Parte especial, S. 550; *Estrella/Godoy Lemos*, CP, Parte especial, Art. 185, S. 761 f. mit Rechtsprechungsnachweisen).

also das Legalitätsprinzip wieder ausnahmslos gilt, nicht zwingend im Interesse des minderjährigen Opfers. Die sekundäre Viktimisierung betrifft auch diese Opfergruppe. Es sollte daher auch dem minderjährigen Opfer freigestellt bleiben, ob es die Straftat verfolgt sehen möchte oder nicht. Für diese Entscheidung müsste ein gesetzlicher Vertreter der/dem bis dahin unbetreuten Jugendlichen zur Seite gestellt werden, der unter Berücksichtigung der besonderen Belange des Alters des Opfers die Entscheidung über die Antragsstellung trifft. Die gesetzliche Regelung, dass – ungeachtet der tatsächlichen Umstände – bei unbetreuten minderjährigen Opfern immer von Amts wegen zu ermitteln ist, erscheint nicht sachgemäß. Des Weiteren erscheint es vor dem Hintergrund des Gleichheitsgrundsatzes problematisch, der elterlich, verwandtschaftlich oder vormundschaftlich vertretenen minderjährigen Person das Recht des Strafantragsverzichtes einzuräumen, während dies unbetreuten Minderjährigen nicht zusteht.[67] Insofern zeigt sich auch hier, dass das argentinische Bundesstraf(prozess-)recht den Strafverfolgungsbehörden in vielen Fällen keinen Entscheidungsspielraum gewährt und eine Alles-oder-Nichts-Lösung anstrebt.

MAIER befürchtet in großzügigen Ermessens- oder Subsumtionsspielräumen allerdings ein weiteres Einfallstor für die extensive Strafverfolgungstätigkeit des Staates, die schon längst den Bereich der *ultima ratio* verlassen habe.[68] Es sei zu befürchten, dass der autoritär geprägte Staat weitergehende Ermessens- bzw. Auslegungsklauseln über Gebühr beanspruchen könnte. Das Antragsdelikt würde somit

---

[67] Für das über 16-jährige Tatopfer besteht allerdings für die Sexualdelikte des Art. 119 Absatz 1 - 3, Art. 120 Absatz 1 und Art. 130 nach dem Art. 132 Satz 2 CP noch die Möglichkeit „ein Sühneverfahren mit dem Beschuldigten vorzuschlagen" (*Si [la víctima] fuere mayor de dieciséis años podrá proponer un avenimiento con el imputado*). „Das Gericht kann dem formlos und unter der Bedingung voller Gleichberechtigung gestellten Antrag ausnahmsweise zustimmen, wenn es unter Berücksichtigung der besonderen und nachgewiesenen vorhergehenden persönlichen Beziehung ein angemesseneres Verfahren ist, um den Konflikt unter besserem Schutz der Interessen des Opfers beizulegen" (*El Tribunal podrá excepcionalmente aceptar la propuesta que haya sido libremente formulada y en condiciones de plena igualdad, cuando, en consideración a la especial y comprobada relación afectiva preexistente, considere que es un modo más equitativo de armonizar el conflicto con mejor resguardo del interés de la víctima*). Art. 132 CP ist eine Neuerung des argentinischen Strafgesetzbuches, eingeführt mit der Reform der Sexualdelikte durch Gesetz 25.087, Beschlussfassung am 14.04.1999, erlassen am 07.05.1999, B.O. am 14.05.1999.

[68] Befragung von *Julio B. Maier*, Emeritus der Universität Buenos Aires und Richter am *Tribunal Superior de Justicia de la Ciudad Autónoma de Buenos Aires* i.R., am 22.03.2009.

zum faktischen Offizialdelikt. Ebenso schreibt er: „Die von Staats wegen ausgeübte Strafverfolgung erscheint als autoritär, also rechthaberisch, während die vom Bürger abhängige Verfolgung in einem Parteiverfahren im Prinzip als demokratisch erscheint."[69] Diese Debatte zeigt also ein Dilemma. Während hierzulande die Schaffung von Generalklauseln im Strafverfahrensrecht weitgehend unkritisch gesehen wird,[70] herrscht in den liberalen Kreisen Argentiniens – und zu diesen gehört MAIER zweifellos – die Befürchtung, dass diese als Einfallstor des autoritären Gedankenguts missbraucht werden, dass der Staat über den Sinn und Zweck der jeweiligen Generalklausel hinaus die Strafverfolgung vorantreibt.

MAIER weist schließlich auch zurecht daraufhin, dass jede Generalklausel die Gefahr der Ungleichbehandlung birgt, mag die eine Strafverfolgungsbehörde strengere, die andere mildere Maßstäbe setzen. DONNA kritisiert deshalb schon die Generalklausel zum Minderjährigenschutz des Art. 72 Absatz 3 Satz 2 CP (s.o.).[71] Sicherlich birgt ein Ermessens- oder Anwendungsspielraum von Behörden auch eine gewisse Gefahr von Vetternwirtschaft und Korruption.

Wahrscheinlich ist es deshalb (vorerst) richtig, der Gefahr zu solchen Tendenzen durch die radikalere aber auch unanfälligere und damit vollständige Entkriminalisierung zu begegnen. Eine Ermessens- bzw. Auslegungsklausel ist deshalb auch eine Frage der Mentalität der handelnden Strafverfolgungsorgane.[72]

---

[69] *Maier*, Roxin-FS, S. 1219 f.

[70] Hierzu *Störmer*, ZStW 108, S. 494.

[71] *Donna*, DP, Parte especial, B. I, S. 514 bildet das Beispiel einer Familie, die von sozialen Einrichtungen, Psychologen und Ärzten betreut wird, bei deren Aufarbeitungsprozess ein zur unbedingten Strafverfolgung gewillter Staatsanwalt diesem Beziehungsgeflecht mehr schaden als nutzen könnte. Allerdings sollte ein Staatsanwalt abwägen über den Sinn und Zweck des Antragserfordernisses. Im von *Donna* gezeichneten Fall, liegt die Strafverfolgung eben gerade nicht mehr im Interesse des Opfers, die Handlungen des Staatsanwaltes werden nicht mehr von der Strafantragsausnahmeklausel zum Kindeswohl gedeckt, er handelt somit rechtswidrig.

[72] Vgl. hierzu auch Kapitel IX.5.g). Zum Ganzen ebenso kritisch *Maier*, Hassemer-FS, S. 483 und *ders.*, DPP, B. II, S. 675 f. mit Verweis auf *Störmer*, ZStW 108, S. 494.

XIV. Privatklage (acción privada)

1. Überblick

In Art. 71 Nr. 2 i.V.m. Art. 73 ff. CP regelt das argentinische Bundesstraf(prozess-) recht die Privatklage (*acción privada*). Sie ist in Art. 71 Nr. 2 CP als explizite Ausnahme zum Legalitätsprinzip formuliert: „Alle Strafverfolgungen sind von Amts wegen einzuleiten, mit Ausnahme der Folgenden: [...] 2. Die Privatklagen."[1] Art. 73 CP führt in einem Katalog alle existierenden Privatklagedelikte auf. Die nähere Ausgestaltung des Verfahrens regeln auf Bundesebene die Art. 415 ff. CPPN. Art. 75 und 76 CP stellen klar, dass in den Fällen des Art. 73 CP die Strafverfolgung nur auf Grund einer Klage des Verletzten stattfindet. Das bedeutet eine Durchbrechung des Offizialprinzips, indem der Staat von seinem Strafverfolgungsmonopol Abstand nimmt und die Strafverfolgung in die Hand von Privatpersonen – den Verletzten, dessen nahen Angehörigen oder dessen gesetzlichen Vertretern – legt.[2]

2. Rechtsnatur

Die Zuordnung der *acción privada* zum materiellen oder formellen Recht als einer Ausnahme zum Legalitätsprinzip ist – wie beim Antragsdelikt – umstritten. Dies betrifft sowohl die Frage der materiell-rechtlichen Wirkungen des Rückwirkungsverbotes, das Gebot zur Anwendung des mildesten Gesetzes sowie die Gesetzgebungszuständigkeit.[3] Der Bundesgesetzgeber hat die Materie letztlich im Strafgesetzbuch geregelt, nur einzelne Zulassungsvoraussetzungen und vorwiegend technische Verfahrensvorgaben verblieben in den Prozessgesetzen. Darüber hinaus ist

---

[1] *Deberán iniciarse de oficio todas las acciones penales, con excepción de las siguientes: [...] 2°. Las acciones privadas* (Übersetzung des Autors).

[2] Während Art. 75 CP allein auf die Klage abstellt, spricht Art. 76 CP von „einer Klage oder Anzeige". Mit dem Verweis auf die Anzeige handelt es sich nach übereinstimmender Meinung um ein gesetzgeberisches Versehen, das im Übrigen von den Gerichten ignoriert wird. Denn Sinn und Zweck der Privatklage ist ja gerade, dass nicht auf Grund einer Anzeige von staatlicher Seite ermittelt wird. Hierzu *Fierro* in: Baigún/Zaffaroni, CP, B. 2B, Arts. 71/76, S. 403.

[3] Zum Streitstand wird auf Kapitel XIII.2. und VI.1. verwiesen.

(derzeit nur theoretisch) strittig, ob die Provinzgesetzgeber weitere Delikte eigenständig als Privatklagedelikte deklarieren könnten.[4]

3. Systematik

Während die dStPO der Staatsanwaltschaft durch Bejahung des öffentlichen Interesses die Möglichkeit einräumt, die Strafverfolgung an sich zu ziehen (§ 376 dStPO), kennt das argentinische Strafrecht keinen Ausnahmetatbestand zur Privatklage. Der argentinische Staat hat sich vielmehr aus der Verfolgung der in Art. 73 CP katalogartig aufgezählten Straftaten vollständig zurückgezogen. Abweichend vom deutschen Recht handelt es sich in Argentinien daher um keine Ermessensbzw. Subsumtionsentscheidung der Strafverfolgungsbehörde.[5] Dagegen ist aber die Privatperson nicht an den Legalitätsgrundsatz gebunden.[6] Die Privatklage steht dem Offizialdelikt daher als abgegrenzte Verfahrensart gegenüber. Die Privatklagedelikte sind ausschließlich im Falle der Klageerhebung seitens der Privatperson mit der Kriminalstrafe sanktionierbar.

Daher ist es nur konsequent, dass – anders als im deutschen Recht[7] – ein in Tateinheit mit dem Privatklagedelikt begangenes Offizialdelikt die Privatklage nicht ausschließt. Anders herum ermächtigt das Zusammentreffen eines Privatklage- mit einem Offizialdelikt in einer Tat im verfahrensrechtlichen Sinne die Strafverfolgungsbehörden nicht, die Strafverfolgung des Offizialdelikts auf das Privatklagedelikt auszuweiten. Nach dem Prinzip der Teilbarkeit in den Fällen der Privatklage

---

[4] Grundlegend zu dieser Diskussion siehe Kapitel VIII.3.c) und d). Zweimal wurde in den siebziger Jahren die Klagemöglichkeit des Dienstvorgesetzten eingeführt, wenn der Verletzte ein Amtsträger war (Gesetz 18.953 im Jahre 1971 und 21.338 im Jahre 1976). Dadurch wandelte sich die Privatklage in eine öffentliche Klage. Diese Ausnahme hatte jeweils nur kurz Bestand und wurde aufgehoben (Gesetz 20.509 und 23.077). Dieser Vorgang zeigt in historischer Gesetzesauslegung der Art. 73 ff. CP, dass ein staatliches Vorgehen nicht im Wege einer Analogie und/oder Richterrecht möglich wäre. Der Wille des Bundesgesetzgebers kommt klar zum Ausdruck. Bejaht man die Gesetzgebungskompetenz des Bundes zur Privatklage insgesamt, so wird man vor diesem Hintergrund den Provinzen wohl keinen Handlungsspielraum mehr einräumen können.

[5] Auch hier strebt das argentinische Recht eine Alles-oder-Nichts-Lösung an, vgl. Kapitel XIII.4. und 8., IX.5.g); XVI.11.

[6] Vgl. *Maier*, DPP, B. I, S. 827.

[7] Siehe *Meyer-Goßner*, StPO, § 374, Rn. 3 und § 376, Rn. 9.

(*principio de la divisibilidad en los casos de los delitos de acción privada*) können bzw. müssen beide Verfahren parallel betrieben werden.[8] Vor dem Gedanken der Prozessökonomie erscheint diese Lösung allerdings nicht optimal, könnten so typische Tateinheitssachverhalte (etwa eine Falschanzeige [Art. 245 CP] und eine Verleumdung [Art. 109 CP]) in einem Verfahren konzentriert werden. Der Konzentrationsgedanke ist hier dem argentinischen Bundesrecht fremd.[9] Allerdings steht nicht zu befürchten, dass es häufig zu privater Strafverfolgung kommen wird, wenn gleichzeitig die staatliche Strafverfolgung tätig ist, denn die Voraussetzungen und bürokratischen Hürden des argentinischen Privatklagewegs sind – wie in Deutschland – hoch und das Resultat nicht unbedingt schneller erreicht.

Da sich Offizialdelikt und Privatklagedelikt gegenseitig ausschließen, besteht auch keine Schnittmenge mit den Antragsdelikten.

4. Ratio legis

Die hinter der Privatklage stehende *ratio legis* ist, dass diese Straftaten wegen ihrer Geringfügigkeit das Interesse der Allgemeinheit kaum berühren. Im Strafgesetzbuch der argentinischen Nation ist also durchaus der Gedanke der Nichtstrafbarkeit von Bagatelldelikten verankert, wenn auch im kleinen Rahmen und abhängig vom Willen des Tatopfers. In der Debatte um die Entpönalisierung des argentinischen Bundesstrafrechts wird diskutiert, den Katalog der Privatklagedelikte auszuweiten.[10] Dies könne neben vollständiger Entkriminalisierung und Einführung von Einstellungsmöglichkeiten eine Maßnahme sein, um die ausufernde Anwendung des Strafrechts zurückzudrängen, und den Gedanken des Strafrechts als *ultima ratio* betonen.

---

[8] Simultan zu den Antragsdelikten handelt es sich hierbei um eine Ausnahme des Grundsatzes *ne bis in idem*, weil dieselbe Person wegen derselben prozessualen Tat zwei Mal verfolgt werden kann; so *Maier*, DPP, B. I, S. 624; *Fierro* in: Baigún/Zaffaroni, CP, B. 2B, Arts. 71/76, S. 399 (vgl. Kapitel XII.2.).

[9] Vgl. bereits Kapitel IX.4.c).

[10] Etwa *Maier*, DPP, B. I, S. 839; ebenso *Fierro* in: Baigún/Zaffaroni, CP, B. 2B, Arts. 71/76, S. 375 f.

5. Klagebefugnis

Klagebefugt ist gemäß Art. 76 CP der aus der Straftat Verletzte, dessen Pfleger oder gesetzlicher Vertreter. Einzig die Klagebefugnis wegen Verleumdung oder Beleidigung kann zudem gemäß Art. 75 CP nach dem Tode des Verletzten an dessen nahe Angehörige „vererbt" werden.[11]

6. Frist und Verzicht

Nach Art. 422 Absatz 1 CPPN ist die Privatklage innerhalb von sechzig Tagen zu erheben.[12] Geschieht dies nicht, gilt das als Verzicht. Der Verletzte kann gemäß Art. 59 Nr. 4 CP seinen Verzicht auch vorzeitig erklären, ebenso kann er dies noch im späteren Verlauf des Verfahrens. In diesem Falle trägt der Kläger die Verfahrenskosten, es sei denn, die Parteien haben etwas anderes vereinbart. Die Verzichtserklärung ist nicht widerruflich, hat für den Beschuldigten somit freisprechende Wirkung (Art. 423 CPPN). Das entspricht dem weiten Verständnis des Grundsatzes *ne bis in idem*, der jede Gefahr, einer mehrfachen Strafverfolgung ausgesetzt zu sein, verbietet.[13] Interessant ist, dass dem Privatkläger gemäß Art. 69 CP noch nach einem ergangenen Urteil ein die Delikte des Art. 73 CP umfassender Straferlass zusteht.[14]

7. Sühneversuch

Ein Sühneversuch – wie in § 380 Absatz 1 dStPO als Zulassungsvoraussetzung – ist für alle Privatklagedelikte in Art. 424 CPPN vorgesehen (*audiencia de conciliación*). Anders als nach der deutschen Rechtslage ist hierfür bereits das Gericht der Hauptverhandlung zuständig. Der gelungene Sühnetermin führt zur Verfahrenseinstellung und der Beschuldigte trägt die bisherigen Kosten (Art. 425 Absatz 1 CPPN).

---

[11] Vgl. *Fierro* in: Baigún/Zaffaroni, CP, B. 2B, Arts. 71/76, S. 402.
[12] Das ist ein Unterschied zum deutschen Recht: Die Privatklage ist bis zum Eintritt der Verfolgungsverjährung zulässig; vgl. *Meyer-Goßner*, StPO, vor § 374, Rn. 2.
[13] Siehe hierzu Kapitel XII.2.
[14] Vgl. *Lascano* in: Baigún/Zaffaroni, CP, B. 2B, Art. 69, S. 346; *Maier*, Roxin-FS, S. 1223, Fn. 18.

In den Fällen der Beleidigung und Verleumdung kann der Beschuldigte durch einen Widerruf seiner Aussagen oder Taten in geeigneter Form den Freispruch herbeiführen, hat aber auch die Kosten zu tragen (Art. 425 Absatz 2 CPPN). Hält der Privatkläger die Form des Widerrufs für nicht ausreichend, so entscheidet das Gericht über die geeignete und angemessene Form (Art. 425 Absatz 3 CPPN). Das argentinische Bundesstrafprozessrecht macht somit die Ehrenerklärung zum notwendigen Inhalt des Vergleichs.[15] Scheitert der Versöhnungstermin wird weiter nach den Vorschriften des Normalverfahrens prozessiert (Art. 430 CPPN), wobei der Privatkläger die Rolle der Staatsanwaltschaft übernimmt, mit gleichen Rechten und Pflichten wie diese.

8. Der Katalog der Privatklagedelikte

Der Katalog der Privatklagedelikte in Art. 73 CP ist klein. Lediglich Verleumdungen und Beleidigungen (Art. 73 Nr. 1 i.V.m. Art. 109 ff. CP), Geheimnisverrat[16] (Art. 73 Nr. 2 i.V.m. Art. 153 ff. CP; mit Ausnahme der Art. 154 und 157), unlauterer Wettbewerb (Art. 73 Nr. 3 i.V.m. Art. 159 CP) und Nichterfüllung von Unterhaltszahlungen an den Ehegatten (Art. 73 Nr. 4 CP)[17] sind darin erfasst.

Die Bedeutung der Privatklage ist daher für die Praxis gering. Für die Wissenschaft hat die Privatklage jedoch Bedeutung, weil sie ein Brückenkopf des Opportunitätsprinzips im Territorium des starken Legalitätsprinzips darstellt, auf dessen Ausweitung die Entkriminalisierungsbefürworter hoffen (s.o.).

9. Fazit und Würdigung

Die Privatklage hat, wie in Deutschland, eine geringe praktische Bedeutung. Dies liegt neben den großen Hürden auch an dem kleineren Katalog von Tatbeständen. Der gewichtigste Unterschied liegt aber in der vollständigen „Privatisierung" dieser Delikte. Es liegt einzig am Willen des Tatopfers, ob es den sozialen Konflikt über

---

[15] In Deutschland ist dies gebräuchlich, aber nicht zwingend vorgeschrieben; siehe *Meyer-Goßner*, StPO, vor § 374, Rn. 9.

[16] Entspricht in etwa der Verletzung des Briefgeheimnisses (§ 202 dStGB).

[17] Die Verletzung von Unterhaltszahlungen ist in Gesetz 13.944 (zuletzt geändert durch Gesetz 24.029) und nicht im Strafgesetzbuch geregelt.

139

einen Strafprozess gelöst sehen möchte. Die Privatklage beinhaltet keinerlei Einschreitungsermessen für die Verfolgungsbehörden.

Dadurch wird insgesamt eine recht unflexible Lösung erreicht. Weil die Strafverfolgungsbehörden durch Ermessensausübung oder Subsumtion nicht im Einzelfall prüfen können, ob durch die Tat das öffentliche Interesse tangiert ist, wird demnach der Katalog der Privatklagedelikte relativ klein bleiben müssen. Denn nur wenigen Tatbeständen ist von vorneherein eine Geringfügigkeitsobergrenze immanent. Viele Delikte, die zwar typischerweise unter der Bagatellgrenze bleiben aber auch darüber liegen können, eignen sich nicht zur „Privatisierung". So mag beispielsweise ein Hausfriedensbruch in der großen Mehrzahl der Fälle eine Bagatelle sein, doch gewiss nicht immer. Erst durch ein Einschreitungsermessen bzw. einen Interventionsbeurteilungsspielraum der Strafverfolgungsbehörden wäre es daher möglich, solche Delikte in Privatklagedelikte umzuwandeln. Die Mehrzahl der Fälle könnte dann auf den Privatklageweg verwiesen werden bzw. als Regelfall ein Privatklagedelikt sein. Andernfalls wären im Einzelfall empfindliche Strafbarkeitslücken hinzunehmen. Deshalb wäre für die allgemeine Zustimmung zu einer Erweiterung des Privatklagekatalogs im argentinischen Bundesstraf(prozess-)recht eine Ermessens- bzw. Subsumtionsklausel des öffentlichen Interesses notwendig. Die Privatklage als ein Instrument zur Verfahrensökonomie wird sonst stets nur geringe Bedeutung in der Praxis haben.

Der befürchtete Nachteil solcher flexibler Klauseln ist, dass ein insgesamt autoritär geprägter Strafverfolgungsapparat den dehnbaren Begriff des öffentlichen Interesses überreizen und missbrauchen könnte.[18] Ein vermittelnder Schritt könnte deshalb sein – die gesetzgeberische Bereitschaft vorausgesetzt –, die bisherigen Privatklagedelikte als ausnahmslose Privatklagedelikte beizubehalten, somit den *status quo* der Entkriminalisierung durch Privatklagedelikte unangetastet zu lassen. Zusätzlich könnten bisherige Offizialdelikte als weitere Privatklagedelikte kodifiziert werden, die nur ausnahmsweise bei einschlägigem öffentlichem Interesse wieder zu Offizaldelikten würden.

---

[18] Vgl. zur Diskussion Kapitel XIII.8 und IX.5.g).

XV. Abgekürztes Verfahren (juicio abreviado)

1. Überblick/Entwicklung

Art. 431 bis CPPN regelt in der argentinischen Bundesstrafprozessordnung das abgekürzte Verfahren (*juicio abreviado*). Es ist ein klassisches Unterwerfungsverfahren,[1] das auf ein Einverständnis des Beschuldigten mit den Ergebnissen des Vorverfahrens abzielt und so einen Verzicht auf die Hauptverhandlung bewirkt.[2]

Das *juicio abreviado* wurde fünf Jahre nach der Ausgangsreform von 1992 durch Gesetz 24.825[3] eingeführt. Der neue Artikel 431 bis CPPN reiht sich hinter die Vorschriften des dritten Buches, zweiter Abschnitt des CPPN ein, der einige besondere Verfahrensarten (*juicios especiales*) dem normalen Hauptverfahren im dritten Buch, erster Abschnitt anschließt. Das *juicio abreviado* ist also eine eigenständige Verfahrensart.[4]

Seine Wurzeln hat es im anglo-amerikanischen *plea bargaining*, bzw. genauer im *sentence bargaining*.[5] Zum deutschen Strafverfahren weist es Parallelen zum Strafbefehlsverfahren und zu den Verfahrensabsprachen auf.[6] Daneben war für die Rezeption italienisches und spanisches Recht mitbestimmend.[7]

2. Die Regelung des Art. 431 bis CPPN

Am Ende der Ermittlungen kann nach Art. 431 bis Nr. 1 Satz 1 CPPN im Rahmen des Zwischenverfahrens bei der *clausura de la instrucción* des Art. 346 CPPN[8] die Staatsanwaltschaft zusammen mit dem Eröffnungsersuchen beantragen, dass nach

---

[1] Vgl. *Amadeo/Palazzi*, CPPN, Art. 431 bis, S. 692.
[2] Vgl. *Navarro/Daray*, CPPN, Art. 431 bis, S. 1250 f.
[3] Beschlussfassung am 21.05.1997; erlassen am 11.06.1997; B.O. am 18.06.1997.
[4] Vgl. *Navarro/Daray*, CPPN, Art. 431 bis, S. 1250; a.A. *Marchisio*, Juicio abreviado, S. 102 (Modifikationen des Normalverfahrens).
[5] Vgl. *Córdoba* in: Maier/Bovino, Procedimiento abreviado, S. 230.
[6] Hierzu *Córdoba* in: Maier/Bovino, Procedimiento abreviado, S. 230.
[7] Vgl. *Córdoba* in: Maier/Bovino, Procedimiento abreviado, S. 230.
[8] Siehe hierzu Kapitel XI.1.d).

dem *juicio abreviado* zu verfahren sei.[9] Hierfür muss gemäß Art. 431 bis Nr. 1 Satz 2 CPPN die Staatsanwaltschaft bereits einen Strafvorschlag unterbreiten,[10] der, wie sich aus Art. 431 bis Nr. 2 und 3 CPPN ergibt,[11] auch eine rechtliche Würdigung auf Grundlage der im Ermittlungsverfahren erlangten Kenntnisse der Tat enthalten muss. Der Strafvorschlag darf sechs Jahre Freiheitsstrafe nicht überschreiten. Die Anwendungsobergrenze des abgekürzten Verfahrens liegt also bei diesem Strafmaß. Interessant ist, dass der CPPN nur die Staatsanwaltschaft zum Antrag berechtigt. Der Untersuchungsrichter allein kann also ein abgekürztes Verfahren nicht in Gang setzen.[12]

Gemäß Art. 431 bis Nr. 1 Abs. 2 CPPN kann das abgekürzte Verfahren auch noch in der Vorbereitungsphase der Hauptverhandlung, bis zum Festsetzen des Termins der ersten mündlichen Verhandlung (*actos preliminares del juicio*, Art. 359 CPPN), beschritten werden.[13] Dies ist sogar der Regelfall.[14] Da die Anklagevertretung des Vorverfahrens und des Hauptverfahrens nicht identisch ist,[15] soll hierdurch auch dem Staatsanwalt der Hauptverhandlung die Möglichkeit eingeräumt werden, einen Prozessdeal zu erreichen, wenn der Staatsanwalt des Vorverfahrens hierzu nicht Willens war.[16] Dies zeigt, dass der CPPN eindeutig auf die schnelle Verfahrenserledigung hin ausgelegt wurde und die Einigung, wenn möglich, er-

---

[9] *Si el ministerio fiscal en la oportunidad prevista en el artículo 346, estimare suficiente la imposición de una pena privativa de libertad inferior a seis (6) años, [...] podrá solicitar, al formular el requerimiento de elvación a juicio, que se proceda según este capítulo.*

[10] *En tal caso, deberá concretar expreso pedido de pena.*

[11] *[...] descriptas en el requerimiento de elevación a juicio [...].*

[12] Vgl. *Bigliani* in: Maier/Bovino, Procedimiento abreviado, S. 170

[13] Dass in diesem Zusammenhang Art. 32 CPPN erwähnt ist, beschränkt den Anwendungsbereich des *juicio abreviado* nicht auf das *Tribunal Federal en lo Criminal*. Das *juicio abreviado* ist vor allen Bundesgerichten, die dem CPPN unterstehen, anwendbar; so *Navarro/Daray*, CPPN, Art. 431 bis, S. 1252 f.

[14] Krit. hierzu *Costa*, CDJP 2001, Nr. 12, S. 424 ff.; danach relativiert sich der beabsichtigte Einsparungseffekt des *juicio abreviado*, denn häufig ist die Hauptverhandlung schon vorbereitet.

[15] Die argentinische Bundesstaatsanwaltschaft ist dem Grunde nach zwar auch eine hierarchische Behörde, die einzelnen Teile agieren aber viel autonomer als die deutsche Staatsanwaltschaft. Dieser Umstand folgt aus der Zuordnung der Staatsanwaltschaften zu den jeweiligen Gerichten. So finden personelle Wechsel der Staatsanwaltschaft in den Rollen der Ermittlungsbehörde, der Anklagevertretung, bis hin zur Revisionsvertretung statt; siehe *Woischnik*, Untersuchungsrichter, S. 111. Zu den Befugnissen des Generalbundesanwalts siehe Art. 31 und 33 im Organgesetz der Bundesstaatsanwaltschaft (Gesetz 24.946).

[16] Vgl. *Guzmán* in: Maier/Bovino, Procedimiento abreviado, S. 296 Fn. 30

reicht werden soll. Der Beschuldigte kann sich dem Vorschlag eines abgekürzten Verfahrens mehrmals ausgesetzt sehen, bis kurz vor der (drohenden) Hauptverhandlung.[17] Natürlich ist es diese Drohkulisse, die den Beschuldigten zur Unterwerfung motiviert, denn je ausgereifter die Beweislage gegen ihn im Laufe des Strafverfahrens wird, desto mehr wird er in dieser Ausweglosigkeit vom rabattierten Schuldspruch Gebrauch machen wollen (siehe zum Strafnachlass und zur Freiwilligkeit des Einverständnisses sogleich die Ausführungen zum *nemo tenetur* Grundsatz).

Der Antrag der Staatsanwaltschaft erlangt nur Gültigkeit, wenn sich gemäß Art. 431 bis Nr. 2 CPPN der Beschuldigte mit der Feststellung seiner Beteiligung an der Tat, der rechtlichen Würdigung und mit der angesetzten Strafe einverstanden erklärt. Hierfür muss der Beschuldigte anwaltlich vertreten sein.[18]

Wird das abgekürzte Verfahren noch während des Vorverfahrens beantragt, leitet der Untersuchungsrichter, dem es grundsätzlich obliegt, das Verfahren in die Hauptverhandlung überzuleiten (*elevacion a juicio*),[19] den Antrag auf das abgekürzte Verfahren ohne weitere Zwischenschritte (er prüft also nicht selbst)[20] an das Gericht der Hauptverhandlung weiter.

Das zuständige erkennende Gericht prüft die Voraussetzungen des abgekürzten Verfahrens auf Fehler in der rechtlichen Würdigung der Tat. Hierzu ist dem Angeklagten nochmals rechtliches Gehör zu gewähren, wobei das Gericht den Ange-

---

[17] Krit. *Costa*, CDJP 2001, Nr. 12, S. 425 f. Siehe auch *D'Albora*, CPPN, B. II, vor Art. 431 bis, S. 953.
[18] Nach argentinischem Bundesrecht ist der strafrechtlich Verfolgte immer anwaltlich zu vertreten (Art. 107 CPPN). Kann er sich keinen Anwalt leisten, bekommt er einen öffentlichen Verteidiger in Diensten des *Ministerio Público* zugewiesen. Nur in Ausnahmefällen kann hiervon abgesehen werden. Einen unverteidigten Beschuldigten bzw. später Angeklagten gibt es daher grundsätzlich nicht (vgl. Kapitel VII.2.). Art. 431 bis Nr. 2 CPPN kommt insoweit eine Klarstellungsfunktion zu.
[19] Anders als im deutschen Recht obliegt der Eröffnungsbeschluss nicht dem Gericht der Hauptverhandlung nach dem Ende des Zwischenverfahrens, sondern dem Untersuchungsrichter, der ebenfalls in einer Art Zwischenverfahren gem. den Art. 346 ff. CPPN innerhalb von sechs Tagen den hinreichenden Tatverdacht prüft; siehe Kapitel XI.1.d).
[20] Eine Aufwertung der Rolle der ansonsten zweitrangigen Staatsanwaltschaft; so *Marchisio*, Juicio abreviado, S. 108.

klagten zu Gesicht bekommen muss.[21] Berichtet wird allerdings, dass die Anhörung des Beschuldigten in der Praxis meist nur unter Anwesenheit eines Richters durchgeführt wird, der seine Erkenntnisse dann den anderen Mitgliedern der Kammer berichtet.[22] Zudem schreibt Art. 431 bis Nr. 3 Satz 1 CPPN lediglich vor, dem Beschuldigten „zuzuhören, ob dieser irgendeine Bemerkung machen möchte".[23] Das Einverständnis muss nicht wiederholt werden. An dieser Vorgehensweise wird kritisiert, dass ein (faktisches) außergerichtliches Geständnis produziert werde, das fernab der Umgebung der öffentlichen und mündlichen Hauptverhandlung und vor allem fernab der Richter geäußert wurde.[24] Rechtliches Gehör soll auch dem Nebenkläger (querellante) zu Teil kommen, wobei dies nach der Vorschrift des Art. 431 bis Nr. 3 Satz 3 CPPN ausdrücklich nicht verbindlich ist.[25]

Hält die Kammer den Antrag für begründet, sind also für sie alle Voraussetzungen der Tat- und Rechtsfragen erfüllt, fasst sie einen Beschluss, nach welchem sie innerhalb von zehn Tagen das Urteil fällen wird. Dabei hat die Kammer gem. Art. 431 bis Nr. 5 CPPN als Grundlage die im Ermittlungsverfahren erlangten Beweise heranzuziehen, die vom Einverständnis des Angeklagten (Art. 431 bis Nr. 2 CPPN) gedeckt sind. Das Urteil ist an das im Antrag gesetzte Strafmaß dahingehend gebunden, dass dies nicht überschritten, wohl aber unterschritten werden darf.[26]

Andererseits muss das Gericht den Antrag auf das abgekürzte Verfahren ablehnen, wenn es der Auffassung ist, dass die Tatfrage näher geklärt werden muss oder wenn es das Ergebnis der rechtlichen Würdigung nicht teilt.[27] In diesem Fall wird weiter nach den Vorschriften des Normalverfahrens verhandelt, jedoch unter der Prämisse, dass die vorherigen Einlassungen des Angeklagten, die gemäß Art. 431

---

[21] Hierdurch wird auch verhindert, dass das *juicio abreviado* sich dem Vorwurf gegenüber dem alten schriftlichen und geheimen Strafverfahren nach dem CPMC ausgesetzt sieht, wo zu Recht die inquisitorische Eigenschaft gerügt wurde, dass der Angeklagte den Richter niemals zu Gesicht bekam, er somit zum reinen Objekt des Strafverfahrens herabgestuft wurde.

[22] So *D'Albora*, CPPN, B. II, vor Art. 431 bis, S. 954.

[23] *[...] escuchará si éste quiere hacer alguna manifestación.*

[24] Siehe *D'Albora*, CPPN, B. II, vor Art. 431 bis, S. 954.

[25] *Si hubiera querellante [...], le recabará su opinión, la que no será vinculante.*

[26] Vgl. *D'Albora*, CPPN, B. II, Art. 431 bis, S. 968.

[27] Dies gilt allerdings nicht, wenn das Gericht zu Gunsten des Angeklagten entscheidet; vgl. *D'Albora*, CPPN, B. II, Art. 431 bis, S. 968; *Castejón*, La Ley 1998-A, S. 932.

bis Nr. 2 CPPN für den staatsanwaltlichen Antrag des *juicio abreviado* erforderlich waren, nicht als Beweis gegen den Angeklagten verwendet werden dürfen. Eine interessante Regelung ist zudem, dass gemäß Art. 431 bis Nr. 4 Absatz 1 CPPN bei gescheitertem Versuch zur Durchführung des abgekürzten Verfahrens, das Verfahren an das Gericht weiterzuverweisen ist, welches im Geschäftsverteilungsplan als Nächstes folgt.[28] Es ist also niemals das gleiche Gericht auch im Hauptverfahren zuständig, welches über die Anwendbarkeit des abgekürzten Verfahrens entschieden hat. Dadurch soll einer Richterbefangenheit vorgebeugt werden.[29]

Umgekehrt ist gemäß Art. 431 bis Nr. 4 Absatz 2 auch der Anklagevertreter der Hauptverhandlung nicht mehr an das beantragte Strafmaß der Staatsanwaltschaft des Abkürzungsantrags gebunden. Mit anderen Worten ist die *reformatio in peius* ausdrücklich zugelassen.

Das Rechtsmittel der Kassation, das dem deutschen Revisionsverfahren entspricht,[30] ist ausdrücklich durch Art. 431 bis Nr. 6 CPPN nach den allgemeinen Voraussetzungen gegen das Urteil im abgekürzten Verfahren zugelassen.[31]

Bei mehreren Beschuldigten ist gemäß Art. 431 bis Nr. 8 Absatz 2 CPPN das abgekürzte Verfahren nur statthaft, wenn alle ihr Einverständnis gemäß Art. 431 bis Nr. 2 erklären.[32]

---

[28] *Si el tribunal de juicio [abreviado] rechaza el acuerdo de juicio abreviado, se procederá según las reglas del procedimiento común [...], remitiendose la causa al que le siga en turno.*

[29] Vgl. *D'Albora*, CPPN, B. II, Art. 431 bis, S. 970. Es ist sicherlich fraglich, ob das Scheiternlassen eines abgekürzten Verfahrens zwingend eine subjektive Richterbefangenheit nach sich ziehen muss. Der Beschluss könnte zwar Ausdruck davon sein, dass die Richter von einer insgesamt größeren Schuld des Angeklagten als der im Antrag festgestellten ausgehen, es könnte aber auch genau andersherum ein Ausdruck des Zweifels an der Täterschaft und Schuld des Angeklagten sein. Da die (wahren) Ablehnungsgründe aber nicht immer ergründbar sind, ist eine obligatorische Verweisregelung die stabilere Lösung.

[30] Vgl. Kapitel V.3.b).

[31] *Contra la sentencia será admisible el recurso de casación según las disposiciones comunes.*

[32] *Cuando hubiera varios imputados en la causa, el juicio abreviado sólo podrá aplicarse si todos ellos prestan su conformidad.*

145

3. Anwendungshäufigkeit

Ein Blick auf Daten des *Ministerio Público*[33] zeigt, dass das abgekürzte Verfahren häufig Anwendung findet. So kommt man in der Jurisdiktion der Nationalen Gerichtsbarkeit in der Bundeshauptstadt[34] im Jahr 2007 auf eine Erledigungsrate durch das *juicio abreviado* von 43,4 %, gemessen an der absoluten Zahl aller Verfahren, die das Stadium der Hauptverhandlung erreicht haben.[35] Im Jahr 2008 waren es 40,6 %[36] und im Jahr 2009 41,3 %.[37] Ähnlich sieht es im Bereich der Föderalen Gerichtsbarkeit der Bundeshauptstadt aus. Im Jahr 2007 lag die Erledigungsquote der Hauptverfahren durch Urteil im *juicio abreviado* bei 35,6%[38] und im Jahr 2008 bei 33,7%.[39] Das Panorama der Verfahrenserledigungen ist also durch das *juicio abreviado* sehr stark geprägt.

---

[33]   www.mpf.gov.ar/estadisticas/ im Oktober 2010.

[34]   Vgl. Kapitel V.1.e).

[35]   Von insgesamt 7340 Fällen, die das Hauptverfahrensstadium erreicht haben, wurden demnach 1045 im Normalverfahren abgeurteilt, 693 vorzeitig eingestellt (Art. 361 CPPN), 411 wegen Unzuständigkeit abgewiesen, 2001 gegen Auflagen eingestellt (sogenannte *suspensión del juicio a prueba*; vgl. Kapitel XVI) und 3190 durch Urteil im abgekürzten Verfahren erledigt.

[36]   Von insgesamt 6953 Fällen, die das Hauptverfahrensstadium erreicht haben, wurden demnach 865 im Normalverfahren abgeurteilt, 688 vorzeitig eingestellt (Art. 361 CPPN), 649 wegen Unzuständigkeit abgewiesen, 1924 gegen Auflagen eingestellt (s.o.) und 2827 durch Urteil im abgekürzten Verfahren erledigt.

[37]   Die Zahlen aus dem Jahr 2009 waren zum Berichtszeitraum noch unvollständig, sind aber in der Relation untereinander aussagekräftig. Von insgesamt 5712 Fällen, die das Hauptverfahrensstadium erreicht haben, wurden demnach 782 im Normalverfahren abgeurteilt, 635 vorzeitig eingestellt (Art. 361 CPPN), 368 wegen Unzuständigkeit abgewiesen, 1564 gegen Auflagen eingestellt (s.o.) und 2363 durch Urteil im abgekürzten Verfahren erledigt.

[38]   Von insgesamt 685 Fällen, die das Hauptverfahrensstadium erreicht haben, wurden demnach 94 im Normalverfahren abgeurteilt, 65 vorzeitig eingestellt (Art. 361 CPPN), 27 wegen Unzuständigkeit abgewiesen, 255 gegen Auflagen eingestellt (s.o.) und 244 durch Urteil im abgekürzten Verfahren erledigt.

[39]   Von insgesamt 439 Fällen, die das Hauptverfahrensstadium erreicht haben, wurden demnach 39 im Normalverfahren abgeurteilt, 38 vorzeitig eingestellt (Art. 361 CPPN), 41 wegen Unzuständigkeit abgewiesen, 173 gegen Auflagen eingestellt (s.o.) und 148 durch Urteil im abgekürzten Verfahren erledigt. *Maier* in: Maier/Bovino, Procedimiento abreviado, S. II, spricht von gerüchteweise annähernd 70 %, zieht als Vergleichsgruppe aber die Anzahl der Verurteilungen heran. Gemessen daran, zieht man also die Erledigungen durch Verweisung oder vorzeitige Einstellung mit oder ohne Auflagen ab, kommt man sogar auf eine Verurteilungsquote im abgekürzten Verfahren von über 80 % der oben genannten Daten. *Bruzzone* in: Maier/Bovino, Procedimiento abreviado, S. 191 nennt die Zahl 55 %, allerdings ohne weitere Nachweise.

4. Ratio legis

Das abgekürzte Verfahren ist aus verfahrensökonomischen Gründen eingeführt worden. Es soll in erster Linie die argentinische Strafjustiz entlasten.[40] Der Abgeordnete CAFFERATA NORES, Autor des Änderungsgesetzes 24.825 (s.o.), nennt in der Parlamentsdebatte die wesentlichen Vorteile dieser für den CPPN neuen Verfahrensart. Danach soll „(1) eine rationellere Verteilung der Rechtsmittelressourcen erlangt werden, (2) es zu [mehr] Strafurteilen kommen, in einem Rechtssystem, in dem es mehr Gefangene ohne Strafe gibt als Strafgefangene, (3) das Strafverfahren beschleunigt [bzw. vereinfacht] werden, (4) die Kosten des Strafverfahrens deutlich herabgesetzt werden, (5) die Hauptverhandlungsgerichte entlastet werden, die an Fällen übersättigt sind und (6) es wird das Interesse des Angeklagten berücksichtigt, der durch sein Einverständnis eine Reduzierung der Strafe innerhalb des Strafrahmens erreichen kann."[41]

5. Kritik

Die Kritik am *juicio abreviado* durch die argentinische Wissenschaft bewegt sich im Gleichklang mit der hiesigen Kritik an Unterwerfungsverfahren und summarischen Verfahrenserledigungen in unserem instruktorischen Verfahren allgemein und mit der Kritik an Verfahrensabsprachen und Strafbefehlsverfahren im Speziellen.[42]

---

[40] Vgl. *Amadeo/Palazzi*, CPPN, Art. 431 bis, S. 692; ebenso *Guzmán* in: Maier/Bovino, Procedimiento abreviado, S. 287.

[41] *Cámara de Diputados* (Abgeordentenkammer), O.D. (*Orden del Día*, Tagesordnungspunkt) Nr. 561, vom 23.10.1996; zitiert aus dem abweichenden Votum des Richters *Niño*, TOC Nr. 20, Fall Nr. 454 „Wasylyszyn", vom 23.09.1997, in CDJP 1998, Nr. 8-A, S. 628; ebenso bei *Bigliani* in: Maier/Bovino, Procedimiento abreviado, S.170. Siehe auch *Cafferata Nores*, Cuestiones actuales, S. 150 f. m.w.N.

[42] Mit *Schünemann*, CDJP 1998, Nr. 8-A, S. 417 ff., berichtet der wohl größte deutsche Kritiker der summarischen Erledigungsformen der argentinischen Wissenschaft vom problematischen Siegeszug der anglo-amerikanisch geprägten Verfahrensweisen und läutete damit die erste große Runde von kritischen Veröffentlichungen zum *juicio abreviado* in derselben Zeitschrift ein, kurz nach Inkrafttreten der neuen besonderen Verfahrensart.

a) Juicio abreviado und juicio previo

Die Diskussion um das *juicio abreviado* setzt in Argentinien bereits an der In-Frage-Stellung eines mündlichen, öffentlichen und kontradiktorischen Verfahrens an, welches noch keine Selbstverständlichkeit geworden zu sein scheint. Faktisch stellt das abgekürzte Verfahren ein geheimes und schriftliches Verfahren dar, weil es als Beweisgrundlage die vom Einverständnis gedeckten Ermittlungsergebnisse verwertbar macht (Art. 431 bis Nr. 5 CPPN) und diese „Vorverfahrensbeweise" eben nicht in mündlicher, öffentlicher oder kontradiktorischer Weise erhoben worden sein müssen. Wer also die besonderen Verfassungsgarantien eines mündlichen, öffentlichen und kontradiktorischen Verfahrens bereits verneint (in Abgrenzung zum geheimen und schriftlichen Verfahren), derjenige kommt auch nicht zu dem Schluss, dass durch das abgekürzte Verfahren auf verfassungsmäßig verbürgte Garantien verzichtet wird. Deshalb beginnt die Diskussion um die Rechtsstaatlichkeit eines so gestalteten abgekürzten Verfahrens bereits mit der Frage, ob das moderne mündliche und öffentliche Verfahren nicht nur das einfache Recht des CPPN erreicht hat, sondern seit der Prozessrechtsänderung das öffentliche und mündliche Hauptverfahren nunmehr Verfassungsrang genießt.

Für eine konservative Strömung[43] enthält Art. 18 CN für ein Strafverfahren nur die Mindeststandards von Anklage, Verteidigung, Beweis und Urteil.[44] Somit wäre die öffentliche und mündliche Hauptverhandlung nur einfachrechtlich im CPPN verbürgt und könne dementsprechend auch einfachrechtlich modalisiert oder (in Teilen) ganz aufgehoben werden. Ein Eingriff in grundrechtsgleiche Rechte des Beschuldigten liege demnach in der Verweigerung des Staates, ein öffentliches und mündliches Verfahren zur Urteilsfindung durchzuführen, nicht vor. Die Verfassungsvoraussetzungen eines Strafverfahrens seien nach dieser Ansicht also auch durch das abgekürzte Verfahren bereits erfüllt: Es gibt eine Anklageschrift und eine von der Richterschaft abgetrennte Anklagebehörde, die Verteidigung wird durch

---

[43] Konservativ im Sinne von dem alten Verfahrenstypus anhaftend; so *Woischnik*, Untersuchungsrichter, S. 77.

[44] Vgl. *Bruzzone*, CDJP 1998, Nr. 8-A, S. 584; *Rodríguez* in: Plazas/Hazan, Garantías constitucionales, S. 397, m.w.N. und Rspr. Mit Nachweisen zur Mindermeinung siehe auch *Córdoba*, S. 234, Fn. 11, *Díaz Cantón*, S. 255 ff., beide in: Maier/Bovino, Procedimiento abreviado.

den freien Entschluss zum Einverständnis und der Bestellung eines rechtskundigen Verteidigers gewährt, die Beweisfindung wird auf das Vorverfahren erstreckt und es wird ein – auf dieser Beweisgrundlage und durch Rechtsmittel angreifbares – Urteil gesprochen.[45]

Für die herrschende Lehre gehen die rechtsstaatlichen Garantien des Art. 18 CN weiter. Strafrechtliche Verurteilung darf demnach prinzipiell nur auf Grund eines Urteils erfolgen, welches neben den oben bereits genannten Komponenten der Anklage, Verteidigung, Beweis und Urteil, in mündlicher, öffentlicher und kontradiktorischer Verfahrensweise zu Stande kam.[46] Ein wichtiges Argument hierfür wird in Art. 118 CN gesehen, der vorgibt, den Geschworenenprozess in Argentinien zu etablieren.[47] Aus der Natur des Geschworenenprozesses folge zwingend die mündliche, öffentliche und kontradiktorische Verhandlung, da man historisch kein nicht-öffentliches und nicht-mündliches Geschworenenverfahren kenne.[48] Darüber hinaus wird auf das Rechtsstaatsprinzip verwiesen und auf die internationalen Konventionen von Verfassungsrang,[49] die ebenfalls Prozessgrundrechte enthalten.

In Argentinien bewirkt sicherlich die geringe zeitliche Distanz zum ehemals geheimen und schriftlichen Strafverfahren, dass diese Diskussion (noch) geführt wird. Es findet nach wie vor eine ausgeprägte Auseinandersetzung mit den Unterschieden des alten geheimen und schriftlichen Strafprozesses gegenüber dem neuen System statt. Es ist aber eindeutig herrschende Meinung, den Verfahrensgarantien der Mündlichkeit und Öffentlichkeit über die Generalklausel des *juicio previo* in Art. 18 CN Verfassungsrang zu bescheinigen. Dies führt dazu, dass es für die Kritik am *juicio abreviado*, (demnächst) nicht mehr notwendig zu sein scheint zu erwähnen, dass in dieser besonderen Verfahrensart verfassungsmäßig verbürgte Rechte ver-

---

[45] Vgl. *Cafferata Nores*, Cuestiones actuales, 1997, S. 84.
[46] Vgl. *Maier*, DPP, B. I, S. 653 ff.; *Córdoba* in: Maier/Bovino, Procedimiento abreviado, S. 233 f. m.w.N.
[47] Tatsächlich wurde diese klare Verfassungsvorgabe bis heute nicht umgesetzt. Siehe hierzu Kapitel IV.2. Anm. 8.
[48] So *Maier*, DPP, B. I, S. 654.
[49] Allen voran Art. 8 Absatz 5 AMRK und Art. XXVI der Amerikanischen Erklärung der Rechte und Pflichten der Menschen (*Declaración Americana de los Derechos y Deberes del Hombre*). Zum Verhältnis beider völkerrechtlicher Verträge zueinander und weiteren Informationen siehe *Llobet Rodríguez*, Unschuldsvermutung, S. 35, insb. Fn. 57.

kürzt werden und nicht nur vorwiegend politisch manifestiertes einfaches Prozessrecht umgesetzt wird.

Das abgekürzte Verfahren tritt daher mit dem Grundsatz *nullum crimen sine processu* (Art. 18 CN; *juicio previo*) in Widerstreit, weil der verfassungsrechtlich vorgesehene Prozess nicht gewährleistet wird. Einige Autoren kommen sogar zu dem Schluss, dass der durch das abgekürzte Verfahren bewirkte Eingriff in diese Verfahrensgarantie, verfassungsmäßig nicht zu rechtfertigen sei, und lehnen in dieser Konsequenz die Verfassungskonformität des *juicio abreviado* insgesamt ab.[50]

b) Disposition der Verfassungsgarantien und Verfahrensöffentlichkeit

Stellt das abgekürzte Verfahren einen Teilverzicht auf Verfassungsgarantien dar, so ist im nächsten Schritt zu klären, inwieweit der Beschuldigte über diese Garantien frei disponieren darf. Die argentinische Kritik stellt die konkrete Frage, ob der Beschuldigte auf seine ihn schützenden Verfassungs- und Verfahrensrechte ohne Weiteres verzichten kann, wenn es ihm, aus welcher Motivation auch immer, vorteilhaft erscheint.[51] Die argentinische Literatur sieht an dieser Stelle das Spannungsfeld zwischen der Gefahr staatlicher Bevormundung des Beschuldigten einerseits und dem Anspruch der staatlichen Gemeinschaft andererseits, die Bestrafung nur auf ein geordnetes und rechtsstaatliches Verfahren zurückführen zu dürfen.[52] Nicht jede Garantie sei im gleichen Maße nur ein Recht, das dem Beschuldigten zustehe. Vielmehr seien die Rechte des Beschuldigten und das Interesse der Öffentlichkeit an der tatsächlichen Durchführung des rechtsstaatlichen Strafverfahrens in Einklang zu bringen. Es sei daher zu kurzsichtig, die Funktion des Strafverfahrens auf eine reine Strafdurchsetzung zu reduzieren und dies dem Beschuldigten im Bedarfsfall zur Disposition zu stellen, wenn die Öffentlichkeit ebenfalls ein Interesse an der Ermittlung der materiellen Wahrheit bekundet. Aus diesem Umstand seien

---

[50] So *Schiffrin*, CDJP 1998, Nr. 8-A, S. 486 ff., ablehnend für schwerere Delikte *Córdoba* in: Maier/Bovino, Procedimiento abreviado, S. 248; krit. ebenso *Zaffaroni* in: Styma/Zaffaroni, StGB Argentinien, S. 10.

[51] Bejahend *Olszaniecki*, Revista procesal penal, Nr. 39 (2005), S. 35 ff. (Verweis aus *D'Albora*, CPPN, B. II, vor Art. 431 bis, S. 960).

[52] Vgl. *Córdoba* in: Maier/Bovino, Procedimiento abreviado, S. 239; *Schiffrin*, CDJP 1998, Nr. 8-A, S. 488.

die Verfahrensgarantien keinesfalls nur reine Abwehrrechte des Beschuldigten, sondern sichern auch das Gerechtigkeitsgefühl der Rechtsgemeinschaft. Daraus folge, dass ein Beschuldigter nicht nach Belieben auf Verfahrensgarantien verzichten könne. *Juicio previo* bedeute daher eine zwingende, auch nicht unbedingt durch den Beschuldigten zu beeinflussende Verfahrensweise.[53]

c) Juicio abreviado vs. Wahrheitsermittlungsgrundsatz

Das abgekürzte Verfahren ist ein Konsensualverfahren. Die Ergebnisse des abgekürzten Verfahrens können deshalb freilich andere sein, als die eines fiktiven Hauptverfahrens im gleichen Fall. Der Konsens mag eine Nicht-Wahrheit im absolutorischen Sinne, sprich eine Lüge ins Leben rufen. Die argentinische Kritik gibt daher zu bedenken, dass auf diese Weise Urteile über nicht existente Straftaten erzielt werden könnten.[54]

Die Maxime der formellen Wahrheit, wie sie im Zivilverfahren angewandt wird, soll die Unabhängigkeit des Richters schützen. Indem sich das Entscheidungsorgan in die Beweisfindung nicht einmischt, wird nach dieser Ansicht garantiert, dass er der einen oder der anderen Partei nicht bereits durch die Beweisauswahl favorisierend gegenüberstehe.[55] Es sei deshalb nicht die Absicht, dadurch unterschiedliche Sachverhaltsfeststellungen zu erzielen, auch wenn dies die terminologische Unterscheidung von formeller und materieller Wahrheit nahe lege, als vielmehr die Bezeichnung zweier unterschiedlicher Wahrheitsfindungswege,[56] so dass treffender die Bezeichnung formelle und materielle Wahrheitsfindung wäre.

Das abgekürzte Verfahren zielt auf einen Konsens ab. Es ist daher zu trennen vom Fall des Normalverfahrens mit einem geständigen Angeklagten in der Hauptverhandlung, wo dieser trotz Geständnis immer noch alle Prozessgarantien genießt, somit auch den Grundsatz der materiellen Wahrheitsfindung.[57] Mit anderen Worten

---

[53] Vgl. *Córdoba*, S. 235 ff., *Díaz Cantón*, S. 264 f., beide in: Maier/Bovino, Procedimiento abreviado.
[54] Vgl. *Guzmán* in: Maier/Bovino, Procedimiento abreviado, S. 283.
[55] Vgl. *Guzmán* in: Maier/Bovino, Procedimiento abreviado, S. 279.
[56] So *Maier*, DPP, B. I, S. 849.
[57] Vgl. *Binder*, Introducción, S. 274 f.

ist anders als beim *juicio abreviado*, dessen Verurteilungsgrundlage sich aus dem Einverständnis des Angeklagten speist, in der Hauptverhandlung das Geständnis (nur) Beweismittel, das frei gewürdigt wird und den Kriterien des Grundsatzes *in dubio pro reo* folgen muss.

Die Erklärung des Beschuldigten im abgekürzten Verfahren ist dagegen streng genommen kein Geständnis, sondern, wie der Wortlaut *conformidad* besagt, ein Einverständnis. Sie ist, wie das *guilty plea*, eine eigenständige Prozesshandlung und bewegt sich außerhalb der Beweislehren. Als „Beweis" (*prueba*) werden gemäß Art. 431 bis Nr. 5 CPPN vielmehr die im Ermittlungsverfahren erlangten Erkenntnisse herangezogen.[58] Nach D'ALBORA[59] sei demnach der Wahrheitsermittlungsgrundsatz auch kaum betroffen. Denn nicht das Geständnis des Angeklagten werde zur Grundlage der Verurteilung gemacht, sondern die im Ermittlungsverfahren erlangten Erkenntnisse würden durch das Einverständnis zum Beweis erhoben. Ein Richter oder Gericht dürfe daher nicht die Ermittlungsergebnisse ungeprüft lassen und bereits aus dem Antrag der Staatsanwaltschaft und dem Einverständnis automatisch verurteilen.[60] Doch gleichzeitig macht D'ALBORA die Einschränkung, dass dies in der Praxis durchaus vorkommen mag, dass das Einverständnis faktisch als Verurteilungsgrundlage herangezogen werde und die koexistierenden „Vorverfahrensbeweise" angesichts der Schuldüberzeugungswirkung des Einverständnisses verblassen.[61] Auch andere Autoren weisen zu Recht darauf hin, dass die Unterscheidung zwischen Geständnis und Eingeständnis reiner Formalismus sei.[62]

---

[58] Vgl. *Guzmán* in: Maier/Bovino, Procedimiento abreviado, S. 287 f.

[59] *D'Albora*, CDJP 1998, Nr. 8-A, S. 462; *ders.*, CPPN, B. II, vor Art. 431 bis, S. 953.

[60] Siehe hierzu *Guzmán* in: Maier/Bovino, Procedimiento abreviado, S. 296, Fn. 31.

[61] *D'Albora*, CDJP 1998, Nr. 8-A, S. 462; *ders.*, CPPN, B. II, vor Art. 431 bis, S. 953.

[62] Bspw. *Córdoba*, S. 242, Fn. 27 m.w.N., siehe auch *Tedesco*, S. 311, beide in: Maier/Bovino, Procedimiento abreviado. Zur Verabschiedung von der Wahrheitsfindungspflicht in Deutschland und der Schaffung des Formalgeständnisses im neuen Verständigungsgesetz und der Verfahrenswirklichkeit siehe *Fezer*, NStZ 2010, S. 177.

d) Juicio abreviado vs. nemo tenetur und faires Verfahren

Nicht von der Hand zu weisen ist zudem eine Beeinträchtigung des Grundsatzes *nemo tenetur* (geregelt in Art. 18 Satz 2 CN[63] und Art. 8 Nr. 2 lit. g AMRK[64]) im Speziellen und des fairen Verfahrens (Art. 8 AMRK) im Allgemeinen.

Zu kurzsichtig sei die Argumentation, der Angeklagte werde zum Einverständnis nicht gezwungen, sondern sei nach wie vor frei in der Entscheidung, das Verfahren in ein Normalverfahren überzuleiten.[65] Offiziell spricht Art. 431 bis CPPN nicht von einem Strafnachlass beim abgekürzten Verfahren. Jedoch machen die Gesetzesmaterialien keinen Hehl daraus, dass gerade hier der Anreiz zur Akzeptanz des Strafantrags auf Seiten des Beschuldigten liegt. Der Abgeordnete CAFFERATA NORES, Befürworter und Gestalter des Änderungsgesetzes, zeigt dies selbst, denn er fordert für den Fall des Einverständnisses einen Strafnachlass (s.o. *ratio legis*).[66] Zusammen mit der Bindung des Gerichts an die beantragte Strafobergrenze (Art. 431 bis Nr. 5 CPPN) und der Möglichkeit zur *reformatio in peius* (Art. 431 bis Nr. 4 CPPN) werde die Freiwilligkeit des Einverständnisses fraglich,[67] vor allem bei einer zu großen Sanktionsschere. Ebenso wäre es reiner Formalismus darauf zu verweisen, dass beim abgekürzten Verfahren kein Geständnis, sondern ein außerhalb der Beweislehre stehendes Einverständnis erlangt würde (s.o.). Zusammen mit eingesetzten Zwangsmitteln – als Druckmittel –, allen voran der Untersuchungshaft, verkehrt sich der Sinn des Einverständnisses zu einem Geständnis. Soll das Einverständnis nur die Bestätigung der Verwertbarkeit der im Vorverfahren erlangten Beweismittel herbeiführen, also Grundlage der Schuldfrage die „Vorverfahrensbeweise" bleiben, läuft das Verfahren mit dem ausdrücklichen Ziel des Versprechens eines Vorteils Gefahr, zum Geständniserlangungsverfahren zu werden und dieses Geständnis als faktische Urteilsgrundlage heranzuziehen.[68]

---

[63] *Nadie puede ser obligado a declarar contra sí mismo; [...].*
[64] *[...] derecho a no ser obligado a declarar contra sí mismo ni a declararse culpable [...]. [...]the right not to be compelled to be a witness against himself or to plead guilty [...].*
[65] So *Córdoba* in: Maier/Bovino, Procedimiento abreviado, S. 242 ff.
[66] *Cafferata Nores,* Cuestiones actuales, 1997, S. 79.
[67] Hierzu *Bovino*, S. 79 f.; *Córdoba*, S. 242 ff., beide in: Maier/Bovino, Procedimiento abreviado.
[68] „Formalgeständnis", so *Fezer*, NStZ 2010, S. 183.

Folglich wird auch das Gebot des fairen Verfahrens in Frage gestellt. Denn ein Einverständnis in einer faktischen Zwangslage für den Beschuldigten entbehre der Waffengleichheit mit der Anklage.[69] Bietet das abgekürzte Verfahren die Gelegenheit, die Verfahrensgarantien einzuschränken, weil man sich darauf beruft, dass dieses Verfahren umgangen werden kann, dann ist das abgekürzte Verfahren ein Druckmittel, um den Beschuldigten zum Verzicht auf seine Verfahrensgarantien zu bewegen. Er wird damit zum reinen Objekt der Untersuchung degradiert.

Außerdem wird kritisiert, dass ein rechtsstaatlich defizitäres summarisches Verfahren bis in einen sehr hohen Strafbereich angewandt werde. Sechs Jahre Freiheitsstrafe als das maximale Strafmaß seien für das abgekürzte Verfahren zu hoch.[70] Hierbei ist zu beachten, dass es sich bei der im abgekürzten Verfahren vorgeschlagenen Strafobergrenze bereits um die rabattierte Strafzumessung handelt. Ohne das honorierte Entgegenkommen wäre die Tat tendenziell mit noch höherer Strafe zu belegen. Eine Beschränkung des abgekürzten Verfahrens auf weniger schwere Fälle würde viel von dem Zwang zur Akzeptanz des Strafvorschlags nehmen, der auf dem Beschuldigten lastet, denn er müsste nicht so hoch „pokern".[71] Es ist zu erwarten, dass mit zunehmender Deliktsschwere die Sanktionsschere zwischen angebotener und drohender Strafe in Relation zum Tatvorwurf zunimmt.[72]

---

[69] Vgl. *Córdoba* in: Maier/Bovino, Procedimiento abreviado, 248.
[70] So *Schiffrin*, CDJP 1998, Nr. 8-A, S. 485 ff.; ebenso *Córdoba* in: Maier/Bovino, Procedimiento abreviado, S. 248 f. Zwar sind die Strafrahmen der jeweiligen Tatbestände des CP gegenüber dem dStGB tendenziell höher anzusiedeln, doch ist der Anwendungsbereich des abgekürzten Verfahrens auch unter Berücksichtigung dieses Agios deutlich über dem Maße des deutschen Strafbefehlverfahrens (gemäß § 407 Absatz 2 Satz 2 dStPO ist maximal ein Jahr Freiheitsstrafe, ausgesetzt zur Bewährung). Während also das deutsche summarische Verfahren aus Gründen seiner rechtsstaatlichen Defizite auf den Bereich der leichten Kriminalität beschränkt bleibt, wird das argentinische abgekürzte Verfahren, trotz seiner rechtsstaatlichen Defizite, bis in einen Bereich der mittleren und schweren Kriminalität angewandt. In Deutschland freilich haben sich (wegen der starken Beschränkung), die die gleichen Defizite mit sich bringenden Verfahrensabsprachen etabliert, weshalb sich der durch die Anwendungsbeschränkung von Unterwerfungsverfahren vorgesehene Schutz (vorerst richterrechtlich und nunmehr) einfachrechtlich relativiert hat.
[71] Diese Forderung stellt auch *Córdoba* in: Maier/Bovino, Procedimiento abreviado, S. 248.
[72] Zum Beispiel: Angenommen man räumt für das Einverständnis einen generellen Strafrabatt von 25 % ein, dann wäre bei einer schuldangemessenen Freiheitsstrafe von einem Jahr die „Strafersparnis" drei Monate. Bei schuldangemessener Strafe von acht Jahren läge die Ersparnis bei zwei Jahren, womit man auf die gerade noch mögliche Anwendbarkeit des abgekürzten Verfahrens von sechs Jahren Strafobergrenze käme. Im ersten Beispiel ist die drohende *reformatio in*

e) Juicio abreviado, Untersuchungshaft und Recht auf ein zügiges Verfahren

Als Gesetzesbegründung wurde ins Feld geführt, das abgekürzte Verfahren verkürze die Zeit des Verfahrens und stelle so einen Vorteil für den Angeklagten dar. Ähnlich ist das Argument der Planbarkeit des Ausgangs des Prozesses, sowohl für den Staat, als auch für den Beschuldigten, der dadurch früh und sicher Gewissheit über die gegen ihn verhängte Strafe erhalte. Auch im Zusammenhang mit der Untersuchungshaft werde der Vorteil besonders deutlich, da die Zeit unverurteilter Untersuchungshaft zügiger in die Strafhaft umgewandelt werde (s.o.).[73] Besonders letzteres Argument wird scharf kritisiert, weil es den Sinn des abgekürzten Verfahrens teilweise pervertiere. In erster Linie sollte es die Aufgabe des Staates sein, die Verfahrensdauer – besonders in den Fällen angeordneter Untersuchungshaft[74] – auch im Normalverfahren für den Beschuldigten erträglich zu gestalten. Als Argument könne nicht gelten, wenn der Staat offensichtlich dem Beschleunigungsgebot nicht nachkommen kann oder will, den Delinquenten dadurch zu vertrösten, ihm ein schnelleres Verfahren anzubieten, in dem er aber auf wichtige Verfahrensrechte verzichten muss. Dass der Staat für eine Situation, für die er selbst verantwortlich ist, die Verantwortung auf den Beschuldigten überträgt und als Lösung ein schnelleres Verfahren mit geringerer Strafzumessung, allerdings auch mit verringerten Verfahrensgarantien anbietet, sei nicht akzeptabel.[75] Dem Beschuldigten darf nicht vor dem Hintergrund einer drohenden unangemessen langen Hauptverfahrensdauer und einer ggf. gegen ihn verhängten Untersuchungshaft das abgekürzte Verfahren angeboten werden.

Erst wenn der Staat das Bestmögliche zur Erreichung eines zügigen Vor- und Hauptverfahrens getan hat und an die Grenzen des organisatorisch Machbaren

---

peius natürlich deutlich geringer als im letzen Fall. Der Entscheidungsdruck steigt also mit zunehmender Deliktsschwere.

[73] So *Cafferata Nores*, Cuestiones actuales, S. 150, zugleich Abgeordneter und Verfasser des Gesetzestextes (s.o.).

[74] Hinzu kommt die sehr extensiv angewandte Untersuchungshaftpraxis, was damit zusammenhängt, dass die Inhaftierung im CPPN als Regelfall und nicht als Ausnahme gestaltet ist (zu dieser Problematik eingehend *Woischnik*, Untersuchungsrichter, S. 254 ff., mit empirischen Daten belegt auf S. 239, Fn. 370).

[75] Vgl. *Córdoba* in: Maier/Bovino, Procedimiento abreviado, S. 240 f.

stößt,[76] scheint es angemessen, ein abgekürztes Verfahren als beschleunigte Alternative anzubieten. Aus Sicht des Beschleunigungsgebotes ist daher grundsätzlich gegen das abgekürzte Verfahren nichts einzuwenden; es ist im Gegenteil zu begrüßen. Doch hängt die Rechtsstaatlichkeit des Abkürzungseffekts unmittelbar von der Einhaltung des Rechts auf ein zügiges Normalverfahren und der restriktiven Handhabung der Untersuchungshaft ab. Die derzeitige Situation extensiver Verfahrensdauern[77] und extensiver Untersuchungshäftlingszahlen[78] lassen allerdings an der Erfüllung dieser Voraussetzungen im Bereich des argentinischen Bundesrechts zweifeln.[79]

f) Juicio abreviado und das Legalitätsprinzip

Prinzipiell wird der Legalitätsgrundsatz vom abgekürzten Verfahren nicht berührt, da dieses Verfahren nicht auf eine dem Opportunitätsprinzip folgende Einstellungsentscheidung abzielt, sondern vielmehr eine Verurteilung erreichen will.[80]

Letztlich kann der Konsens nur auf das Strafmaß gerichtet sein. Das Bestehen der Tat an sich und deren rechtliche Würdigung stehen außerhalb jeder Verhandlungsmaxime, sie richten sich nach objektiven Kriterien. Dies zeigt auch Art. 431 bis Nr. 3 CPPN, nach welchem das Gericht bei fehlender Tatsachenfeststellung oder abweichender rechtlicher Würdigung das Hauptverfahren betreiben muss.[81] Das Einverständnis ist daher feststellender Natur, ohne gestalterischen Charakter. Die Verfolgungsprämisse bleibt unberührt.

Dennoch hat die Anklagebehörde einen nicht unerheblichen Entscheidungsspielraum. Einmal kann die Staatsanwaltschaft entscheiden, ob sie das abgekürzte Verfahren überhaupt anwenden will („kann beantragen", s.o.)[82] und zudem ist sie be-

---

[76] Mit konkreten Verbesserungsvorschlägen *Córdoba* in: Maier/Bovino, Procedimiento abreviado, S. 241.
[77] Vgl. Kapitel I.1.a) insb. Anm. 29.
[78] Vgl. *Woischnik*, Untersuchungsrichter, S. 239.
[79] Vgl. *Córdoba* in: Maier/Bovino, Procedimiento abreviado, S. 241 f.
[80] Vgl. *D'Albora*, CPPN, B. II, vor Art. 431 bis, S. 953.
[81] Vgl. *Guzmán* in: Maier/Bovino, Procedimiento abreviado, S. 295.
[82] *[...] podrá solicitar [...]*.

fugt, das Einverständnis mit einem Strafrabatt zu honorieren.[83] Richtig ist daher das abgekürzte Verfahren im Bereich des *sentence bargaining* einzuordnen, wo Einverständnis gegen Strafmaßerlass gehandelt wird. Dagegen ist es kein Fall des *charge bargaining*, wo das Einverständnis gegen das Versprechen, bestimmte mitverwirklichte Straftaten nicht anzuklagen, eingetauscht wird.[84]

6. *Juicio abreviado im Vergleich mit der (gesetzlichen) Praxis der Verfahrensabsprachen in Deutschland und dem deutschen Strafbefehlsverfahren (zugleich Würdigung)*

a) *Juicio abreviado und Verfahrensabsprachen*

aa) *Eigene besondere Verfahrensart zur Ermittlung einer formellen Wahrheit*

Ein Vergleich des *juicio abreviado* mit der deutschen Verständigung im Strafverfahren, den sogenannten Prozessdeals, ist nur eingeschränkt möglich. Eingeschränkt deshalb, weil es sich bei den Verfahrensabsprachen des deutschen Strafprozesses um keine eigene institutionalisierte Verfahrensart handelt, die außerhalb der Regelungen des Normalverfahrens verläuft, wie es beim argentinischen abgekürzten Verfahren nach dem CPPN der Fall ist.[85] Das abgekürzte Verfahren sieht sich deshalb nicht dem bekannten deutschen Vorwurf ausgesetzt, es sei ein unter dem Deckmantel des Normalverfahrens getarntes Konsensualverfahren.[86] Der Öffentlichkeit und dem Beschuldigten wird das abgekürzte Verfahren als das rechtsstaatlich defizitäre Verfahren angeboten, das es tatsächlich ist. Es wird klargestellt,

---

[83] Allerdings muss sich dieser Rabatt noch in den Grenzen des Schuldprinzips bewegen (Art. 40, 41 CP); so *Rafecas*, CDJP 2001, Nr. 12, S. 453 f.

[84] Siehe *Córdoba*, S. 230; *Guzmán*, S. 295, beide in: Maier/Bovino, Procedimiento abreviado; *Bovino*, CDJP 1998, Nr. 8-A, S. 527 ff., speziell S. 531 f.

[85] Das *juicio abreviado* ist als ein besonderes Verfahren deklariert, was seine Einordnung bei den besonderen Verfahrensarten (*juicios especiales*) im dritten Buch zweiter Abschnitt des CPPN zeigt (*Navarro/Daray*, CPPN, Art. 431 bis, S. 1250; a.A. *Marchisio*, Juicio abreviado, S. 102). Allerdings handelt es sich beim abgekürzten Verfahren genau genommen um einen Verfahrensverzicht (so *Córdoba* in: Maier/Bovino, Procedimiento abreviado, S. 232).

[86] Vgl. *Roxin/Schünemann*, Strafverfahrensrecht, S. 95, Rn. 35 und S. 333, Rn. 64; „Vergleich im Gewande des Urteils", so BVerfG NStZ 1987, S. 419; *Fezer*, NStZ 2010, S. 181 f. Der nicht von der Hand zu weisende Vorwurf lautet, der Gesetzgeber habe bei der unlängst vorgenommenen tiefgreifenden Reglementierung der StPO die Eigenständigkeit der Verständigung als Konsensualverfahren zu kaschieren versucht.

dass das abgekürzte Verfahren auf die Beweiserhebung im öffentlichen und mündlichen Verfahren zur Gänze verzichtet. Der einhellige Vorwurf an der nunmehr durch das Gesetz zur Regelung der Verständigung im Strafverfahren vom 29.07.2009[87] geregelten langjährigen deutschen Absprachenpraxis[88] ist, dass dieses in § 257c Absatz 1 Satz 2 dStPO nur vordergründig den „fundamentalen und auch verfassungsrechtlich verankerten Grundsatz der Wahrheitsfindung" bewahre, während die absichtlich schwammige Gesetzesformulierung die tatsächliche Gerichtspraxis stillschweigend dulde, wo Gerichte tagtäglich das Geständnis zur zentralen und einzigen Verurteilungsgrundlage machen und auf die umfangreiche Beweiserhebung verzichten und dies honorieren.[89] Strukturell gesehen, dürften die Verfahrensabsprache und das abgekürzte Verfahren somit keine Gemeinsamkeiten haben. Die mehr oder weniger offene Intention des deutschen Gesetzgebers war es aber, im Rahmen des deutschen Normalverfahrens ein Konsensualverfahren zu etablieren, weshalb dem Gesetzgeber vorgeworfen wird, nur vordergründig am Wahrheitsermittlungsgrundsatz festzuhalten, während er sich tatsächlich hiervon bereits verabschiedet hat.[90] Das argentinische Recht hat somit mit dem abgekürzten Verfahren ein eigenständiges Konsensualverfahren bis zu einer Strafdrohung von sechs Jahren, das deutsche Recht mit der Verständigungspraxis faktisch auch.

bb) Keine weiteren Absprachen neben dem juicio abreviado

Das abgekürzte Verfahren ist das einzige angewandte Konsensualverfahren im argentinischen Bundesstrafprozess. Eine umfangreiche darüber hinausgehende Verständigungspraxis im Rahmen des Normalverfahrens – so wird berichtet – existiere nicht.[91] Wenngleich dies mit der Einschränkung gilt, dass es im Geheimen für den Einzelfall nicht ausgeschlossen werden könne,[92] findet sich keine einschlägige Rechtsprechung hierzu, geschweige denn eine gesetzliche Norm. Die nahe liegende

---

[87] BGBl. I, S. 2353 (Nr. 49); in Kraft getreten am 04.08.2009.
[88] So *Fezer*, NStZ 2010, S. 180.; Leitentscheidungen BGHSt 43, S. 195; 50, S. 40; Grundsatzentscheidung des BVerfG NStZ 1987, S. 419 = NJW 1987, S. 2662.
[89] Vgl. *Fezer*, NStZ 2010, S. 179 und 180 f.
[90] Präzisierend *Fezer*, NStZ 2010, S. 181; *Kreß*, ZStW 116, S. 184 f.
[91] So berichten übereinstimmend Prof. Dr. *Ignacio Tedesco* und Herr *Alberto Nanzer*, beide Universität von Buenos Aires; *Córdoba* in: Maier/Bovino, Procedimiento abreviado, S. 230, zieht als Pendant zum *juicio abreviado* explizit die deutsche Praxis der Verfahrensabsprachen heran.
[92] Hinweis von Prof. Dr. *Ignacio Tedesco*, Universität von Buenos Aires.

Erklärung ist der große Anwendungsbereich des *juicio abreviado* bis zu einer Strafobergrenze von sechs Jahren. Der Entlastungseffekt scheint dadurch ausreichend gegeben, so dass sich eine richterrechtliche ökonomische Alternativlösung bisher nicht etabliert hat. Zudem wird es mit zunehmend hoher Anwendungsobergrenze schwieriger sein, den Willen des Gesetzgebers nicht dahingehend zu deuten, dass er mit dieser die absolute „Schmerzgrenze" für die Durchführung solch rechtsstaatlich defizitärer Verfahrensweisen erreicht sieht.

Dies mag auch daran liegen, dass vor der Reform des Jahres 1992 der geheime, schriftliche und stark vorverfahrenslastige Prozess einer Absprachenpraxis nicht bedurfte. Seit der Umstellung auf das mündliche Hauptverfahren bis zur Schaffung des abgekürzten Verfahrens im Jahre 1997 vergingen nur fünf Jahre (s.o.). Diese Zeitspanne war wohl zu gering, als dass sich eine einheitliche und höchstrichterliche Parallelerledigungsform etablieren konnte. Verglichen mit der deutschen Nachkriegspraxis, die erst nach Dekaden der richterlichen Rechtsfortbildung den Weg ins Gesetz gefunden hat, nahm auf das argentinische Gesetzgebungsverfahren zur Kodifikation des abgekürzten Verfahrens keine Rechtspraxis Einfluss. Es kann allerdings vermutet werden, dass ohne die bundesgesetzgeberische Tätigkeit sich sehr bald eine richterliche Rechtsfortbildung Bahn gebrochen hätte, denn gänzlich ohne alternative Erledigungsformen, wäre der Kollaps des argentinischen Bundesstrafrechtssystems zu vermuten gewesen.

Neben dem abgekürzten Verfahren existiert also keine weitere konsensuale Erledigungsform des Strafverfahrens. Der große Anwendungsbereich des *juicio abreviado* macht dies auch überflüssig. Das abgekürzte Verfahren ist deswegen in seiner Bedeutung für den argentinischen Bundesstrafprozess mit den deutschen Verfahrensabsprachen gleichzusetzen.

cc) Anwendungsobergrenze

Ein Unterschied zwischen Verständigung im deutschen Strafprozess und dem *juicio abreviado* als eigene besondere Verfahrensart ist festzuhalten: Letzteres ist an eine Strafobergrenze gebunden. Während im deutschen Strafprozess mit zunehmender Tatschwere zwar die umfangreichere und sorgfältigere Beweisaufnahme

159

wieder zur Regel wird, gibt es keine gesetzlich zwingende Strafobergrenze. Der Richter kann im Einzelfall entscheiden, ob sich ein Verfahren für eine Verständigung eignet (§ 257c Absatz 1 Satz 1 dStPO).[93] Dies obliegt seinem Ermessen bzw. seiner Auslegung. In der Praxis mag sich freilich die Geeignetheitsprüfung hin zu einer Erträglichkeitsprüfung verschieben, denn es steht zu befürchten, dass die Verständigungspraxis sich mehr an der Akzeptanz der Prozessparteien an einer Verständigung orientiert, also mehr vom Abspracheresultat her argumentiert wird. Eine fixe Strafobergrenze hingegen ist für solchen „Ermessens- bzw. Subsumtionsfehlgebrauch" nicht anfällig.[94]

dd) Passive Rolle des Gerichts

Ein weiterer Unterschied ist in § 257c Absatz 1 dStPO verankert. In Deutschland ist es das Gericht, welches die Verständigung durchführt. Die Beteiligten sind auf Anregungen beschränkt.[95] Das deutsche Gericht ist also regelmäßig Initiator, während die Rolle des argentinischen Gerichts passiv bleibt, bis zum Zeitpunkt, an dem die Verständigung (das Einverständnis) bereits inhaltlich ausgehandelt wurde.[96] Dies mag einen großen Unterschied machen, denn dem Angebot des Entscheidungsorgans lässt sich meist eine gewisse Entscheidungstendenz entnehmen.[97] Das Gericht als Absprachepartner droht zum strukturellen Befangenheitsproblem zu

---

[93] Siehe *Fezer*, NStZ 2010, S. 181 f.

[94] Andersherum sieht sich eine fixe Anwendungsobergrenze, wie etwa im deutschen Strafbefehlsverfahren, dem Vorwurf ausgesetzt, die Verantwortlichen versuchten die festzusetzende Strafe absichtlich zu „drücken", damit das unaufwändigere Verfahren noch anwendbar sei und verletzten damit das Schuldprinzip.

[95] Vgl. *Fezer*, NStZ 2010, S. 181; BT-Drs. 16/12310, S. 13.

[96] Zu dieser passiven Rolle der Richter und der faktischen Rechtssprechungsbefugnis der Staatsanwaltschaft siehe *Rafecas*, CDJP 2001, Nr. 12, S. 444 f.

[97] Gerne wird die Verfahrensabsprache mit dem zivilrechtlichen Prozessvergleich verglichen/gleichgesetzt (z.B. *Fezer*, NStZ 2010, S. 184.). Es mag niemand bestreiten, dass in diesen Fällen ein Richter, ohne sich im deutschen Gerichtsalltag zu sehr in die Nähe der Befangenheit zu bringen, zur schnelleren Übereinkunft, seine im Konjunktiv verpackte Rechtsauffassung kundtut, so dass die Parteien ihre Chancen frühzeitig ausloten können und den Prozessvergleich gemäß dieser „Quote" aushandeln können. Übertragen auf den Strafprozess heißt das, je stärker ein Richter die Verfahrensabsprache durch die Kundgabe seiner bisherigen Rechtsauffassung forciert, desto stärker wird die (zwangsweise) Akzeptanz eines von ihm angebotenen Prozessdeals sein. Der Richter wird sich deshalb stets auf dem schmalen Grat zwischen Befangenheitsvorwurf und noch zulässiger Beweisantizipation bewegen. Zur Beweisantizipation bei der Absprache *Fischer* in: KK-StPO, § 244, Rn. 30.

werden.[98] Die Umkehrung der Absprachenreihenfolge könnte dies verhindern (siehe hierzu nachfolgend zur Chronologie des Strafbefehlsverfahrens).[99]

ee) Bindungswirkung der Absprache und Verwertbarkeit des Geständnisses

Einen klaren Vorteil hat das *juicio abreviado* aus Sicht des Beschuldigten gegenüber der bisherigen Praxis der deutschen Verfahrensabsprachen zu verzeichnen. Während der Deal bisher für deutsche Gerichte nicht bindend war, insbesondere der in Aussicht gestellte Strafnachlass für die Kooperation nicht gewährt werden musste, ist das im *juicio abreviado* beantragte Strafmaß der Staatsanwaltschaft eine unüberschreitbare Obergrenze. Der Angeklagte kann sich risikolos auf diese Einigung einlassen, denn im Falle des Nicht-Einverstanden-Seins seitens des Gerichts, kann es erst nach der Hauptverhandlung mit all seinen Rechten für den Beschuldigten zur höheren Strafe kommen. In der Hauptverhandlung darf die ursprüngliche Kooperation, also das Einverständnis bzw. faktische Geständnis des Angeklagten, keine Verwendung mehr finden, während dies beim geplatzten Prozessdeal nicht gewährleistet wurde. Die Nichtverwertbarkeit des Geständnisses hat erst mit § 257c Absatz 4 Satz 3 dStPO seinen Weg in das neue Verständigungsgesetz gefunden, eine notwendige Kodifikation die im Gesetzgebungsverfahren keinesfalls als gesichert galt.[100] Das deutsche Recht hat sich insoweit an die argentinische Rechtslage angenähert.

---

[98] Als „Korrumpierung der Richterrolle" bezeichnet von *Schünemann*, ZRP 2009, S. 104. Siehe zum „Entscheidungsvorschlag" eines abgekürzten Verfahrens auch *Weigend*, ZStW 104, S. 506 ff., insb. S. 510.

[99] Diese „Trübung der Unbefangenheit" war für *Schünemann*, ZStW 119, S. 951 insb. Fn. 25, der Grund zum „Nachdenken über eine neue Strukturierung des Strafverfahrens einschließlich der Richterrolle" in vielen Ländern, zu denen er durch Verweis auf den „Art. 431" CPPN (gemeint ist wohl Art. 431 bis CPPN) auch Argentinien zählt. Einschränkend muss hierzu gesagt werden, dass die Kodifikation des abgekürzten Verfahrens nicht die Neustrukturierung oder das Umdenken eines in diesem Punkt bedenklichen Verfahrens war, sondern erst das Verfahren selbst erschaffen hat, welches bei einer zu starken Einbindung der Richter Befangenheitsbedenken ausgelöst hätte.

[100] Siehe *Meyer-Goßner*, ZRP 2009, S. 108.

ff) Rechtsmittelverzicht

Ein weiteres Vergleichskriterium sei genannt: Während Absprachegegenstand deutscher Prozesse häufig ein Rechtsmittelverzicht war, ist mit Art. 431 bis Nr. 6 CPPN klargestellt, dass gegen das Urteil im abgekürzten Verfahren die Rechtsmittel nach den normalen Voraussetzungen bestehen. Mit dem neuen § 302 Absatz 1 Satz 2 dStPO wurde auch hier – in letzter Minute[101] – nachgebessert. Die gesetzliche Regelung ist nun restriktiver als die ursprünglich entwickelte Gerichtspraxis, die den Rechtsmittelverzicht mit qualifizierter Belehrung als Absprachegegenstand duldete.[102]

b) Juicio abreviado und Strafbefehlsverfahren

Größere systematische Übereinstimmungen des *juicio abreviado* bestehen mit dem deutschen Strafbefehlsverfahren. Beide Konsensualverfahren möchten Erkenntnisse der Ermittlungen durch ein Einverständnis des Beschuldigten ausnahmsweise verwertbar machen. Wie das *juicio abreviado* zielt auch das Strafbefehlsverfahren auf die Einsparung der Hauptverhandlung ab.

aa) Anwendungsobergrenze

Der große Unterschied liegt freilich in dem ungleich größeren Anwendungsbereich des abgekürzten Verfahrens bis hinein in die schwere Kriminalität mit Strafandrohung von bis zu 6 Jahren, während im Strafbefehlsverfahren maximal einjährige Freiheitsstrafe mit Aussetzung zur Bewährung verhängt werden darf. Das abgekürzte Verfahren ist also von seiner Systematik her näher verwandt mit dem deutschen Strafbefehlsverfahren, in seiner praktischen Bedeutung aber darüber hinausgehend, weil sein Anwendungsbereich bis in den Anwendungsbereich der deutschen Verfahrensabsprachenpraxis hineinragt und darüber hinausgeht.

---

[101] Im ursprünglichen Gesetzesentwurf der Bundesregierung war der Rechtsmittelverzicht noch vorgesehen, BT-Drs. 16/12310, S. 6 und S. 15.
[102] BGH NJW 2005, S. 1440; siehe auch *Nistler*, JuS 2009, S. 918.

bb) Rechtliches Gehör

Ein weiterer Unterschied besteht darin, dass das abgekürzte Verfahren erst nach einem Treffen des/der Richter/s mit dem Angeklagten angewendet werden darf, einer Gelegenheit, bei der dem Angeklagten nochmals rechtliches Gehör gewährt werden muss (Art. 431 bis Nr. 3 Satz 1 CPPN). Einer richterlichen Anhörung bedarf es nach § 407 Absatz 3 dStPO dagegen ausdrücklich nicht. Auch wenn die obligatorische argentinische Anhörung nicht den Schutzgehalt einer kontradiktorischen und öffentlichen Hauptverhandlung ersetzen kann, trifft diese Konstruktion auf weniger Bedenken als die deutsche Rechtslage, welche auf ein Aufeinandertreffen des Angeklagten mit „seinem" Richter aus prozessökonomischen Gründen verzichtet und ihn auf die Möglichkeit des Einspruchs verweist oder als Anhörungspartner die Ermittlungsbehörde vorschlägt.[103] Die argentinische Rechtslage möchte dadurch dem Eindruck eines geheimen und schriftlichen Verfahrens entgegenwirken, wie unlängst nach dem CPMP (s.o.).

cc) Chronologie

Des Weiteren kann ein wichtiges Detail in der unterschiedlichen Chronologie von argentinischem abgekürzten Verfahren und deutschem Strafbefehlsverfahren von Bedeutung sein. Art. 431 bis Nr. 2 CPPN verlangt, dass für die richterliche Entscheidung das vorherige Einverständnis des Angeklagten in die Sachverhaltsfeststellung, die rechtliche Würdigung und die Strafobergrenze des staatsanwaltschaftlichen Vorschlags erforderlich ist. Nach deutschem Recht darf und kann der Angeklagte erst nach der Einigung zwischen Staatsanwaltschaft und Richter über rechtliche Würdigung und Strafmaß entscheiden, ob er sich dem Strafbefehlsverfahren unterwerfen möchte, oder nicht.[104] Dieser auf den ersten Blick kleine Unterschied hat jedoch für den Angeklagten Vor- und Nachteile, auf Grund folgender Überlegungen:

---

[103] Krit. angesichts Art. 103 Absatz 1 GG: *Eser*, JZ 1966, S. 660 ff.

[104] Zwischen Richter und Staatsanwaltschaft ist gemäß § 408 Absatz 3 Satz 1 und Satz 2 dStPO zum Erlass des Strafbefehls „völlige Übereinstimmung" erforderlich (*Roxin/Schünemann*, Strafverfahrensrecht, S. 491, Rn. 8).

Der Strafbefehlsrichter, *in persona* identisch mit dem erkennenden Richter in der späteren möglichen Hauptverhandlung, bringt gemäß § 408 Absatz 2 Satz 1 dStPO bei Erlass des Strafbefehls seine Überzeugung bis zum Grade des hinreichenden Tatverdachts zum Ausdruck.[105] Diese Entscheidung, so sagt es § 408 Absatz 2 Satz 2 dStPO selbst, hat die Wirkung des Eröffnungsbeschlusses. Sie trifft also auf die gleichen grundsätzlichen Befangenheitsbedenken, die bereits im Zusammenhang mit dem Zwischenverfahren erörtert wurden.[106] Doch im Strafbefehlsverfahren verschärfen sich diese Bedenken zusätzlich, denn der Richter stellt hier nicht nur den hinreichenden Tatverdacht fest, sondern zieht hieraus in größerem Maße als beim Eröffnungsbeschluss eine rechtliche Würdigung bis hin zur Festlegung des Strafmaßes. Das hat eine andere Qualität (Stichwort: Beweisantizipation). Hinzu kommt, dass der Angeklagte, anders als im Normalverfahren, in welchem er den Eröffnungsbeschluss als notwendigen Zwischenschritt bei einer Verfahrenseröffnung hinnehmen muss, nun angesichts dieser richterlichen Überprüfung vor eine Entscheidung gestellt wird. Dem Angeklagten wird die Entscheidung in einer Situation abverlangt, in der er die Wahl zur Annahme des Strafbefehls hat oder eine Hauptverhandlung mit einem erkennenden Richter veranlassen kann, welcher ihm gerade seine richterliche Überzeugung von seiner Schuld (des Angeklagten) nach Aktenlage offenbart hat.[107] Hinzu kommt die nicht selten zu beobachtende, nach der herrschenden Meinung zulässige und nicht restriktiv gehandhabte Richteräußerung in der Hauptverhandlung, dass er dem Strafbefehlsempfänger empfehle, den Einspruch gegen den Strafbefehl zurückzuziehen (§ 411 Absatz 3 Satz 1 dStPO); die unverhohlene Drohung mit der *reformatio in peius* (§ 411 Absatz 4 dStPO).[108] Dieses Dilemma für den Angeklagten könnte abgeschwächt werden, indem die richterliche Entscheidung über den Erlass des Strafbefehls einem anderen Richter als dem der Hauptverhandlung zugewiesen würde, wie es im argentinischen Recht nach gescheitertem Konsensualversuch gemäß Art. 431 bis Nr. 4 Absatz 1 CPPN vorgesehen ist (s.o.) und/oder man ändert die Reihenfolge und verlangt das Einverständnis des Angeklagten in eine Strafobergrenze vor der richterlichen Würdigung. Dies würde zwar in einigen Fällen zu einer Reduzierung der Anwendungshäufig-

---

[105] Vgl. *Meyer-Goßner*, StPO, § 408, Rn. 7.

[106] Inertia-Effekt, vgl. Kapitel XI.3.b) Anm. 51.

[107] Die deutsche h.M. sieht hierin kein Problem. Sie verlangt von einem erkennenden Richter die notwendige Erfahrung und Distanz. Bspw. OLG Hamm, GA 1958, S. 58.

[108] Zu den Grenzen OLG Stuttgart, StV 2007, S. 232; Anm. von *Esser*, StV 2007, S. 235.

keit des Strafbefehlsverfahrens führen, denn Staatsanwalt und Richter haben dadurch keine vorherige Einigungsmöglichkeit mehr.[109] Doch ist es gerade diese vorherige Einigungsmöglichkeit, die dem Strafbefehlsverfahren den fahlen Beigeschmack eines durch und durch inquisitorisch geprägten Verfahrens verleiht. Staatsanwaltschaft und Richter begeben sich hierdurch gemeinsam in die Urteilsfindung auf Grund eines (möglicherweise) geheimen und schriftlichen (Vor-)Verfahrens und scheinen aus Sicht des Angeklagten „gemeinsame Sache" zu machen. Der erkennende Richter begibt sich in die Nähe der Anklage. Hinzu käme bei einer Konstellation, in der der Angeklagte sein Einverständnis in eine Strafobergrenze noch vor der richterlichen Würdigung abgibt, dass er einer antizipierten Richtereinschätzung nicht widersprechen müsste. Er könnte aus Gründen der *reformatio in peius* gehemmt sein, der richterlichen Überzeugung entgegenzutreten, um keine Verärgerung des Spruchrichters über den verursachten Mehraufwand einer Hauptverhandlung zu erzeugen. Gibt der Beschuldigte sein Einverständnis nur in eine staatsanwaltliche Beurteilung ab, dürfte der richterliche Unmut nur gegenüber der Staatsanwaltschaft entstehen, die zu einer korrekten rechtlichen Würdigung und einem daraus abgeleiteten Straf(ober-)maß – aus Richtersicht – nicht imstande war, weshalb der Richter den Strafbefehlserlass ablehnen müsse und zwingend ins Hauptverfahren überzuleiten hätte.

Dagegen ist vorzubringen, dass faktisch Rechtsprechungsbefugnisse an die Staatsanwaltschaft übertragen würden,[110] denn es steht zu befürchten, dass der Richter die Auffassung der Ermittlungsbehörde nicht teilt, sondern nur hinnimmt bzw. für vertretbar hält und aus Motiven der Arbeitsüberlastung auf Ablehnung des Strafbefehlsantrags und die Hauptverhandlung verzichtet. Der Effekt, dass das Einverständnis von Staatsanwaltschaft und Richter die Qualität des Strafbefehls erhöhen soll,[111] würde also geschmälert.

Ein weiterer Nachteil der Vorverlagerung des Einverständnisses ist aus Art. 431 bis Nr. 4 Absatz 2 CPPN ersichtlich, eine Einschränkung, ohne die das deutsche Straf-

---

[109] Faktisch ist es sogar eine Einigungspflicht (s.o.).
[110] So zum *juicio abreviado* D'Albora, CPPN, B. II, vor Art. 431 bis, S. 953 f. m.w.N.; hierzu ebenfalls *Rafecas*, CDJP 2001, Nr. 12, S. 444 f.
[111] Vgl. *Roxin/Schünemann*, Strafverfahrensrecht, S. 491, Rn. 91.

befehlsverfahren zurechtkommt, weil die richterliche Würdigung bereits vor der Unterwerfungshandlung des Angeklagten stattfand. Die Rede ist vom Beweisverwertungsverbot für die durch das Einverständnis des Angeklagten faktische Geständniserlangung. Weil im deutschen Strafbefehlsverfahren das Einverständnis negativ als Einspruch formuliert ist, ist keine ausdrückliche Einverständnisäußerung notwendig. Zudem führt das Einverständnis (der Nicht-Einspruch) direkt zur Rechtskraft und Urteilswirkung des Strafbefehls (§ 410 Absatz 3 dStPO). Es kommt also nach dem Einverständnis des Angeklagten (üblicherweise)[112] zu keiner Hauptverhandlung mehr, was im argentinischen Bundesstrafverfahren keinesfalls ausgeschlossen ist. Der Nachteil soll zwar durch das Beweisverwertungsverbot und zudem durch den Wechsel des Spruchkörpers (siehe oben Art. 431 bis Nr. 4 Absatz 1 CPPN) aufgehoben werden, doch kann diese technische Vorschrift den bleibenden Eindruck eines (faktischen) Geständnisses nicht vollständig kompensieren.

dd) Aktive/Passive Rolle des Gerichts

Wie schon zu den Verfahrensabsprachen festgestellt, lässt sich auch im Vergleich des *juicio abreviado* mit dem Strafbefehlsverfahren eine deutlich aktivere Rolle des Gerichts in Deutschland beobachten. Das Gericht ist hierzulande Mitinitiator des Strafvorwurfs. Diese aktive Rolle ist mit Blick auf das „echte Dilemma"[113] der instruktorischen Verfahrensweise durch die Entscheidungseinbindung und Aktenkenntnis der Richter bedenklich. Indem das argentinische Recht dem Gericht im Rahmen des *juicio abreviado* nur die Reaktion, nicht aber die Aktion belässt, verliert der Vorwurf der „strukturellen Vorbefangenheit"[114] an Schärfe; mit anderen Worten: Die „Verfahrensbalance" ist besser „austariert".[115]

---

[112] Ausnahme wäre das Wiederaufnahmeverfahren (siehe *Meyer-Goßner*, StPO, § 410, Rn. 12).
[113] *Roxin/Schünemann*, Strafverfahrensrecht, S. 80, Rn. 7.
[114] *Roxin/Schünemann*, Strafverfahrensrecht, S. 8, Rn. 16, S. 80, Rn. 7, S. 103, Rn. 1.
[115] *Roxin/Schünemann*, Strafverfahrensrecht, S. 80, Rn. 7.

XV. Abgekürztes Verfahren (juicio abreviado)

c) Der Suspension entgegenstehendes öffentliches Interesse

Dem *juicio abreviado*, dem Strafbefehlsverfahren und den Verfahrensabsprachen ist gemein, dass durch diese auf die Hauptverhandlung ganz oder teilweise verzichtet wird. Bei den Verfahrensabsprachen in Deutschland wird dies meist dadurch erzielt, dass eine geständige Einlassung des Angeklagten eine weitergehende Beweisaufnahme überflüssig macht. An sich verfügbare Beweismittel werden so nicht mehr gehört bzw. gesichtet. Es liegt auf der Hand, dass so das *juicio abreviado*, der deutsche Strafbefehl und die Verfahrensabsprache die Öffentlichkeit der Hauptverhandlung tangieren. Denn neben der dem Angeklagten zu Gute kommenden Kontrollfunktion, dient diese „ganz überwiegend dem Informationsinteresse der Allgemeinheit".[116] Auch kann im Einzelfall die Durchführung einer Hauptverhandlung zu Präventionszwecken erforderlich sein.[117]

Deshalb sind bspw. im Rahmen des deutschen Strafbefehlserlasses mehrere Voraussetzungen zu prüfen: Die Staatsanwaltschaft stellt gemäß § 407 Absatz 1 Satz 2 dStPO einen Strafbefehlsantrag nur, wenn sie die Durchführung der Hauptverhandlung für nicht erforderlich erachtet. Diese Prognose wird auf Grund der Erkenntnisse des Vorverfahrens getroffen. Bereits hier muss die Staatsanwaltschaft abwägen, ob der konkrete Sachverhalt den Verzicht auf eine öffentliche und mündlich geführte Hauptverhandlung erlaubt. Sie muss hierbei sowohl den Tatverdacht prüfen, als auch das öffentliche Interesse an der Durchführung einer Hauptverhandlung berücksichtigen. Nach argentinischem Bundesrecht prüft gemäß Art. 431 bis Absatz 1 Satz 1 CPPN die Staatsanwaltschaft am Ende der Ermittlungen, ob sie die Erkenntnisse für ausreichend hält, um eine Freiheitsstrafe im Rahmen von sechs Jahren zu verhängen.[118] Ist dies der Fall, *kann* sie das abgekürzte Verfahren beantragen. Durch diese Formulierung kommt zwar klar die Prüfung des Tatverdachts zum Vorschein, dagegen wird die Notwendigkeit oder Erforderlichkeit einer Hauptverhandlung nicht explizit erwähnt. Allerdings hat die Staatsanwaltschaft nach Feststellung des hinreichenden Tatverdachts ein Ermessen (Kann-Vorschrift).

---

[116] *Meyer-Goßner*, StPO, § 169 GVG, Rn. 1.
[117] Hierzu *Metzger* in: KMR-StPO, § 408, Rn. 30 ff.
[118] *Si el ministerio fiscal, en la oportunidad prevista en el artículo 346, estimare suficiente la imposición de una pena privativa de libertad inferior a seis (6) años.*

Innerhalb dessen sollte sie die Beantragung des *juicio abreviado* ablehnen, wenn das vorliegende Verfahren sich trotz hinreichenden Tatverdachts und klarer Beweislage nicht zu einem Verzicht auf die Hauptverhandlung eignet.

Auf einer zweiten Stufe prüft auch das Gericht die Voraussetzungen. In Deutschland lehnt gemäß § 408 Absatz 2 Satz 1 dStPO der Richter den Erlass des Strafbefehls ab, wenn er den Angeschuldigten für nicht hinreichend verdächtig hält. Bejaht er hingegen den hinreichenden Tatverdacht wird er gemäß § 408 Absatz 3 Satz 1 dStPO dem Strafbefehl nur entsprechen, wenn dem Erlass keine (sonstigen) Bedenken entgegenstehen. Dagegen hat er gemäß § 408 Absatz 3 Satz 2 dStPO die Hauptverhandlung anzuberaumen, wenn es solche Bedenken gibt, oder seine rechtliche Würdigung des Falles von der der Staatsanwaltschaft abweicht oder ihm eine andere Rechtsfolge angebracht scheint. Diese Bedenken können nun gerade im Interesse der Öffentlichkeit am Strafverfahren liegen, etwa wenn die Hauptverhandlung wegen „der Bedeutung der Sache oder zur vollständigen Klärung auch der Nebenumstände" geboten erscheint.[119] Das argentinische Recht ist in diesem Punkt gemäß Art. 431 bis Nr. 3 Satz 2 CPPN ähnlich formuliert. „Wenn das Gericht den [Abkürzungs-]Antrag nicht ablehnt, mit der Notwendigkeit der besseren Kenntnis der Taten oder seiner begründeten Abweichung von der vorgeschlagenen rechtlichen Würdigung argumentierend, wird es einen Urteilsbeschluss fassen, [...]."[120] In dieser Formulierung ist die Prüfung des hinreichenden Tatverdachts klar erkennbar. Weniger deutlich ist, ob neben der Tatverdachtsprüfung auch das öffentliche Interesse am Strafprozess zu berücksichtigen ist oder ob das argentinische Gericht ebenfalls die Anwendung des abgekürzten Verfahrens ablehnen kann, weil es der Meinung ist, dass die Tat in einer Hauptverhandlung aufzuklären ist. Dies könnte vom Gericht im Rahmen der Prüfung der *necesidad de un mejor conocimiento de los hechos* berücksichtigt werden. Diese „Notwendigkeit einer besseren Kenntnis der Taten" wäre in diesem Fall nicht nur als eine bessere Kenntnis der Taten für die Strafverfolgungsbehörden zu verstehen (also Tatverdacht), sondern

---

[119] *Meyer-Goßner*, StPO, § 408, Rn. 12; siehe auch *Weßlau* in: SK-StPO, 3.A., § 408, Rn. 18; *Metzger* in: KMR-StPO, § 408, Rn. 33 und zu spezial- und generalpräventiven Ablehnungsgründen Rn. 30 ff.

[120] *Si el tribunal no rechaza la solicitud argumentando la necesidad de un mejor conocimiento de los hechos o su discrepancia fundada con la calificación legal admitida, llamará a autos para sentencia, [...].*

als eine umfassende Prüfung, die auch dem Bedürfnis der öffentlichen Aufarbeitung von Straftaten Rechnung trägt. Es wäre also zu empfehlen, unter die „Notwendigkeit einer besseren Kenntnis der Taten" nicht nur eine Tatverdachtsprüfung zu subsumieren, sondern auch die bessere Kenntnis, die durch die Hauptverhandlung für die Öffentlichkeit hergestellt wird.

Verglichen mit der Regelung zum deutschen Strafbefehl beinhaltet die argentinische Bundesstrafprozessordnung die Prüfung des öffentlichen Interesses an der Hauptverhandlung daher nicht mit deutlichen Worten. Soweit ersichtlich wird dies von der Literatur auch nicht gefordert.[121] Meist nimmt diese Bezug auf Gründe in der Beweislage. Dabei wäre es wichtig, dass Staatsanwaltschaft und/oder Richterschaft diese öffentlichen Belange bei der Prüfung zur Anwendung des *juicio abreviado* mit einbeziehen müssen. Nach der Gesetzesformulierung drängt sich diese Interpretation nicht auf. Sie ist aber möglich und notwendig, denn der Verzicht auf eine Hauptverhandlung kann trotz klarer Beweislage nur schwer begründbar sein, wenn öffentliche Belange an der Hauptverhandlung größeres Gewicht haben; prominente Fälle haben dies gezeigt.[122]

Wenn also der Verzicht auf die Hauptverhandlung nicht nur als ein zur Disposition des Beschuldigten stehendes Recht angesehen wird (s.o.), dann sollte dies im Rahmen der zur Verfügung stehenden Generalklauseln eingefordert werden. Nach der hier vertretenen Ansicht hätte daher die argentinische Staatsanwaltschaft im Rahmen ihrer Kann-Vorschrift und das Gericht im Rahmen der Prüfung der Notwendigkeit einer besseren Kenntnis der Taten den Verzicht auf die Hauptverhandlung stets kritisch zu hinterfragen und in restriktiver Weise dem Beschuldigten die Disposition hierüber zu verwehren.

---

[121] Siehe bspw. *D'Albora*, CPPN, B. II, Art. 431 bis, S. 967 f. mit einigen Ablehnungsgründen. Nach *Navarro/Daray*, CPPN, B. 2, Art. 431 bis, S. 1255 und *Palacio*, La Ley 1997-D, S. 588 f. sind die Ablehnungsgründe des Art. 431 bis Nr. 3 Satz 2 CPPN nicht abschließend; danach könnte das Gericht weitere Ablehnungsgründe des *juicio abreviado* geltend machen. Die dort beispielhaft aufgeführten Ablehnungsgründe führen aber nicht das öffentliche Interesse am Strafprozess mit auf.

[122] Zum Mannesmann-Prozess siehe *Götz*, NJW 2007, S. 420 ff.

Im Rahmen der Verfahrensabsprachen wird dagegen auch das deutsche Recht sehr vage.[123] Eine Verständigung im Strafverfahren kann nach dem neuen § 257c Absatz 1 Satz 1 dStPO nur in „geeigneten Fällen" durchgeführt werden. Bereits die den Verfahrensabsprachen vorausgehende Erörterung des Verfahrensstands kann in „geeigneten Fällen" stattfinden (§ 257b dStPO). Welche Fälle dagegen „ungeeignet" für eine Verfahrensabsprache sind, „ist nicht recht vorstellbar".[124] Wenn also dem konsensualen Strafbefehlsverfahren noch zu Gute gehalten werden konnte, dass eine Prüfung des öffentlichen Interesses innerhalb der Generalklausel „keine Bedenken" enthalten ist, dann muss man dies der konsensualen Schwester des Strafbefehls, der Verfahrensabsprache, absprechen. Dem (neuen) deutschen Recht ist deshalb vorzuwerfen, dass es die öffentlichen Belange am Strafprozess als Anwendungsbeschränkung der konsensualen Verfahrenserledigung nicht ausdrücklich genug im Gesetz verankert hat. Es sollte von dieser Geeignetheitsprüfung zu erwarten sein, dass sie sich im Subsumtionsgleichschritt mit den bekannten Generalklauseln des § 407 Absatz 1 Satz 2 dStPO („Hauptverhandlung für nicht erforderlich erachten") und des § 408 Absatz 3 Satz 1 dStPO („keine entgegenstehende Bedenken") bewegt. Andernfalls würde die öffentliche und mündliche Hauptverhandlung gänzlich zur Disposition der Verfahrensbeteiligten gestellt.

7. Fazit

Das *juicio abreviado* ist eine bedeutsame Neuregelung des CPPN. Die Anwendungshäufigkeit dieses Unterwerfungsverfahrens prägt den Bundesstrafgerichtsalltag stark. Dies liegt am großen ökonomischen Effekt des Hauptverhandlungsverzichts.

Im Rahmen des abgekürzten Verfahrens ist die *reformatio in peius* zulässig. Verbunden mit dem angebotenen Strafrabatt begegnet das *juicio abreviado* damit den gleichen Bedenken, die allen Unterwerfungsverfahren gemein sind (Stichwort: Sanktionsschere). Das argentinische Schrifttum steht dieser Neuerung im CPPN daher kritisch gegenüber, teilweise ganz ablehnend.

---

[123] Hierzu *Fezer*, NStZ 2010, S. 181.
[124] *Meyer-Goßner*, StPO, § 257c, Rn. 6.

In der Kritik ist vor allem, ob die öffentliche und mündlich geführte Hauptverhandlung vollständig zur Disposition des Angeschuldigten gestellt werden sollte. Im Rahmen dieser Debatte könnte, anstatt die vollständige Ablehnung oder die „zähneknirschende", vollständige Akzeptanz des Rechtsinstituts zu vertreten, die staatsanwaltliche und gerichtliche Prüfung der öffentlichen Belange an der öffentlich geführten Hauptverhandlung eingefordert werden. Anders als der deutsche Gesetzeswortlaut im Rahmen des Strafbefehlsverfahrens wird dies von Art. 431 bis CPPN nämlich nicht explizit verlangt. Deshalb wäre es wünschenswert, dies im Rahmen der bestehenden Generalklauseln durch die Literatur stärker zu betonen – wenn man Generalklauseln nicht prinzipiell kritisch gegenübersteht.[125]

Inwieweit der argentinische Strafprozess mit dem *juicio abreviado* von den tradierten Grundsätzen des instruktorisch geprägten Strafverfahrens instruktorischer Prägung abgerückt ist, wird man wohl zusammen mit der gleichen Frage im deutschen Strafverfahren beantworten können. Es sei daher an dieser Stelle offen gelassen, doch haben unter den ersten Reaktionen auf das neue Verständigungsgesetz in Deutschland viele den Abschied vom Wahrheitsermittlungsgrundsatz verkündet. Zu Gute halten muss man der argentinischen Gesetzgebung, dass sie diesen Umstand nicht zu kaschieren versucht, im Unterschied zum deutschen Gesetzgeber.

Im direkten Vergleich mit dem deutschen Recht der Verständigung im Strafverfahren und dem Strafbefehlsverfahren lässt sich zudem eine passivere Richterrolle beim abgekürzten Verfahren ausmachen. Daran wird der Makel der deutschen Unterwerfungsverfahren deutlich. Nach der Rechtsauffassung der CSJN in „Quiroga" wäre der deutsche Richter als Beteiligter am Strafbefehl strukturell befangen, weil er im Vorverfahren (und hierzu zählt noch die Phase der Eröffnungsbeschlüsse gemäß Art. 346 i.V.m. Art. 431 bis CPPN) in entscheidungserheblicher Weise zum Vorschein trat. Für den Richter als Absprachepartner dürfte Gleiches gelten. Das argentinische Recht verlangt daher die Äußerung des Einverständnisses *vor* der richterlichen Entscheidung. Zudem wechselt nach gescheitertem Abkürzungsversuch der Spruchkörper im argentinischen Recht.

---

[125] Siehe Diskussion Kapitel XIII.8. und IX.5.g).

Besorgniserregend ist dagegen der große Anwendungsbereich des abgekürzten Verfahrens. Sechs Jahre Freiheitsstrafe dürften trotz des tendenziellen Strafagios des CP im Vergleich mit dem dStGB über den Bereich der deutschen Verständigungspraxis hinausgehen oder zumindest dürfte der Bereich deutlich restriktiverer Handhabung der Absprache erreicht sein.

172

XVI. Aussetzung der Hauptverhandlung zur Bewährung (suspensión del juicio a prueba)

1. Überblick

Im zwölften Abschnitt des allgemeinen Teils des Strafgesetzbuches ist in den Art. 76 bis ff. CP die Erledigungsform der Aussetzung der Hauptverhandlung zur Bewährung (*supensión del juicio a prueba*) geregelt. Während das argentinische Bundesstrafverfahren bis heute keine Möglichkeit einer auflagenfreien Verfahrenseinstellung in Bagatellfällen bietet, wurde (zumindest) mit der *suspensión del juicio a prueba* die Möglichkeit einer auflagenbewehrten oder weisungsgebundenen Verfahrenseinstellung eingeführt.[1] Das argentinische Bundesrecht berücksichtigt mit der Aussetzung der Hauptverhandlung zur Bewährung somit das sogenannte „ablösbare Interesse", das sogenannte „schwindende Interesse"[2] (bzw. ein von Beginn an nicht bestehendes Interesse) hingegen nicht.[3]

Die *suspensión del juicio a prueba* war nicht Teil der Ursprungsversion des CPPN von 1992. Zwar war sie bereits im Reformgesetz 23.984 des CPPN im neuen Art. 293 angelegt,[4] doch bekam sie erst zwei Jahre später durch Gesetz 24.316[5] mit der Einführung der neuen Art. 76 bis ff. des CP einen Anwendungsspielraum und ihre Ausgestaltung.[6]

Nach Art. 76 bis Absatz 1 CP kann „der Beschuldigte eines Offizialdelikts, das mit Zuchthaus- oder Gefängnisstrafe nicht über drei Jahren bedroht ist, [...] die Aussetzung der Hauptverhandlung zur Bewährung beantragen".[7] Weitere Voraussetzung nach Art. 76 bis Absatz 3 Satz 1 CP ist, dass der Beschuldigte in seinem Antrag an-

---

[1] Vgl. *Maier*, Roxin-FS, S. 1225, Fn. 25.
[2] Begriffe aus *Roxin/Schünemann*, Strafverfahrensrecht, S. 71 f., Rn. 5.
[3] Vgl. Kapitel IX.4. und 5.d).
[4] Vgl. *García*, CDJP 1996, Nr. 1-2, S. 319.
[5] Beschlussfassung am 04.05.1994, erlassen am 13.05.1994, B.O am 19.05.1994.
[6] Zum bereits erörterten Streit der Gesetzgebungskompetenz des Bundes in Verfahrensnormen, der auch die *suspensión del juicio a prueba* betrifft, sei verwiesen auf die Ausführungen in Kapitel VI.1.; VIII.3.c) und d); XIII.2.
[7] *El imputado de un delito de acción pública reprimido con pena de reclusión o prisión cuyo máximo no exceda de tres años, podrá solicitar la suspensión del juicio a prueba.*

173

bieten muss, „sich im Rahmen des Möglichen um die Wiedergutmachung des ent-
standenen Schadens zu bemühen".[8] „Der Richter entscheidet durch begründeten
Beschluss über die Zweckmäßigkeit des Vorschlags" (Art. 76 bis Absatz 3 Satz 2
CP).[9]

In Art. 76 bis Absatz 4 CP kommt nun ein (gewisser) Entscheidungsspielraum bei
dieser besonderen Verfahrensart zum Ausdruck. „Wenn die Umstände des Falles
die Aussetzung des Vollzugs der zu verhängenden Strafe erlauben, kann das Gericht mit Zustimmung des Staatsanwalts die Durchführung der Hauptverhandlung
aussetzen."[10] Ist eine in Tatmehrheit begangene Straftat mit Geldstrafe bedroht
oder die gleiche Straftat zusätzlich oder alternativ zur Freiheitsstrafe mit einer
Geldstrafe bedroht, muss zudem die entsprechende Mindestgeldstrafe gezahlt werden (Art. 76 bis Absatz 5 CP).[11]

Die Tatbestandsvoraussetzungen der übrigen Absätze des Art. 76 bis CP befassen
sich mit Einzug und Verfall, Ausnahmen für Amtsträger und Ausnahmen für Aber-
kennung oder Beschränkung von Rechten und Fähigkeiten.

Die möglichen zu verhängenden Rechtsfolgen bestimmt Art. 76 ter CP. Nach dessen Absatz 1 werden vom Gericht die Dauer (zwischen ein und drei Jahren) und die
Art der Weisungen festgelegt, wobei der Artikel auf die Bewährungsvorschriften
der Haftstrafe des Art. 27 bis CP verweist.[12] Begeht der Angeklagte gemäß Art. 76
ter Absatz 5 CP innerhalb der festgesetzten Frist keine weitere Straftat, kommt er
seinem Schadenswiedergutmachungsangebot (Auflage) nach und erfüllt er die fest-

---

[8] *[...] el imputado deberá ofrecer hacerse cargo de la reparación del daño en la medida de lo
    posible [...].*
[9] *El juez decidirá sobre la razonabilidad del ofrecimiento en resolución fundada.*
[10] *Si las circunstancias del caso permitieran dejar en suspenso el cumplimiento de la condena
    aplicable, y hubiese consentimiento del fiscal, el Tribunal podrá suspender la realización del
    juicio.*
[11] *Si el delito o alguno de los delitos que integran el concurso estuviera reprimido con pena de
    multa aplicable en forma conjunta o alternativa con la de prisión, será condición, además, que
    se pague el mínimo de la multa correspondiente.*
[12] *El tiempo de la supensión del juicio a prueba será fijado por el Tribunal entre uno y tres años,
    según la gravedad del delito. El Tribunal establecerá las reglas de conducta que deberá cumplir
    el imputado, conforme las previsiones del artículo 27 bis.*

gesetzten Weisungen, erlischt der Strafanspruch.[13] „Andernfalls wird die Hauptverhandlung durchgeführt".[14]

Nach Art. 76 ter Absatz 6 CP kann eine „Aussetzung der Hauptverhandlung zur Bewährung [...] ein zweites Mal gewährt werden, wenn die neue Straftat [erst] nach Ablauf von acht Jahren [...] begangen wurde",[15] gemessen vom letzten Ablaufzeitpunkt der vorangegangenen „Bewährungsfrist".

2. Verwechslungsgefahr mit der Bewährungsstrafe

Der Begriff der *suspensión del juicio a prueba* führte in einigen Teilen des argentinischen Schrifttums zu der irrigen Annahme, dass es sich hierbei um eine Form der Bewährungsstrafe handle. Die Bezeichnung „zur Bewährung" impliziert auch dem deutschen Leser, dass es sich um eine Form der Aussetzung einer Haftstrafe handelt. Die *suspensión del juicio a prueba* ist aber genau das nicht, denn es kommt bei ihrer Anwendung gerade zu keinem Schuldspruch und somit auch zu keiner Haftstrafe. Die verhängten Sanktionen sind Weisungen und eine obligatorische Reparationsleistung (Auflage). Die *suspensión del juicio a prueba* ist vielmehr gleichzusetzen mit der nach § 153a dStPO möglichen Verfahrenseinstellung gegen Auflagen und/oder Weisungen.[16] Die Verwechslungsgefahr beider Rechtsinstitute rührt aus der größeren gesetzestechnischen Nähe der *suspensión del juicio a prueba* zu den Vorschriften der Bewährungsstrafe, als die Verfahrenseinstellung gegen Auflagen und/oder Weisungen im deutschen Recht aufweist.

So ist an erster Stelle zu erwähnen, dass für die *suspensión del juicio a prueba* der Art. 76 ter Absatz 2 CP auf die möglichen Bewährungsvorschriften der Strafhaft des Art. 27 bis CP verweist. Die möglichen Einstellungsweisungen besitzen keinen

---

[13] *Si durante el tiempo fijado por el Tribunal el imputado no comete un delito, repara los daños en la medida ofrecida y cumple con las reglas de conducta establecidas, se extinguirá la acción penal.*

[14] *En caso contrario, se llevará a cabo el juicio [...].*

[15] *La suspensión de un juicio a prueba podrá ser concedida por segunda vez si el nuevo delito ha sido cometido después de haber transcurrido ocho años [...].*

[16] Diese haben den „Charakter besonderer nichtstrafrechtlicher Sanktionen", *Meyer-Goßner*, § 153a, Rn. 12. So vergleichend *Tamini/Freeland López Lecube*, La Ley 1994-D, S. 856, Fn. 4.

eigenen Gesetzeskatalog, sind also in den Art. 76 bis ff. CP nicht nochmals eigens aufgeführt, sondern bedienen sich am bereits vorhandenen Bewährungsauflagenkatalog. Der Rückgriff ist eine Rechtsfolgenverweisung und keine Rechtsgrundverweisung.[17] § 153a dStPO wiederholt hingegen teilweise die möglichen Auflagen und Weisungen, auch wenn auf Grund der offenen Formulierung des § 153a dStPO („insbesondere") theoretisch alle Auflagen, die auch bei einer Bewährungsstrafe verhängt werden könnten, im Falle der Verfahrenseinstellung denkbar sind. Somit ist die Palette der möglichen Auflagen von § 153a dStPO und den §§ 56b und 56c dStGB faktisch deckungsgleich. In Art. 76 bis CP findet ein direkter Rückgriff auf die Strafbewährungsnormen statt, ohne dass Art. 76 bis CP dadurch selbst den Charakter der Haftstrafenaussetzung bekäme. Das wäre mit einem fiktiven Verweis des § 153a dStPO auf die §§ 56b und 56c dStGB zu vergleichen.

Zudem wurde der Katalog der Bewährungsauflagen des Art. 27 bis CP durch das gleiche Gesetz 24.316 eingefügt, welches ebenfalls die Aussetzung der Hauptverhandlung zur Bewährung neu kodifizierte.[18] Es entstand somit der Eindruck einer Übereinstimmung der Sanktionenart.

Weiterhin besteht – sowohl für die deutsche Übersetzung „zur Bewährung", als auch für das spanische Original „a prueba" – eine Wortstammverwandtschaft. Ins Deutsche könnte prueba mit Probe oder eben Bewährung übersetzt werden. Das spanische probación, aus dem sich prueba ableitet, ist eng verwandt mit dem englischen probation, das – ohne den Zusatz pretrial – wiederum für die Vollzugsbewährung steht. Zusammen mit der gleichzeitigen Einführung der beiden Rechtsinstitute (s.o.) führte dies anfänglich zu Verwechslungen beider Mechanismen in der Literatur.[19]

Außerdem fehlt der Erledigungsform der suspensión del juicio a prueba häufig, im Gegensatz zur deutschen Verfahrenseinstellung gegen Auflagen und/oder Weisun-

---

[17] Dies gilt insbesondere, weil im Falle der Anwendung des Art. 27 bis CPPN im Rahmen der suspensión del juicio a prueba die Unschuldsvermutung gilt; so Bovino, Suspensión, S. 189.

[18] Vgl. Tamini/Freeland López Lecube, La Ley 1994-D, S. 854.

[19] Auf diesen Irrtum weisen hin García, CDJP 1996, Nr. 1-2, S. 319, Fn. 1; Tamini/Freeland López Lecube, La Ley 1994-D, S. 858; Bovino, Suspensión, S. 13; CNCP, Fall Nr. 1403 „Kosuta" vom 17.08.1999, abgedruckt in CDJP - Casación 2001, Nr. 1, S. 272.

gen, der Ad-hoc-Charakter. Nach § 153a dStPO können Auflagen und Weisungen erteilt werden, die sich durch einen einmaligen Aufwand für den Beschuldigten erledigen lassen. Die Einmalzahlung eines Geldbetrages nach § 153a Absatz 1 Satz 2 Nr. 2 dStPO ist die mit Abstand am meisten gewählte Alternative deutscher Gerichte.[20] Die Erfüllung der Auflagen und Weisungen und mit ihnen das Erlöschen des Strafanspruches tritt also in vielen Fällen kurze Zeit nach der Einstellungsentscheidung ein. Anders Art. 76 ter Absatz 1 und Absatz 5 CP: Danach ist vom Gericht eine Frist zwischen einem und drei Jahren zu bestimmen. Wird innerhalb des bestimmten Zeitraumes eine weitere Straftat begangen, lebt der ursprüngliche Prozess wieder auf. Es handelt sich somit um eine verbindliche Weisung, sich neuer Straftaten zu enthalten.[21] Somit haben ggf. andere, von der Ursprungstat möglicherweise völlig unabhängige Delikte Einfluss auf die vorläufig ausgesetzte Hauptverhandlung. Diese Konstellation trägt maßgeblich zum Charakter einer Haftstrafenbewährung bei.

Weitere Verwechslungsgefahr der *suspensión del juicio a prueba* mit der Bewährungs*strafe* besteht auf Grund des Art. 76 ter Absatz 6 CP, der einen weiteren Bewährungszeitraum vorschreibt. Danach kann die *suspensión del juicio a prueba* nur einmal in einem Zeitraum von acht Jahren gewährt werden. Zwar hat eine erneute Straftat in diesem Zeitraum nach Ablauf der festgesetzten Bewährungsfrist nach Art. 76 ter Absatz 5 CP keinen Einfluss mehr auf die Ursprungstat und deren zur Bewährung ausgesetzten Hauptverhandlung. Doch kann der erneut „Rückfällige" nicht nochmals in den Genuss der Vorteile dieser alternativen Erledigungsform kommen. Er hat sich also auch in Bezug auf diese Zeitspanne zu „bewähren".

---

[20] Vgl. *Krey*, Strafverfahrensrecht, B. I, Rn. 439. Zum Vergleich ist eine Auflage der Einmalzahlung an eine gemeinnützige Einrichtung oder an die Staatskasse in Art. 27 bis CP, auf den Art. 76 ter Absatz 1 CP verweist (s.o.), nicht vorgesehen. Nur die Ableistung gemeinnütziger Arbeit kann gemäß Art. 27 bis Absatz 1 Nr. 8 CP verhängt werden. Die obligatorische Reparationszahlung gemäß Art. 76 bis Absatz 3 CP, vergleichbar mit § 153a Absatz 1 Nr. 1 dStPO ist dagegen eine Wiedergutmachungsleistung zu Gunsten des Opfers und ist nicht alternativ, sondern parallel zu den Weisungen zu erfüllen (siehe hierzu sogleich).

[21] In diesem Sinne *Bovino*, Suspensión, S. 209.

3. Rechtsnatur und Gesetzgebungskompetenz

Auch in Hinblick auf die Prozessaussetzung besteht Uneinigkeit über die Gesetzgebungsbefugnis des Bundes. Zwar findet sich mit Art. 293 CPPN eine Regelung zur Aussetzung der Hauptverhandlung in der Strafprozessordnung. Der ganz wesentliche Teil wird jedoch durch die Art. 76 bis ff. des Strafgesetzbuches reglementiert. In Art. 293 CPPN heißt es: „Im Falle, dass das Strafgesetzbuch die Verfolgungsaussetzung erlaubt, kann das zuständige Justizorgan über die Anwendung in einer einzigen Sitzung entscheiden, in welcher die Parteien ein Anhörungsrecht haben."[22] Dies zeigt, dass die Tatbestandsvoraussetzungen durch das Strafgesetzbuch festgelegt werden. Art. 293 CPPN ist dagegen eine Durchführungsbestimmung.

Deshalb stellt sich auch für die *suspensión del juicio a prueba* die Frage der Zuordnung zum materiellen oder formellen Recht, welches dem Grunde nach die Gesetzgebungszuständigkeit vorschreibt. Insofern kann auf die entsprechend geführten Diskussionen verwiesen werden.[23]

4. Ratio legis

Mit der Aussetzung der Hauptverhandlung zur Bewährung wollte der Gesetzgeber den bestehenden Druck durch das allseits vorherrschende Legalitätsprinzip mindern und die Justiz in den Fällen leichterer Kriminalität entlasten[24] – somit ein echter verfahrensökonomischer Gedanke.[25]

Aber auch andere Verfahrensziele stehen im Vordergrund, so vor allem der Wiedergutmachungsgedanke.[26] Die *suspensión del juicio a prueba* dient somit auch

---

[22] *En la oportunidad que la ley penal permita la suspensión de la persecución, el órgano judicial competente podrá conceder el beneficio, en audiencia única, donde las partes tendrán derecho a expresarse.*

[23] Vgl. Kapitel Kapitel VI.1.; VIII.3.c) und d); XIII.2. Zu Einzelfragen bezogen auf die *suspensión del juicio a prueba* vgl. *Devoto*, "Probation", S. 120 ff.

[24] Vgl. *Bovino*, Suspensión, S. 16 ff.

[25] So auch *D'Alessio*, CP, B. I, S. 743.

[26] Vgl. *Maier*, DPP, B. I, S. 839.

dem Opferschutz.[27] Dies ist einer der Unterschiede, die die Prozessaussetzung zur Bewährung von dessen Pendant, § 153a dStPO, unterscheidet. Denn die Prozessaussetzung zur Bewährung kann nur gewährt werden, wenn parallel zu den erteilten Weisungen der Beschuldigte dem Opfer in seinem Rahmen mögliche Reparationsleistungen anbietet,[28] während dies in Deutschland eine von mehreren Optionen ist (siehe § 153a Satz 2 Nr. 1 dStPO, Oder-Vorschrift), die aber vergleichsweise selten Anwendung findet.[29] Das Angebot einer Wiedergutmachungsleistung ist im argentinischen Recht also zwingend, im deutschen Recht optional.[30] Das deutsche Prozessrecht möchte hier das öffentliche Verfolgungsinteresse durch die Auflagen beseitigen und orientiert sich dabei weitestgehend an den Präventionsgedanken.[31] Das argentinische Bundesrecht stellt verstärkt auf Wiedergutmachung ab und entfernt sich vom öffentlichen Strafverfolgungsanspruch.[32] Im Vergleich enthält die argentinische Regelung auch keinen entsprechenden Passus, dass Auflagen und Weisungen dazu geeignet sein müssen, das öffentliche Interesse an der Strafverfolgung zu beseitigen. Mit anderen Worten scheint die Opferentschädigung ein so dominierendes Motiv der *suspensión del juicio a prueba* zu sein, dass hierdurch das öffentliche Interesse nach einer widerleglichen Vermutung stets beseitigt ist (siehe zur Prüfung des öffentlichen Interesses am Strafprozess sogleich).

---

[27] Vgl. *Marchisio*, Principio de oportunidad, S. 138; ebenso *Bovino*, Suspensión, S. 125 ff.

[28] *[...] el imputado deberá ofrecer hacerse cargo de la reparación del daño en la medida de lo posible [...].*

[29] Vgl. *Krey*, Strafverfahrensrecht, B. I, Rn. 439; nach *Beulke* in: LR-StPO, § 153a, Rn. 29, wird die Wiedergutmachung (Nr. 1) nur in 0,5 % der Fälle angewandt, dagegen die Geldleistung (Nr. 2) in 98 % der Fälle.

[30] Allerdings ist im deutschen Recht eine Wiedergutmachungsleistung eine Quasi-Voraussetzung, dass eine Verfahrenseinstellung gegen Auflagen und/oder Weisungen überhaupt in Betracht kommt (siehe *Meyer-Goßner*, StPO, § 153a, Rn. 6). Da zu den Tatbestandsvoraussetzungen des § 153a dStPO die Notwendigkeit gehört, dass Auflagen und Weisungen das öffentliche Interesse an der Strafverfolgung tilgen, ist von der jeweiligen Staatsanwaltschaft bzw. dem Gericht der entstandene Schaden der Straftat bei den Einstellungsvoraussetzung mit zu berücksichtigen. In vielen Fällen, in denen es zu einer Anwendung des § 153a dStPO kommt, wird es deshalb bereits eine Schadenswiedergutmachung gegeben haben, weil andernfalls die Verfahrenseinstellung von vornherein nicht erwogen worden wäre. Insofern mag sich die geringe Anwendungshäufigkeit des § 153a Satz 2 Nr. 1 dStPO erklären.

[31] Vgl. *Beulke* in: LR-StPO, § 153a, Rn. 34 i.V.m. § 153, Rn. 28 ff.

[32] Siehe etwa *Maier*, Roxin-FS, S. 1225.

Zudem steht eine der Wiedergutmachung innewohnende Aussöhnung im Mittelpunkt. Hierzu trägt bei, dass der Antrag auf Aussetzung der Hauptverhandlung zur Bewährung auf freiwilliger Initiative des Beschuldigten beruht und im Antrag bereits das Wiedergutmachungsangebot enthalten sein muss.[33] Es ist eine (freiwillige) Entschädigungsleistung des Verursachers. Ob die vom Beschuldigten angebotenen Wiedergutmachungsleistungen „zweckmäßig" sind, entscheidet das Gericht (Art. 76 bis Absatz 3 Satz 2 CP). Es ist interessant, dass durch diese Regelung die Anhörung des Tatopfers obligatorisch ist.[34]

Zudem wird die *suspensión del juicio a prueba* auch als ein Recht des Beschuldigten verstanden.[35] So formuliert auch Art. 293 CPPN, dass das zuständige Justizorgan einen Vorteil (*beneficio*) für den Beschuldigten gewährt. Außerdem soll durch das Antragserfordernis des Beschuldigten sein Recht auf rechtliches Gehör gewährleistet werden, indem er dem Antrag weitere Angaben zum Tatgeschehen beifügt.[36]

5. Anwendungsobergrenze und Anwendungshäufigkeit

Die Ausgestaltung der *suspension del juicio a prueba* im Strafgesetzbuch gilt als verunglückt. Man kann dies an einigen Formulierungen sehen, die unterschiedliche Interpretationen zulassen.[37] Die wohl am häufigsten geführte Debatte in Bezug auf die *suspensión del juicio a preuba* ist die Frage nach der Anwendungsobergrenze dieses Rechtsinstituts.[38]

Mit sehr klaren Worten beschränkt Art. 76 bis Absatz 1 CP eine Prozessaussetzung auf die Fälle eines Offizialdeliktes, dessen Maximalstrafe „nicht über drei Jahre hinausgeht". Diesem Wortlaut folgend wäre die *suspensión del juicio a preuba* auf Delikte beschränkt, deren Strafrahmen bei dreijähriger Freiheitsstrafe endet (abs-

---

[33] Vgl. *Bovino*, Suspensión, S. 94 und S. 98 f.
[34] Siehe *García*, CDJP 1996, Nr. 1-2, S. 351, 356.
[35] Vgl. *Bovino*, Suspensión, S. 99; ebenso *Marchisio*, Principio de oportunidad, S. 138.
[36] Vgl. *Bovino*, Suspensión, S. 101.
[37] CNCP, Fall Nr. 1403 „Kosuta" vom 17.08.1999, abgedruckt in CDJP – Casación 2001, Nr. 1, S. 271; so auch *Bovino*, Suspensión, S. 41 und 44.
[38] Hierzu *Devoto*, "Probation", S. 144.

trakte Ansicht), was deckungsgleich mit den sogenannten Korrektionaldelikten[39] wäre.[40] Somit wäre eine Aussetzung der Hauptverhandlung zur Bewährung bereits für alle Tatbestände ausgeschlossen, die abstrakt mit einer Freiheitsstrafe von über drei Jahren bedroht sind, auch wenn die zu Grunde liegende Schuld eine solch hohe Strafe nicht erreichen würde.

Dagegen besagt Art. 76 bis Absatz 4 CP, „wenn die Umstände des Falles die Aussetzung der Strafe auf Bewährung erlauben [...], kann das Gericht die Durchführung der Hauptverhandlung aussetzen".[41] Die Voraussetzungen der Aussetzung der Haftstrafe zur Bewährung, geregelt in Art. 26 Absatz 1 CP, legen nunmehr die konkret zu verhängende Strafe zu Grunde (konkrete Ansicht). Die Bewährung ist somit bis zu einer konkret zu verhängenden Freiheitsstrafe von drei Jahren anwendbar, auch wenn wegen eines Deliktes verurteilt wird, das eine höhere Maximalstrafe zur Ausschöpfung bietet.

Es werden demnach zwei Ansichten vertreten. Die engere Auffassung zieht auf Basis des Wortlautarguments den abstrakten Strafrahmen heran und versteht die Voraussetzungen kumulativ, durch eine Und-Verknüpfung verbunden. Es müsse sich einmal um eine Straftat mit Maximalstrafe von drei Jahren handeln, die zusätzlich, nach den konkreten Umständen des Falles, zur Bewährung ausgesetzt werden kann.[42]

Die Gegenmeinung versteht Absatz 1 und Absatz 4 als sich gegenseitig ergänzend, vertritt somit eine weite Auffassung, in einer Oder-Verknüfung verbunden. Demnach unterfallen der Aussetzungsmöglichkeit auch die Delikte, die in der *Prognose* eine dreijährige Freiheitsstrafe nicht überschreiten, vorausgesetzt eine Bewährungsaussetzung sei zudem möglich. Argumentiert wird mit dem größeren Einsparungspotenzial, denn der Anwendungsspielraum der *suspensión del juicio a prueba* ist auf diese Weise um ein vielfaches größer. Die Prozessaussetzung würde dadurch ein effektvolles Werkzeug in der Verteilung vorhandener Strafverfolgungs-

---

[39] Vgl. Kapitel XVIII.1.
[40] Vgl. *Devoto*, "Probation", S. 145.
[41] *Si las circunstancias del caso permitieran dejar en suspenso el cumplimiento de la condena aplicable, [...] el Tribunal podrá suspender la realización del juicio.*
[42] So bspw. *Ochoa*, La Ley 1995-C, S. 1277; *Saez Zamora/Fantini*, La Ley 1995-D, S. 1142.

ressourcen.[43] Über diese rechtspolitische Forderung hinaus wird außerdem vorgebracht, dass eine Prognoseentscheidung dem argentinischen Bundesstrafprozessrecht durchaus bekannt sei. Die Art. 312 und 316 CPPN sehen diese für die Untersuchungshaft vor. Demnach sei das Argument der Vertreter der konkreten Ansicht, dass die Prognoseentscheidung als Grundlage für die Anwendung der Prozessaussetzung zu verschwommen sei, nicht stichhaltig, wenn man eine Prognoseentscheidung gleichzeitig über die Entscheidung der Untersuchungshaftanordnung akzeptiere. Man müsse sich die Frage stellen, weshalb man dem Untersuchungsrichter einmal die Urteilsprognose gestatte, um diese zur Untersuchungshaftgrundlage zu machen, ein anderes Mal nicht.[44]

Weiteres Argument für die weite Ansicht ist, dass terminologisch zwischen Art. 76 bis Absatz 3 und Absatz 4 CP getrennt würde und zwar spreche Absatz 3 von dem „Richter" (*juez*), Absatz 4 aber von dem „Gericht" (*Tribunal*). Diese Unterscheidung impliziere, dass in den Anwendungsbereich der *suspensión del juicio a prueba* auch Delikte mit (abstrakten) Strafen von über drei Jahren fallen müssten, denn erst für diese Delikte sei ein Kollegialgericht zuständig, während die Delikte mit bis zu dreijähriger Freiheitsstrafe vom sogenannten Korrektionalrichter abgeurteilt würden, der als Einzelrichter fungiert.[45]

Aus Sicht des Beschuldigten wird argumentiert, dass mit der engen Auffassung ein Täter bei einer relativ geringfügigen Straftat nur wegen des abstrakten Strafrahmens nicht mehr in den Genuss der Abwendung einer Kriminalstrafe kommen könne.[46] Das ist vor allem vor dem Hintergrund erheblich, weil das argentinische Bundesstrafprozessrecht keine auflagenfreie Einstellung in Geringfügigkeitsfällen ermöglicht,[47] die *suspensión del juicio a prueba* somit neben den Fällen des „weichenden Interesses" auch die Fallgruppe des „schwindenden Interesses" mit kompensiert. Außerdem kann die Größe des Strafrahmens variieren. Wird die Maxi-

---

[43] So *Devoto*, "Probation", S. 148.
[44] Diskutiert in CNCP, Fall Nr. 1403 „Kosuta" vom 17.08.1999, abgedruckt in CDJP - Casación 2001, Nr. 1, S. 275.
[45] So *Devoto*, "Probation", S. 145.
[46] Hierzu *Devoto*, "Probation", S. 148.
[47] Vgl. Kapitel IX.4.a).

malstrafe herangezogen, nimmt man als Maßstab den denkbar schlimmsten Fall, nicht den tatsächlich Vorliegenden und lässt somit das Schuldprinzip außer Acht.

Die gerichtliche Praxis war wegen der unterschiedlichen Interpretationsmöglichkeiten uneinheitlich. Zwar tendierte die Mehrzahl der Gerichte zu der weiten Auffassung,[48] doch war die Anzahl der eng auslegenden Gerichte nicht unerheblich.[49] Der Kassationsgerichtshof (*Cámara Nacional de Casación Penal*) votierte – allerdings mit Abweichungen – in der vielbeachteten Entscheidung „Kosuta"[50] für die enge Auslegung, was selbstverständlich bei den Vertretern der weiten Auffassung auf Unverständnis stieß. Aus ökonomischer Sicht wurde der *suspensión del juicio a prueba* somit einiges an Entspannungspotenzial für die chronisch überlasteten Gerichte genommen,[51] weil nun viele Tatbestände von vornherein nicht mehr für eine Aussetzung der Hauptverhandlung auf Bewährung in Frage kamen. Mittlerweile hat das Verfassungsgericht in den Entscheidungen „Acosta" und „Norverto"[52] für die weite Auslegung plädiert und somit die (kurzzeitige) restriktive Auffassung des Kassationsgerichtshofes revidiert.

Die Statistik[53] zeigt, dass die *suspensión del juicio a prueba* ein häufig angewandtes Instrument ist. Im Jahr 2009 stehen im Bereich der Nationalen Gerichtsbarkeit der Bundeshauptstadt 1722 Aussetzungen der Hauptverhandlung zur Bewährung einer Anzahl von 4040 Aburteilungen (sowohl im Hauptverfahren wie auch im abgekürzten Verfahren) gegenüber (teilweise fehlen hier noch Berichtsdaten). Dies entspricht einer Erledigungsquote von knapp 30 %. Im Jahr 2008 sind es 1924 ausgesetzte Hauptverfahren gegenüber 4380 Aburteilungen, ebenfalls rund 30 %.

---

[48] Siehe *Devoto*, "Probation", S. 146.

[49] Mit Einzelnachweisen CNCP, Fall Nr. 1403 „Kosuta" vom 17.08.1999, abgedruckt in CDJP - Casación 2001, Nr. 1, S. 271; *Devoto*, "Probation", S. 147 m.w.N.

[50] CNCP, Fall Nr. 1403 „Kosuta" vom 17.08.1999, abgedruckt in CDJP - Casación 2001, Nr. 1, S. 271; Besprechung von *Bovino*, Suspensión, S. 241 ff.

[51] Manche Gerichte versuchten noch für Taten, die vor dem Urteil „Kosuta" begangen wurden, aus dem Rückwirkungsverbot, die Pflicht zur Anwendung der weiten Auslegung abzuleiten; hierzu *Devoto*, "Probation", S. 150.

[52] CSJN vom 23.04.2008, abgedruckt in NDP 2009/A, S. 148 ff.; Besprechung von *Vitale*, NDP 2009/A, S. 145 ff.

[53] www.mpf.gov.ar/estadisticas/ (im Oktober 2010).

Im Vergleich zum deutschen Recht ist auffällig, dass die *suspensión del juicio a prueba* eine fixe Anwendungsobergrenze besitzt, während § 153a Absatz 1 Satz 1 dStPO auf die nicht entgegenstehende Schwere der Schuld rekurriert. Das Ergebnis mag freilich ähnlich sein, denn letztlich ist die Feststellung der Strafobergrenze bei der *suspensión del juicio a prueba* nach der nunmehr anzuwendenden konkreten Ansicht ein Produkt einer hypothetischen Strafzumessung nach dem Schuldprinzip. Ob das Verfahren ausgesetzt werden kann ist also in beiden Ländern eine Frage für wie schwer das (mutmaßlich) begangene Delikt eingestuft werden muss. Sicherlich würde die Schuld einer hypothetischen dreijährigen Freiheitsstrafe dem § 153a dStPO entgegenstehen, denn es wäre ein „schwer zu lösender Wertungswiderspruch" bei Freiheitsstrafen, die nicht zur Bewährung ausgesetzt werden können (§ 56 Absatz 2 dStPO), eine Gesamteinstellung zuzulassen.[54] Damit wäre die Anwendungsobergrenze des Art. 76 bis Absatz 1 i.V.m. Absatz 4 CP höher als das deutsche Recht. Allerdings ist zu berücksichtigen, dass das argentinische Strafgesetzbuch tendenziell höhere Freiheitsstrafen vorsieht.[55]

6. Anwendungszeitpunkt

Der Zeitpunkt, zu welchem eine Aussetzung der Hauptverhandlung zur Bewährung beantragt werden kann, ist strittig. Manche behaupten, der Wortlaut des Gesetzes *juicio* indiziere, dass der Antrag auf Aussetzung frühestens nach dem Überleitungsbeschluss gestellt werden könne. Was ausgesetzt würde sei schließlich die Hauptverhandlung und nicht das Untersuchungsverfahren.[56] Dem widerspricht die herrschende Meinung. Die *suspensión del juicio a prueba* sei seiner Konzeption nach ein Institut des gesamten Strafverfahrens. Das Wortlautargument sei nicht stichhaltig, da der Terminus *juicio* nicht allein für das Hauptverfahren belegt sei, sondern in vielen Zusammenhängen unterschiedlich gebraucht werde. Zudem spreche – zumindest für das Bundesstrafverfahren – Art. 293 CPPN absichtlich neutral vom „zuständigen Justizorgan"[57] und sei somit absichtlich wertungsfrei gegenüber dem Untersuchungsrichter (Vorverfahren) und dem Einzelrichter bzw. Gericht

---

[54] *Beulke* in: LR-StPO, § 153a, Rn. 32.
[55] Vgl. Kapitel XV.5.d) Anm. 70.
[56] Siehe *Bovino*, Suspensión, S. 109 f. m.w.N. auf die m.M.
[57] *[...] el órgano judicial competente [...]*.

(Hauptverfahren). Außerdem spräche die systematische Einordnung des Art. 293 CPPN im zweiten Buch des CPPN mit dem Titel „Vorverfahren" (*Instrucción*) auch für die Anwendbarkeit in diesem Verfahrensabschnitt.[58] Somit erstreckt sich der Anwendungszeitpunkt der *suspensión del juicio a prueba*, wie in § 153a Absatz 1 und Absatz 2 dStPO, sowohl auf das Vor-, wie auch auf das Hauptverfahren.

7. Der Auflagen- und Weisungskatalog

Den Vorschriften des Art. 76 bis und 76 ter CP kann man kumulativ mit Art. 27 bis CP mehrere Sanktionen entnehmen, welche – wie bereits festgestellt – keine Kriminalstrafe darstellen. Eine Unterscheidung in Auflagen, die „in erster Linie der Genugtuung für das begangene Unrecht dienen"[59], und Weisungen, die „primär spezialpräventiver Natur [sind und] dem Beschuldigten helfen [sollen], künftig keine Straftaten mehr zu begehen"[60], wie man sie im deutschen Recht nach dem § 153a Absatz 1 Satz 2 dStPO i.V.m. den §§ 56b und 56c dStGB macht, findet man im argentinischen Recht nicht ausdrücklich. Allerdings lassen sich die Sanktionen im Rahmen des Art. 76 bis und 76 ter CP nach diesen Kriterien auch in Auflagen und Weisungen einordnen. Demnach unterfallen auch im argentinischen Recht Sanktionen, die den Kriterien einer Weisung entsprechen, den Voraussetzungen, die sich aus der spezialpräventiven Natur dieser Sanktionenart ergeben. Insbesondere dürfen diese somit nicht zur Kompensation für das begangene Unrecht eingesetzt werden.

a) Reparationsleistung als Auflage

Wie § 153a Absatz 1 Satz 2 Nr. 1 dStPO enthält auch das argentinische Recht in Art. 76 bis Absatz 3 CP die Auflage einer Reparationsleistung. Diese ist nach argentinischem Recht zwingende Tatbestandsvoraussetzung (s.o.). Nach der deutschen Systematik wäre sie als Auflage einzuordnen, weil sie als Genugtuung für das mutmaßlich begangene Unrecht fungiert.[61]

---

[58] Zu den Argumenten der h.M. eingehend *Bovino*, Suspensión, S. 110 ff. m.w.N.
[59] *Krey*, Strafverfahrensrecht, B. 1, Rn. 439.
[60] *Krey*, Strafverfahrensrecht, B. 1, Rn. 440.
[61] Vgl. *Krey*, Strafverfahrensrecht, B. I, Rn. 439; *Beulke* in: LR-StPO, § 153a, Rn. 47.

b) Der Weisungskatalog des Art. 27 bis CP

Die weiteren möglichen Sanktionen des Art. 76 ter Absatz 1 i.V.m. 27 bis CP sind Weisungen. Dies lässt sich dem Wortlaut entnehmen, da gemäß Art. 76 ter Absatz 1 CP das Gericht „in Übereinstimmung mit der Prognose des Art. 27 bis"[62] die Sanktionen verhängt. Diese Prognose enthält die Bedingung des Art. 27 bis CP, wonach die katalogisierten Maßnahmen dazu geeignet sein müssen, die Begehung neuer Straftaten zu verhindern.[63] Damit haben die Maßnahmen den weisungstypischen spezialpräventiven Charakter, sollen also eine Hilfe für den Beschuldigten sein.[64] Aus der Bedingung des Art. 27 bis CP geht zudem hervor, dass die Erteilung von Weisungen zur Anwendung der *suspensión del juicio a prueba* nicht zwingend ist (str.).[65]

Ein großer Unterschied zwischen Art. 76 bis, 76 ter Absatz 1 i.V.m. Art. 27 bis CP und dem § 153a dStPO ist demnach in der Sanktion des Erbringens gemeinnütziger Arbeit zu finden. Während im deutschen Recht das Ableisten gemeinnütziger Arbeit eine Auflage ist,[66] ist dies gemäß Art. 27 bis Nr. 8 CP eine Weisung. Demnach muss nach argentinischem Recht für die Verhängung dieser Sanktion die spezialpräventive Prognose immer erfüllt sein. Allerdings wird berichtet, dass dies in der Praxis argentinischer Bundesgerichte nicht konsequent gehandhabt wird.[67]

c) Die Weisung der Verhinderung künftiger Straftaten in Art. 76 bis Absatz 5 CP

Zudem existiert noch die Vorgabe des Art. 76 bis Absatz 5 CP, wonach der Beschuldigte im vom Gericht bestimmten Zeitraum keine weitere Straftat begehen darf, weil andernfalls die *suspensión* widerrufen und die Hauptverhandlung durchgeführt wird. Auch dabei handelt es sich um eine Weisung. Die im „Bewährungs-

---

[62] *[...] conforme las previsiones del artículo 27 bis* (Übersetzung des Verfassers).
[63] Vgl. *Bovino*, Suspensión, S. 189 f.
[64] In diesem Sinne *Bovino*, Suspensión, S. 193 und 197 f.; vgl. auch *Krey*, Strafverfahrensrecht, B. I, Rn. 439.
[65] So *Bovino*, Suspensión, S. 190 f. m.w.N. auf die Gegenmeinung.
[66] Vgl. *Beulke* in: LR-StPO, § 153a, Rn. 58.
[67] Hierzu *Bovino*, Suspensión, S. 189 ff., insb. S. 193 f. Zu den Gründen siehe sogleich Kapitel XVI.9.c).

zeitraum" begangene Straftat muss keinen Bezug zur ausgesetzten Strafverfolgung haben.[68] In Deutschland wäre diese Weisung nach der herrschenden Meinung nicht zulässig, weil einer solchen Weisung der Hilfecharakter und die Verknüpfung zur Ursprungstat fehlt,[69] somit kein spezialpräventives, sondern nur ein generalpräventives Bedürfnis verkörpert.

d) Keine Geldzahlung (§ 153a Absatz 1 Satz 2 Nr. 2 dStPO) im argentinischen Recht

Im Rahmen der *suspensión del juicio a prueba* gibt es dagegen keine Auflage, einen Geldbetrag zu Gunsten der Staatskasse oder einer gemeinnützigen Einrichtung zu zahlen. Das öffentliche Interesse wird einzig durch die Opferentschädigung als „dritte Spur" der Strafzwecke beseitigt.[70] Damit ist die obligatorische Wiedergutmachungsleistung die einzige Auflage des Maßnahmenkatalogs der *suspensión del juicio a prueba*.

8. Der Antrag des Beschuldigten

Die *suspensión del juicio a prueba* wird gemäß Art. 76 bis Absatz 1 CP vom Beschuldigten beantragt. Das heißt zugleich, dass die Freiwilligkeit dieser Entscheidung zu gewährleisten ist, da die Initiative vom Beschuldigten ausgeht. Er darf nicht zur Abgabe des Antrags gedrängt oder provoziert werden, denn der Beschuldigte verzichtet auf sein fundamentales Recht einer öffentlich und mündlich geführten Hauptverhandlung.[71] Natürlich ist die Freiwilligkeit eingeschränkt zu betrachten, denn schließlich sieht sich der Beschuldigte einem drohenden Strafverfahren gegenüber, hat also insofern einen Verböserungseffekt zu befürchten, wenn er sich gegen den Weg der *suspensión del juicio a prueba* entscheidet. Jedoch steht ihm das Initiationsrecht zu, von ihm geht die Offerte aus. Er kann bestimmen, wel-

---

[68] Ist die ausgesetzte Ursprungstat bspw. ein Betrug, führt ein ähnliches Betrugsdelikt genauso zur Wiederaufnahme der Hauptverhandlung, wie die nicht im Bezug stehende fahrlässige Körperverletzung.

[69] Vgl. *Beulke*, Dahs-FS, S. 216.

[70] Hierzu *Schaffstein*, Roxin-FS, S. 1068; *Maier*, Roxin-FS, S. 1224. Insofern sind Zahlungen nach argentinischem Recht an den Staat und an gemeinnützige Einrichtungen ausnahmsweise denkbar, aber nur wenn diese Opfer der Straftat waren, also zivilrechtlicher Schuldner sind.

[71] Vgl. *Bovino*, Suspensión, S. 94; vgl. hierzu Kapitel XV.5.b) und d).

che Reparationsleistung ihm angemessen erscheint[72] und hierfür auch mehrere Alternativen anbieten.[73] Ebenso muss die Reparationsleistung nicht einseitig bestimmt werden. Der Beschuldigte kann sich hierüber mit dem Tatopfer verständigen, was das Gericht als Signal für die Prüfung der „Zweckmäßigkeit" der angebotenen Reparationsleistung zu verstehen hat.[74] Der Beschuldigte hat also maßgebenden Einfluss auf den Inhalt des Antrags. Er macht somit die Einstellungsofferte und das Gericht, respektive die zustimmende Staatsanwaltschaft, akzeptiert, während im deutschen Recht der Beschuldigte eine passivere Rolle einnimmt und der Einstellungsentscheidung gegen Auflagen und Weisungen (nur) zustimmt.[75]

Andererseits ist im argentinischen Recht vom Initiativrecht nur die Reparationsleistung umfasst, während die (weiteren) Weisungen gemäß Art. 76 ter Absatz 2 i.V.m. Art. 27 bis CP keiner weiteren Zustimmung des Beschuldigten mehr bedürfen. Auf diese hat er nur noch Einfluss im Verhandlungstermin nach Art. 293 CPPN. Der Beschuldigte hat also jegliche Gestaltungsmöglichkeit (nur) hinsichtlich des Reparationsangebotes. Welches sanktionsähnliche Gesamtpaket ihm aber letztlich auferlegt wird, bleibt für ihn mit dem Antrag ungewiss. Erklären lässt sich dies wohl nur damit, dass die Weisungen des Art. 27 bis CP im Gegensatz zur Wiedergutmachungsauflage des Art. 76 Absatz 3 CP keinen Vergeltungs- oder Genugtuungscharakter haben, sondern dem Beschuldigten bei der zukünftigen Vermeidung von Straftaten helfen sollen (s.o.).

Im Antragsrecht des Beschuldigten liegt somit ein struktureller Unterschied zum deutschen Recht des § 153a dStPO. Dort ergreift meist nicht der Beschuldigte die Initiative, sondern er ist in einer passiven Rolle, da er zum Vorschlag der Staatsan-

---

[72] Der Beschuldigte hat in seinem Antrag, das nach seiner Meinung verursachte Schadensausmaß anzugeben, und in einem zweiten Schritt die im Rahmen seiner Möglichkeiten gebotene Reparationsleistung; *Bovino*, Suspensión, S. 98.

[73] Vgl. *Bovino*, Suspensión, S. 99.

[74] Vgl. *Bovino*, Suspensión, S. 99.

[75] *Bovino*, Suspensión, S. 98 weist rechtsvergleichend zu Guatemala darauf hin, dass dies aus der verstärkten Ausrichtung an der *ratio legis* des Wiedergutmachungsgedankens der *suspensión del juicio a prueba* liege, während ein nachträgliches Zustimmungserfordernis ohne gestalterischen Freiraum näher am ökonomischen Gedanken liege und das Opportunitätsprinzip im engeren Sinne verwirkliche.

waltschaft (Absatz 1) oder des Gerichts (Absatz 2) nur seine Zustimmung erteilt. Im deutschen Recht kann der Vorschlag auch von der Staatsanwaltschaft und/oder dem Gericht der Hauptverhandlung ausgehen. Weil aber der Beschuldigte nach argentinischem Recht keinen Einfluss auf die mitausgesprochenen Weisungen hat (s.o.), lässt sich folgende Feststellung treffen: Der Beschuldigte hat hinsichtlich der einzig möglichen Auflage der Reparationsleistung ein Initiativ- und Gestaltungsrecht, während er gegenüber den Weisungen keine Mitbestimmungsrechte mehr genießt.

Aus Sicht des argentinischen Gerichts lässt sich im Vergleich zur deutschen Rechtslage eine strukturell passivere Rolle ausmachen.[76] Hier wird im argentinischen Recht der strukturellen Voreingenommenheit der Richter in der instruktorischen Verfahrensweise entgegengewirkt, durch die Beschränkung der Rolle des Gerichts auf die bloße Reaktion statt Aktion.[77]

9. Die obligatorische Auflage der Reparationsleistung

*a) Ernsthaftigkeit des Reparationsangebotes und zivilrechtlicher
   Schadensausgleich*

Wie bereits erwähnt, verfolgt die *suspensión del juicio a prueba* immer auch das Ziel des Opferschutzes. Dabei ist die Reparationsleistung gemäß Art. 76 bis Absatz 3 CP, im Gegensatz zur deutschen Rechtslage, obligatorisch zu fordern, neben eventuell zu leistenden weiteren Auflagen und Weisungen nach Art. 27 bis CP (s.o.). Das Opfer muss die angebotene Leistung nicht annehmen, sondern hat ein Wahlrecht. Im Falle der Ablehnung steht ihm der Zivilrechtsweg weiterhin offen. Umgekehrt gilt die Reparationsleistung als zivilrechtlicher Schadensausgleich. Der Opferschutz wird daher auf zwei Wegen erreicht. Einmal kann im besten Falle die angebotene Leistung bereits den zivilrechtlichen Schaden ausreichend kompensieren, so dass das Tatopfer nicht noch den Zivilrechtsweg beschreiten muss. Ande-

---

[76] Das ist nach *Schünemann*, ZRP 2009, S. 107 „die gravierendste Abweichung zu so gut wie allen anderen Absprachemodellen [...], dass in Deutschland das später über die Schuld- und Straffrage entscheidende Gericht selbst Partner der Absprachenverhandlung ist".

[77] Vgl. bereits Kapitel XI.3.b); XV.6.a)dd) und b)dd).

189

rerseits soll auch die Aussöhnung zwischen Opfer und Täter durch die Wiedergutmachungsleistung stattfinden.

Nach der Gesetzesformulierung muss der Täter dem Opfer eine Leistung im „Rahmen seiner Möglichkeiten" anbieten. Das heißt im Umkehrschluss, dass die Wiedergutmachungsofferte den Schaden nicht notwendigerweise vollständig tilgen muss. Es zählt also nicht (nur) der Gedanke der Schadenskompensation, vielmehr steht die Ernsthaftigkeit des Bemühens im Vordergrund, welches die gesamten Folgen der Tat für das Opfer beseitigen soll. Folgerichtig ist die Gewährung der Prozessaussetzung auch nicht an die Annahme der Reparationsleistung durch das Opfer gebunden. Bietet beispielsweise ein mittelloser Straftäter dem Opfer eine Wiedergutmachungssumme an, die zwar weit unter dem verursachten Schaden liegt, für ihn jedoch eine erhebliche Wirtschaftsleistung bedeutet, wäre den Tatbestandsvoraussetzungen Genüge getan, auch wenn in diesem Fall das Opfer die Reparationsleistung nicht als Surrogat für seinen zivilrechtlichen Anspruch annehmen wird und möglicherweise für die Zukunft auf bessere wirtschaftliche Verhältnisse des deliktischen Schuldners hofft. Doch ganz im Sinne der Prozessökonomie eröffnet Art. 76 bis Absatz 3 CP die mögliche zivilprozessliche Abwicklung innerhalb des Strafverfahrens für die Fälle, in denen der Geschädigte sich mit der angebotenen Reparationsleistung zufrieden gibt; im besten Falle, weil sie der tatsächlichen Schadenssumme entspricht.

Wann eine angebotene Reparationsleistung als ausreichend für eine Prozessaussetzung gilt, also den Rahmen der Möglichkeiten des Täters ausschöpft, entscheidet das zuständige Gericht. Die Leistungsobergrenze wird dabei stets bei der tatsächlichen Summe aller materiellen und immateriellen Schäden liegen.[78]

Die Wiedergutmachung ist somit nicht an den erforderlichen Erfolg gebunden, sondern nur an dessen Ernsthaftigkeit. Sie ist also nur ein „unter Umständen" und nicht ein „Muss". Daneben können auch die Elemente des Täter-Opfer-Ausgleichs in Art. 76 bis Absatz 3 CP eine Rolle spielen, weil, wie in § 155a dStPO, auch

---

[78] Vgl. *Bovino*, Suspensión, S. 139. Erkennbar ist an dieser Obergrenze, dass die obligatorische Reparationsleistung nur die Rechtsgutsverletzung kompensiert. Ein in der Tat verwirklichter, über die zivilrechtliche Verantwortlichkeit hinausgehender, strafrechtlicher Handlungsunwert schlägt nicht zu Buche.

Aussprache- und Schlichtungscharakter im Rahmen der Reparation berücksichtigt werden können.[79]

b) Keine weiteren Auflagen neben der Reparationsleistung

Ein weiterer Unterschied zum deutschen Recht besteht darin, dass die Reparationsleistung die einzig mögliche Auflage der Art. 76 bis ff. CP ist. Die übrigen Sanktionen sind Weisungen (s.o.). Das heißt, dass die einzige rückwärts gerichtete Sanktion,[80] die als Genugtuung für das mutmaßlich begangene Unrecht dienen kann, die Wiedergutmachungsleistung ist, und dass eine Zahlung an eine gemeinnützige Einrichtung oder an die Staatskasse (§ 153a Absatz 1 Satz 2 Nr. 2 dStPO) oder sonstige gemeinnützige Leistungen (§ 153a Absatz 1 Satz 2 Nr. 3 dStPO)[81] als Auflagen nicht vorgesehen sind. Wenn also mit der Verfahrenseinstellung das öffentliche Interesse an der Strafverfolgung durch die Auflagen und Weisungen zu beseitigen ist[82] (weichendes Interesse), dann kommt der Reparationsleistung eine überragend wichtige Bedeutung zu, denn nur sie allein kann die Sanktionszwecke der Auflagen (s.o.) vertreten.

c) Keine Reparation sozialschädlichen Verhaltens

Voraussetzung für die Reparationsleistung ist die zivilrechtliche Verantwortlichkeit, die die Existenz eines oder mehrerer Geschädigter voraussetzt.[83] Tatsächlich ist die Kompensation von sozialschädlichem Verhalten (daño social) nicht vorgesehen. Folgerichtig kann es auch keine abstrakte Sanktionszahlung an die Staats-

---

[79] Das Gericht lädt gleichzeitig Täter und Opfer in den Sitzungstermin nach Art. 293 CPPN ein und gewährt beiden Parteien Gehör, damit diese ihre Standpunkte vortragen können; *Bovino*, Suspensión, S. 103.

[80] So gesehen sind Weisungen vorwärtsgerichtete Sanktionen oder spezialpräventive Sanktionen zur Verhinderung künftiger Straftaten.

[81] Art. 27 bis Absatz 1 Nr. 8 CP sieht zwar unentgeltliche Arbeit zu Gunsten einer gemeinnützigen Einrichtung oder des Staates vor, doch muss dies die Geeignetheitsprüfung zur Verhinderung künftiger Straftaten erfüllen. Somit wäre die Verhängung von gemeinnütziger Arbeit zur Vergeltung von begangenem Unrecht an sich regelwidrig, denn so würde aus der Weisung eine Auflage (im Ergebnis auch *Bovino*, Suspensión, S. 133). Dass dies in der Praxis vorkommen mag, ist dennoch naheliegend.

[82] So der Wortlaut des § 153a Absatz 1 Satz 1 dStPO.

[83] Vgl. *Bovino*, Suspensión, S. 131 f.

191

kasse oder an eine gemeinnützige Einrichtung geben. Nur die konkrete Kompensationsleistung an das Opfer ist mögliche Auflage. Das stößt auf Probleme in den Fällen, in denen sich kein Opfer individualisieren lässt, bei reinen Gefährdungsdelikten, Versuchsstraftaten, sog. *victimless crimes* (z.b. Drogenherstellung zum Eigenbedarf) oder generell Straftaten, bei denen sich ein zivilrechtlicher Schaden nicht beziffern lässt.[84] Hier kann keine Reparationsleistung angeboten werden und dies ist zur Anwendung der *suspensión del juicio a prueba* auch nicht nötig.

Es liegt nahe, dass dieses Ergebnis nach dem Rechtsgefühl ein unbefriedigendes Ergebnis hervorrufen kann, denn die Tat mit hoher krimineller Energie kann zu einer Aussetzung ohne Auflagen führen, wenn kein zivilrechtlicher Schaden verursacht wurde. Dagegen ist die Tat mit geringer krimineller Energie, aber mit hohem Schaden, mit einer starken Auflage belegt. Im Vergleich zur deutschen Rechtslage orientiert sich das argentinische Recht bei der Verfahrenseinstellung gegen Auflagen also deutlicher am entstandenen Schaden.[85] Das argentinische Recht hat damit viel stärker als das deutsche Recht die „dritte Spur" des strafrechtlichen Sanktionensystems verwirklicht.

Die Gerichte sind versucht, so gelagerte Fälle durch Weisungen zu sanktionieren.[86] Dies ist allerdings meistens regelwidrig,[87] denn die Weisungen des Art. 27 bis CP haben spezialpräventiven Charakter (s.o.) und sind nicht dazu da, als unzumutbar empfundene Strafbarkeitslücken zu füllen.

---

[84] Von einem Beispiel vor der *Cámara Nacional de Casación Penal* berichtet Prof. Dr. *Alberto Bovino*, Universität Buenos Aires, einer versuchten Bestechung, wo auf ein Gesetzgebungsverfahren mit einer Summe von 20 Mio. amerikanischer Dollar Einfluss genommen werden sollte. Das Verfahren wurde ausgesetzt, ohne dass eine Reparationsleistung zu bezahlen war, weil sich kein zivilrechtlicher Schaden beziffern ließ.

[85] Interessant sind hierzu die Ausführungen von *Maier*, Roxin-FS, S. 1219, wonach in historischer Sicht ein Delikt nur existiere, „wenn es ein Opfer gab, und es bestand ein Opfer nur, wenn jemand einem anderen Schaden zufügte oder Schäden vom Kläger bejaht wurden: Delikt war Schadensverursachung", siehe auch S. 1224. Zur Objektivierung des strafrechtlichen Gemeinschaftslebensschutzes siehe *ders.*, Hassemer-FS, S. 491 f. und S. 498.

[86] Im eben beschriebenen Bestechungsfall wurde vom Kassationsgericht gemeinnützige Arbeit verhängt. Siehe auch *Bovino*, Suspensión, S. 193.

[87] Vgl. *Bovino*, Suspensión, S. 189 ff., insb. S. 193 f.

10. Ermessen des Beschuldigten, des Gerichts und der Staatsanwaltschaft

a) Ermessen des Beschuldigten

Die Anwendung der *suspensión del juicio a prueba* ist in erster Linie vom Willen des Beschuldigten abhängig. Dieser hat die Aussetzung der Hauptverhandlung zur Bewährung zu beantragen. Ohne entsprechenden Antrag sind den Strafverfolgungsbehörden die Hände gebunden. Demnach steht es im freien Ermessen des Beschuldigten, diese Erledigungsform anzustreben.

b) Entscheidungsspielraum des Gerichts

Das Gericht hat an zwei Stellen einen Entscheidungsspielraum. Einmal obliegt es dem Gericht, über die „Zweckmäßigkeit" (*razonabilidad*) der angebotenen Reparationsleistung zu entscheiden. Der unbestimmte Rechtsbegriff eröffnet einen weiten Beurteilungsspielraum und das Gericht kann sich bei der Entscheidung an der *ratio legis* des Wiedergutmachungsgedankens orientieren.

Des Weiteren hat das Gericht die „Umstände des Falles" zu berücksichtigen und ob danach bei einer hypothetischen Verurteilung die Aussetzung der Freiheitsstrafe zur Bewährung möglich wäre[88] (Delikte, für die ausschließlich Geldstrafen vorgesehen sind, werden im Rahmen des Art. 64 CP berücksichtigt, s.u.). Dabei hat das Gericht auch Zweifel an der Strafwürdigkeit anzubringen, sei es aus Tatbestands-, Rechtfertigungs-, Schuldausschließungs- oder formellrechtlichen Gründen (Verfahrenshindernis). Das Gericht übernimmt den Antrag des Beschuldigten auf Aussetzung der Hauptverhandlung zur Bewährung also nicht, ohne die bisherige Beweislage mit einzubeziehen. Für die Anwendung ist zumindest der hinreichende Tatverdacht erforderlich.[89]

Ob das Gericht darüber hinaus ein generelles Anwendungsermessen der Hauptverhandlungsaussetzung hat, kann hier nicht sicher gesagt werden. Zumindest legt dies

---

[88] *Si las circunstancias del caso permitieran dejar en suspenso el cumplimiento de la condena aplicable, [...].*
[89] Vgl. *Bovino*, Suspensión, S. 101.

die Ausgestaltung des Art. 76 bis Absatz 4 CP als „Kann-Vorschrift" nahe.[90] Fest steht, dass das Recht der *suspensión del juicio a prueba* eine Prüfung des öffentlichen Interesses am Strafprozess nicht explizit verlangt. Ein entsprechender Passus, wonach durch die Auflagen und Weisungen das öffentliche Interesse am Strafprozess beseitigt sein müsse (wie in § 153a Absatz 1 Satz 1 dStPO), fehlt im CPPN. Die Prüfung der berechtigten Belange der Allgemeinheit, etwa die Bedeutung der Sache oder weil zur vollständigen Klärung auch der Nebenumstände die Hauptverhandlung geboten erscheint, könnte nur innerhalb der Kann-Vorschrift (*podrá suspender*) geschehen.[91]

c) Entscheidungsspielraum der Staatsanwaltschaft

Auch die Staatsanwaltschaft muss zur Hauptverhandlungsaussetzung ihre Zustimmung (*consentimiento*) erteilen. Sie prüft dabei die Umstände des Falles. Das Gesetz verlangt auch hier eine Beseitigung des öffentlichen Interesses durch die erteilten Auflagen und Weisungen nicht explizit. Doch interne Richtlinien bestimmen, dass auch das öffentliche Interesse an der Strafverfolgung berücksichtigt werden muss.[92] Die Hauptverhandlung ist danach durchzuführen, wenn ein gesetzliches Ziel, über welches das *Ministerio Público* gemäß Art. 33 seines Organgesetzes 24.946 zu wachen hat, nur so zu erreichen ist. Dies gilt insbesondere für Fälle der Korruption[93] und mit Beteiligung von Amtsträgern. Fälle der Korruption sind überdies durch Art. 15 und 26 des Übereinkommens der Vereinten Nationen gegen Korruption und Art. VI, VIII, IX und XI der Interamerikanischen Konvention gegen Korruption Teil des argentinischen Rechts.

11. Erneute Anwendbarkeit der Aussetzung der Hauptverhandlung zur Bewährung nach acht Jahren (Art. 76 ter Absatz 6 CP)

Das argentinische Bundesstrafprozessrecht schreibt in Art. 76 ter Absatz 6 CP eine verbindliche Ausschlussfrist vor, wonach eine Gewährung der Prozessaussetzung

---

[90] So auch *Tamini/Freeland López Lecube*, La Ley 1994-D, S. 859.
[91] Vgl. hierzu Kapitel XV.6.c); grundsätzlich kritisch *Maier*, Hassemer-FS, S. 483.
[92] Beschluss des Generalbundesanwalts (Resolución: Procuración General de la Nación [PGN]) Nr. 97/09 vom 14.08.2009.
[93] Vgl. dennoch Anm. 84.

nur einmal in acht Jahren zulässig ist.[94] Damit wählt das argentinische Strafgesetzbuch keine Ermessenslösung (a.A. Subsumtion einer Generalklausel)[95], wie die dStPO im Rahmen des § 153a. Im deutschen Recht existiert demnach kein fixer Zeitraum für eine erneute Anwendung der Verfahrenseinstellung. Die Staatsanwaltschaften und Gerichte prüfen die Möglichkeit einer nochmaligen Anwendung der Vorschriften der §§ 153 und 153a dStPO im Rahmen der Generalklausel des „öffentlichen Interesses".[96] Üblicherweise wird demnach bei einem zeitnah erneut straffällig gewordenen Täter, bei dem bereits zuvor eine Strafverfolgung auf Grund der §§ 153 oder 153a dStPO eingestellt wurde, die nochmalige Verfahrenseinstellung abgelehnt. Dies ist aber nicht zwingend der Fall. Die Staatsanwaltschaften und Gerichte haben hierbei im Rahmen der Generalklausel einen nicht unerheblichen Beurteilungsspielraum. Insbesondere können sie die Art und Intensität der vorangegangenen Straftat, die gemäß der §§ 153 oder 153a dStPO eingestellt wurde, in ihre Erwägungen mit einbeziehen. So kann auch die Einschlägigkeit der vorangegangenen Straftat ein gegen die erneute Einstellung sprechendes Kriterium sein.[97] Würde beispielsweise eine im einen Steuerstrafverfahren gewährte Einstellung, die erneute Anwendung einer Verfahrenseinstellung im späteren Verfahren wegen einer leichten fahrlässigen Körperverletzung nicht verhindern. Auch können kriminalpolitische Erkenntnisse Berücksichtigung finden.[98] Kurzum erlaubt der eingeräumte Spielraum den deutschen Strafverfolgungsbehörden, die Verfahrenseinstellung an den Strafzwecken (Generalprävention, Spezialprävention, Resozialisierung, etc.) auszurichten. Nach argentinschem Recht ist eine Verfahrensaussetzung im genannten Zeitraum der acht Jahre kategorisch ausgeschlossen.[99]

---

[94] Die Ausschlussfrist darf nicht mit der Frist in Art. 76 ter Absatz 1 CP verwechselt werden. Letztere betrifft dieselbe Straftat. Wird also während des Zeitraums von einem bis maximal drei Jahren eine neue Straftat begangen, so wird die ursprünglich eingestellte Straftat wieder aufgegriffen. Die Achtjahresfrist bezieht sich allerdings nur darauf, ob für eine neue Straftat eine Einstellung nochmals gewährt werden darf, hat also auf die ursprüngliche Straftat keinen Einfluss (mehr).

[95] Vgl. Kapitel IX.2. Anm. 7.

[96] Siehe *Meyer-Goßner*, StPO, § 153a, Rn. 13.

[97] Vgl. *Meyer-Goßner*, StPO, § 153a, Rn. 13; ebenso *Schoreit* in: KK-StPO, § 153a, Rn. 14.

[98] Vgl. *Meyer-Goßner*, § 153a, Rn. 6.

[99] Für eine nur einmalige Anwendung des § 153a dStPO plädiert *Plödin*: KMR-StPO, § 153a, Rn. 11.

Das argentinische Bundesrecht sieht eine Prüfung im Rahmen einer Generalklausel nicht vor. Man könnte sagen, Art. 76 ter Absatz 6 CP ist bereits ein gesetzlicher Regelfall eines entgegenstehenden öffentlichen Interesses.

12. Einstellungsverfahren für ausschließlich geldstrafenbewährte Straftaten gemäß Art. 64 CP

Zusammen mit der *suspensión del juicio a prueba* wurde durch das Gesetz 24.316 der dieser verwandte Art. 64 CP eingeführt. Dort heißt es: „Die Strafklage wegen Straftaten, die mit Geldstrafe bestraft werden, erlischt vor Eröffnung des Hauptverfahrens zu jedem Zeitpunkt des Ermittlungsverfahrens durch freiwillige Zahlung des Mindestbetrags der entsprechenden Geldstrafe und des Ersatzes des durch die Straftat verursachten Schadens."[100] Und weiter in Absatz 2: „Nach Eröffnung des Hauptverfahrens muss der Höchstbetrag der entsprechenden Geldstrafe gezahlt werden [...]."[101] In Absatz 4 wird gleich wie bei der *suspensión de juicio a prueba* geregelt, dass dieser „Vorteil" nur einmal in acht Jahren gewährt werden darf.

Da sich der Anwendungsbereich dieses Rechtsinstituts auf Geldstrafen beschränkt, ist ihr Anwendungsbereich relativ gering, denn hier zählt – entgegen der heutigen herrschenden Ansicht bei der *suspensión del juicio a prueba* – der abstrakt mögliche Strafrahmen, auch aller gleichzeitig abgeurteilten Straftaten.[102] Damit ist Art. 64 CP nur auf Straftatbestände anwendbar, die ausschließlich eine Geldstrafe vorsehen und keine Freiheitsstrafe. Bei Delikten, die auch abstrakt mit einer Freiheitsstrafe bedroht sind, kann nur die *suspensión del juicio a prueba* Anwendung finden.

Auch hier wird die Anwendungsentscheidung nicht in die Hände der Strafverfolgungsorgane gelegt. Die Norm ist nicht mit einem Ermessen oder mit einem Beurteilungsspielraum innerhalb einer Subsumtion eines unbestimmten Rechtsbeg-

---

[100] *La acción penal por delito reprimido con multa se extinguirá en cualquier estado de la instrucción y mientras no se haya iniciado el juicio, por el pago voluntario del mínimo de la multa correspondiente y la reparación de los daños causados por el delito.*

[101] *Si se hubiese iniciado el juicio deberá pagarse el máximo de la multa correspondiente [...].*

[102] Vgl. *Lascano* in: Baigún/Zaffaroni, CP, Band 2B, Art. 64, S. 296.

riffes ausgestattet. Das bedeutet, dass die Zahlung der Geldstrafe automatisch zur Aussetzung der Hauptverhandlung führt.

Umstritten ist allerdings, ob mit der Zahlung ein Schuldeingeständnis verbunden ist,[103] ob also die Zahlung eine Kriminalstrafe oder eine Auflage beinhaltet. Bejaht man die Geld*strafe*, würde es die Rechtsnatur des Art. 64 CP näher an das Unterwerfungsverfahren des *juicio abreviado* heranführen. Im Verneinungsfalle wäre die Zahlung des Geldbetrages letztlich ein gesetzlicher Regelfall des „weichenden Interesses" im Sinne einer Einstellung gegen Auflagen. Letztlich ist Art. 64 CP ein Anhängsel der *suspensión de juicio a prueba* oder des *juicio abreviado* (je nach Sichtweise), nur dass es hier nicht mehr auf die rechtliche Würdigung der Strafverfolgungsorgane ankommt, sondern der Beschuldigte damit definitiv die Einstellung erwirken kann.[104] Der Norm lässt sich somit die Wertung entnehmen, dass bei Delikten, die ausschließlich mit Geldstrafe bedroht sind, das öffentliche Interesse an der Hauptverhandlung bei entsprechender Geldzahlung und erstmaliger Straffälligkeit im Zeitraum von acht Jahren immer zurücktreten kann.

13. Fazit und Würdigung

Die *suspensión del juicio a prueba* ist ein weiterer Baustein des modernen argentinischen Straf(prozess-)rechts. Sie ist zudem ein Raumgewinn der adversatorischen Verfahrensweise. Mit dem Ziel einer zweistufigen Verfahrenseinstellung, weist sie große Ähnlichkeiten zu unserer Einstellung gegen Auflagen und Weisungen in § 153a dStPO auf.

Der größte Unterschied zwischen der argentinischen *suspensión* und der deutschen Einstellung liegt in der Art der erteilten Auflagen. Während das deutsche Recht die (abstrakte) Geldleistung als Auflage bevorzugt, ist im argentinischen Recht die konkrete Schadenswiedergutmachung zwingende und einzige Auflage. Bis zu einer konkreten Strafe von maximal drei Jahren ahndet das argentinische Recht die erst-

---

[103] Hierzu *Lascano* in: Baigún/Zaffaroni, CP, Band 2B, Art. 64, S. 292 f.

[104] Die Strafverfolgungsorgane haben allerdings faktisch Einfluss darauf, dass Art. 64 CP nicht angewendet werden kann, indem ein abstrakter Tatvorwurf über der Grenze einer Geldstrafe aufrecht gehalten wird.

malige Tatbegehung nicht strafrechtlich, wenn die ernst gemeinte, zivilrechtliche Entschädigung angestrebt wird.

Das argentinische Recht setzt hierzu einen tatsächlichen materiellen Schaden voraus. Gefährdungsdelikte, Antizipationsdelikte, Versuchsstraftaten und generell Straftaten ohne zivilrechtlich messbaren Schaden sind daher auflagenfrei einzustellen. Dass das argentinische Strafrecht im Rahmen der *suspensión del juicio a prueba* auf die „Gefährdungsorientierung" verzichtet, kann man durchaus als gegenläufig bezeichnen, beachtet man den steten Ausbau strafrechtlicher Tatbestände in diesem Bereich.[105]

Ob deshalb die den Beschuldigten auferlegten Pflichten im Ergebnis eine andere Charakterdefinition als die des deutschen Rechts haben, kann an dieser Stelle nicht sicher beantwortet werden. Klar ist, dass gängige Kategorisierungen wie „Denkzettelfunktion", „strafähnliche Sanktionen" und „besondere nichtstrafrechtliche Sanktionen"[106] in einem anderen Licht erscheinen, wenn allein die Bedienung des Opferinteresses als „dritte Spur" der Strafzwecke maßgebend ist. Der Staat zieht sich in diesem Strafsegment zurück und straft dort nicht mehr, wo seiner Meinung nach kein sozialer Konflikt mehr ist.[107]

Die Ablehnung des vernünftigen Reparationsangebotes im Sinne einer gerichtlichen Negation der Hauptverhandlungsaussetzung zur Bewährung ist im CP nicht explizit vorgesehen. Es existiert keine entsprechende Klausel des „öffentlichen Interesses". Die *suspensión del juicio a prueba* ist aber eine Kann-Vorschrift. Ob diese von den Gerichten zur Ablehnung einer Hauptverhandlungsaussetzung genutzt wird, wenn die allgemeinen Belange am Strafprozess dies gebieten, kann nicht mit Sicherheit gesagt werden.[108] Interne Vorschriften der Bundesstaatsanwaltschaft weisen aber auf Handlungsspielräume hin. Der Vorrang der öffentlichen Belange an der Hauptverhandlung sollte jedenfalls in einzelnen Fällen bejaht wer-

---

[105] Siehe hierzu *Maier*, Hassemer-FS, S. 482.

[106] Zu allen Kategorien Nachweise in *Meyer-Goßner*, StPO, § 153a, Rn. 12; siehe auch *Krey*, Strafverfahrensrecht, B. 1, Rn. 439.

[107] Andersherum sieht er den sozialen Konflikt bei Wiederholungstätern durch die Reparationsleistung nicht ausgestanden.

[108] Grundsätzlich kritisch *Maier*, Hassemer-FS, S. 483.

den können. Dies gilt umso mehr, wo mangels zivilrechtlichen Schadens, eine faktisch auflagenfreie – wenn auch nicht weisungsfreie – Einstellung erreicht würde und das Delikt die Bagatellgrenze deutlich überschreitet. Eine Geldzahlung, die das öffentliche Interesse beseitigt – um mit der deutschen Terminologie zu sprechen – existiert nicht. Gerade weil das Gesetz das öffentliche Interesse am Strafprozess im Rahmen der Anwendung der Art. 76 bis ff. CP nicht namentlich erwähnt, wäre eine Debatte über dessen Prüfung (und restriktive Handhabung) bei einer Aussetzung der Hauptverhandlung zur Bewährung sinnvoll.[109] Lässt man die Prüfung der öffentlichen Belange im Rahmen der Generalklauseln der Justizorgane nicht zu,[110] dann ist die Beseitigung des öffentlichen Interesses bei nicht vorhandenem Schaden eine unwiderlegliche Vermutung. Dann hieße das auch, dass das Delikt ohne zivilrechtlich messbaren Schaden, dessen Handlungsunwertpotenzial unterhalb einer Strafzumessung von drei Jahren Freiheitsstrafe liegt, stets ein Fall des „weichenden Interesses"[111] wäre, sobald der Beschuldigte die *suspensión* nur beantragt.

Ebenso gibt es Unterschiede zum deutschen Recht im Weisungskatalog. Einmal ist die gemeinnützige Arbeit als Weisung einzustufen, wobei Gerichte versucht sind, diese aus einem gewissen Vergeltungswunsch heraus zu verhängen. Dies ist aber wegen des spezial-präventiven Charakters der Weisungen prinzipiell regelwidrig. Weiterhin ist auch die Verhinderung künftiger Straftaten – sei es aus Art. 76 ter Absatz 5 oder Absatz 6 – eine obligatorische Weisung. Nach den Maßstäben des deutschen Rechts wäre dies wegen des general- und nicht spezialpräventiven Charakters unzulässig. Insbesondere wird die Einschlägigkeit, Art und Intensität des Ursprungsdelikts undifferenziert behandelt. Ebenso gilt dies für den Ausschlusszeitraum, wonach eine *suspensión del juicio a prueba* nur einmal innerhalb von acht Jahren gewährt werden kann. Es fehlen dadurch weitere wichtige Beurteilungskriterien. Es wird einzig auf die Zeitnähe der vorangegangenen Tat abgestellt. Wichtige Merkmale wie Deliktsschwere oder Deliktstypus bleiben hingegen unberücksichtigt. Bspw. löst die leichte Fahrlässigkeitsstraftat den gleichen „Bewährungszeitraum" aus wie das vorsätzliche schwerere Delikt an der Anwendungsobergrenze der *suspensión del juicio a prueba*. Auch wird unterstellt, die Spezial-

---

[109] Vgl. Kapitel XV.6.c).
[110] So im Ergebnis *Maier*, Hassemer-FS, S. 483 und *ders.*, Roxin-FS, S. 1219 f.
[111] *Roxin/Schünemann*, Strafverfahrensrecht, S. 71 f., Rn. 5.

prävention werde für alle Lebensbereiche des Täters notwendig, auch wenn die Tat sich gegen einen relativ abgeschirmten Lebensbereich richtet. Wenn also die Einschlägigkeit der vorangegangenen Straftat unberücksichtigt bleibt, wird dem Täter für *alle* weiteren strafrechtlich relevanten Handlungen die „gelbe Karte" gezeigt.[112] Ebenso unbefriedigend gelöst sind Fälle, in denen bei Tatmehrheit die Aburteilung eher zufällig auseinander fällt, etwa weil eine strafbewehrte Handlung erst später entdeckt wurde. Grundsätzlich kann gemäß Art. 76 bis Absatz 2 CP im Falle der Realkonkurrenz die *suspensión del juicio a prueba* Anwendung finden.[113] Im Beispiel: Die Trunkenheitsfahrt und die Tags darauf folgende Fahrt ohne Fahrerlaubnis (weil der Führerschein eingezogen wurde) sind zusammen einstellbar. Wird dagegen die spätere Fahrt ohne Fahrerlaubnis (zufällig) erst später entdeckt, nachdem bereits eine Verfahrenseinstellung wegen der Trunkenheitsfahrt gewährt wurde, ist diese abzuurteilen, weil die Sperrfrist des Art. 76 ter Absatz 6 CP wirkt.[114] Der Vorteil der Verfahrenseinstellung ist also nicht zwingend vom Zeitpunkt des vorangehenden Deliktes abhängig, sondern auch von der Aufklärung möglicher zeitnaher realkonkurrierender Delikte. In Art. 76 ter Absatz 6 CP zeigt sich somit wiederum eine gewisse Ermessensfeindlichkeit des argentinischen Straf(verfahrens-)-rechts.[115]

---

[112] Für eine insgesamt nur einmalige Gewährung des § 153a dStPO *Plödin*: KMR-StPO, § 153a, Rn. 11.

[113] Vgl. *De la Rúa*, CP, Parte general, Arts. 76 bis a 76 quater, S. 1169.

[114] Auch der Grundsatz *ne bis in idem* greift hier nicht, weil es keine mehrfache Strafverfolgung derselben Tat ist.

[115] Vgl. Kapitel IX.5.g), XIII.4., XIV.3.

XVII. Summarische Untersuchung (instrucción sumaria)

1. Überblick und ratio legis

Eine vereinfachte bzw. summarische Untersuchung ist in Art. 353 bis f. CPPN vorgesehen. Die sogenannte *instrucción sumaria* wurde durch Gesetz 24.826[1] dem CPPN hinzugefügt, war somit ebenfalls kein Bestandteil des ursprünglichen Reformwerkes, sondern kam im Nachhinein. Den Gesetzesmaterialien zur Einführung der *instrucción sumaria* ist der Sinn und Zweck der neuen Verfahrensweise nicht zu entnehmen, was im Wesentlichen der gleichzeitig und ungleich kontroverser debattierten Gesetzesnovelle zum abgekürzten Verfahren geschuldet ist.[2] Die Teleologie erschließt sich aber aus dem Verfahren selbst: die Beschleunigung und Vereinfachung des (ansonsten sehr formalen) Vorverfahrens.[3] Die Vereinfachung soll dadurch erreicht werden, dass Straftaten, bei denen der Täter auf frischer Tat betroffen wurde und ein einfach gelagerter Sachverhalt zu Grunde liegt, zwingend durch die Staatsanwaltschaft ermittelt werden und der Zwischenschritt der *indagatoria*, der obligatorischen Erstvernehmung,[4] ausnahmsweise durch die Staatsanwaltschaft durchgeführt wird, anstatt durch den Untersuchungsrichter. Die *instrucción sumaria* ist sozusagen ein gesetzlicher Regelfall der Delegation der Ermittlungstätigkeit des Untersuchungsrichters an die Staatsanwaltschaft (Art. 196 CPPN)[5] mit gleichzeitiger Übertragung der *indagatoria*. Bei der Anwendung der *instrucción sumaria* darf gleichzeitig keine Untersuchungshaft angeordnet worden sein.

Die *instrucción sumaria* hat somit eher wenig mit dem deutschen beschleunigten Verfahren gemäß den §§ 417 ff. dStPO gemein. Die Tatbestandsvoraussetzungen sind zwar ähnlich – Fälle mit einfach gelagertem Sachverhalt – und beide Maß-

---

[1] Beschlussfassung am 21.05.1997; erlassen am 11.06.1997; B.O. am 19.06.1997.
[2] Eingefügt durch Gesetz 24.825, Beschlussfassung ebenfalls am 21.05.1997, erlassen am 11.06.1997, B.O. am 18.06.1997; lediglich die Worte des Senators der Provinz *San Luis* Bernado P. Quinzio besagen zur *instrucción sumaria*: Ziel sei die größere Schnelligkeit der Verfahren und weniger Ausgaben der Strafjustiz; siehe *Di Corleto/Soberano*, CDJP 2000, Nr. 10, S. 394 f.
[3] So auch *Marchisio*, Juicio abreviado, S. 147.
[4] Vgl. Kapitel XI.1.c).
[5] Vgl. Kapitel XI.1.b).

nahmen zeichnen sich durch die Verkürzung der Fristen zwischen Tatbegehung und Aburteilung aus. Doch das deutsche beschleunigte Verfahren möchte die Beschleunigung vor allem durch den Wegfall des Zwischenverfahrens und einer Entschlackung des Hauptverfahrens erreichen. Die summarische Untersuchung vereinfacht dagegen das Vorverfahren. Schließlich existiert im CPPN kein Zwischenverfahren deutscher Prägung, welches man wegkürzen könnte, da der Eröffnungsbeschluss durch den Untersuchungsrichter in Übereinstimmung mit der Staatsanwaltschaft erfolgt.[6] Die *instrucción sumaria* streicht vielmehr die Parallelität von Untersuchungsrichter und Staatsanwaltschaft und legt das gesamte Vorverfahren in die Hände Letzterer.[7] Der Vereinfachungsgedanke der summarischen Untersuchung liegt also vor allem in der Abschaffung der komplexen und formalen Aufteilung der Vorverfahrenstätigkeiten zwischen Untersuchungsrichter und Staatsanwaltschaft.

2. Verfahren

Die *instrucción sumaria* ähnelt dem deutschen Vorverfahren unter der Verfahrensherrschaft der Staatsanwaltschaft. Die Befürworter der Abschaffung der Untersuchungsrichterschaft als Sachverhaltsaufklärer zu Gunsten der Staatsanwaltschaft sehen daher in der *instrucción sumaria* ein voranschreitendes Beispiel im Bundesstrafverfahrensrecht. Bei den Verfahrensvoraussetzungen schwingt somit immer der Wunsch nach einer Neuverteilung der Ermittlungstätigkeiten mit, verbunden mit einer Entmachtung der Untersuchungsrichterschaft.[8]

Letztlich kannte der neue CPPN die eigenständige staatsanwaltschaftliche Ermittlungstätigkeit bereits seit seiner Einführung im Jahre 1992. Diese war aber stets vom Willen des Untersuchungsrichters abhängig, der gemäß Art. 196 Absatz 1 CPPN die Ermittlungstätigkeit durch Delegation an die Staatsanwaltschaft abgeben kann, aber nicht muss. Es ließ sich eine zurückhaltende Delegationspraxis der Untersuchungsrichterschaft beobachten.[9] Die *instrucción sumaria* schafft nun erstmals

---

[6]   Vgl. Kapitel XI.1.d).
[7]   Vgl. *Di Corleto/Soberano*, CDJP 2000, Nr. 10, S. 395 f.
[8]   Zur Machtfülle des Untersuchungsrichters und mit Argumenten der Befürworter und Gegner siehe *Woischnik*, Untersuchungsrichter, S. 154 ff.
[9]   vgl. Kapitel XI.1.b) Anm. 13.

Fälle, in denen per Gesetz der Staatsanwaltschaft die Ermittlungstätigkeit obliegt. Schließlich wird durch Art. 353 bis Absatz 1 CPPN auf die Vorschriften der staatsanwaltlichen Ermittlungstätigkeit nach erfolgter Delegation gem. Art. 209 ff. CPPN verwiesen.

Im Falle der (freiwillig) delegierten Untersuchungstätigkeit nach Art. 196 CPPN verbleibt die obligatorische Erstanhörung (*indagatoria*) gemäß Art. 213 Absatz 1 lit. a i.V.m. Art. 294 CPPN zwingend beim Untersuchungsrichter. Die Erstanhörung ist also eine der nicht delegierbaren Ermittlungshandlungen. Anders im Rahmen der *instrucción sumaria*: Hier wird diese durch eine abgeschwächte Anhörungsform gemäß Art. 353 bis Absatz 2 und 3 CPPN vor der Staatsanwaltschaft ersetzt, die stark an die Anhörung gemäß § 163a dStPO erinnert.[10] Der Beschuldigte kann Beweisanträge stellen. Diese erste rechtliche Anhörung kann auch schriftlich erfolgen (vgl. für Deutschland § 163a Absatz 1 Satz 2 dStPO). Der Verteidiger muss allerdings eingebunden sein.[11]

Was in Deutschland üblich ist, stellt aus Sicht des argentinischen Bundesstrafprozessrechts ein Umdenken in den Kompetenzen der Ermittlungsbehörden dar. Die Kritiker bemängeln, dass hiermit die Befugnisse der Staatsanwaltschaft überschritten würden, da so Beweise durch die Staatsanwaltschaft erhoben würden.[12] Die generellen Befürworter der ermittelnden Staatsanwaltschaft auch im Bundesrecht[13] halten dagegen, dass diese Argumentation von vorneherein das Unmittelbarkeitsprinzip verleugne, da im Vorverfahrensabschnitt grundsätzlich gar kein Beweis zu

---

[10] Allerdings kann der Beschuldigte gemäß Art. 353 bis Absatz 5 CPPN beantragen, dass eine *indagatoria* vor dem Untersuchungsrichter durchgeführt wird.

[11] Dies entspricht dem generellen Anwaltszwang im argentinischen Bundesstrafprozessrecht (siehe hierzu Kapitel VII.2.).

[12] Vgl. *Di Corleto/Soberano*, CDJP 2000, Nr. 10, S. 417 f., insb. Fn. 92; Grundlegend zur argentinischen Kritik an der staatsanwaltlichen Ermittlung *Gómez Colomer*, CDJP 1997, Nr. 7, S. 901 ff.; *Woischnik*, Untersuchungsrichter, S. 74 und S. 101 f.

[13] Einige Provinzen haben sehr wohl das Vorverfahren einzig in die Hände der Staatsanwaltschaft gelegt und das Institut des Untersuchungsrichters abgeschafft. Nur ein Ermittlungsrichter wacht über die Rechtmäßigkeit schwerwiegender Grundrechtseingriffe. So z.B. die mit ihrer Einführung als sehr modern und fortschrittlich gelobte Verfahrensordnung der Provinz *Córdoba*, auf die stets als ein funktionierendes Beispiel staatsanwaltlicher Ermittlungskompetenz im argentinischen Bundesstaat verwiesen wird (siehe *Gómez Colomer*, CDJP 1997, Nr. 7, S. 915 f. m.w.N.; *Struensee/Maier* in: Maier/Ambos/Woischnik, Las reformas, S. 24 ff.).

erheben sei. Der Wegfall der (richterlichen) *indagatoria* beschneide somit die Beschuldigtenrechte keinesfalls.[14]

Klar scheint, dass die *instrucción sumaria* einen Brückenkopf für die ermittelnde
Staatsanwaltschaft im Aufgabenbereich der Untersuchungsrichterschaft bildet; für
konservative Kräfte ein Dorn im Auge, für die andere Ansicht der richtige Schritt
in Richtung der Staatsanwaltschaft als Herrin des Vorverfahrens. Mit fortschreiten-
dem Generationswechsel scheint dieser Wandel näher zu rücken. Die *instrucción*
sumaria steht für den ersten Schritt weg von einem sehr formalisierten Verfahren
mit komplizierter Rollenaufteilung, hin zu einem flexiblen Vorverfahren. Damit
verbundene Ressourceneinsparungen wären evident.

3. Tatbestandsvoraussetzungen

Die Tatbestandsvoraussetzungen sind demnach auch unter dem Lichte des eben
geschilderten Politikums zu sehen. Gegner der ermittelnden Staatsanwaltschaft
versuchen den Anwendungsbereich möglichst restriktiv auszulegen.[15] Die Befürworter fürchten in jeder Einschränkungs- oder Ermessensmöglichkeit eine unzuläs-
sige Einmischung der Richterschaft aus – überspitzt gesagt – selbstsüchtigen Motiven. Zwischen diesem Spannungsfeld bewegen sich die im Folgenden einzeln erörterten Tatbestandsvoraussetzungen der *instrucción sumaria*.

a) Kein Ermessensspielraum des Untersuchungsrichters

Es wird diskutiert, ob die Beschreitung des summarischen Vorverfahrens zwingend
ist, sobald alle Tatbestandsvoraussetzungen erfüllt sind, oder ob dem Untersuchungsrichter, dem eingangs die Prüfung dieser Tatbestandsvoraussetzungen obliegt, ein Ermessensspielraum verbleibt. Von der argentinischen Literatur wird dies

---

[14] So *Di Corleto/Soberano*, CDJP 2000, Nr. 10, S. 417, mit Verweis auf das deutsche Recht. Siehe
auch *D'Albora*, CPPN, vor Art. 353 bis, S. 785, der darauf verweist, dass ohnehin eine doppelte
Feststellung des hinreichenden Tatverdachts durch die *indagatoria* (am Ende durch den *auto de*
procesamiento) und den Überleitungsbeschluss vorliege.

[15] Anfänglich sogar noch als verfassungswidrig durch die Rechtsprechung abgelehnt (Nachweise
bei *Marchisio*, Juicio abreviado, S. 148, Fn. 105).

überwiegend abgelehnt.[16] Es widerspreche dem Gedanken des Art. 196 CPPN, wonach der Untersuchungsrichter ohnehin jederzeit die Möglichkeit hat, die Ermittlungstätigkeit an die Staatsanwaltschaft abzutreten. Hätte der Untersuchungsrichter im Rahmen des Art. 353 bis CPPN nunmehr ebenfalls ein Wahlrecht, verbliebe der *instrucción sumaria* kein eigener Regelungsgehalt mehr, da das Wahlrecht stets einer freien Entscheidung des Untersuchungsrichters zugänglich wäre. Die Voraussetzungen des Art. 353 bis CPPN hätten somit nur noch einen Empfehlungscharakter. Sie sind jedoch bindend und lassen keine abweichende Entscheidung zu.[17] Allerdings ist zu sagen, dass die Tatbestandsvoraussetzungen der *instrucción sumaria* zuerst beim Untersuchungsrichter geprüft werden. Innerhalb dieser Prüfung hat der Untersuchungsrichter große Spielräume durch unbestimmte Rechtsbegriffe und die Untersuchungshaftanordnung,[18] so dass sein Einfluss auf die Anwendbarkeit der *instrucción sumaria* nach wie vor hoch bleibt.

b) Tatfrische

Voraussetzung der *instrucción sumaria* ist, dass der Beschuldigte auf frischer Tat (*en flagrancia*) bei der Tatbegehung angetroffen wurde. Art. 353 bis CPPN verzichtet auf eine nähere Definition. In Art. 285 CPPN lässt sich jedoch bei der vorläufigen Festnahme eine Legaldefinition der *flagrancia* entnehmen. Drei Fallgruppen sind hier zu unterscheiden: 1. die echte Tatfrische, bei Tatbegehung oder unmittelbar danach (bis zur Vollendung), 2. die Quasi-Tatfrische, wenn der Täter sich vom Tatort zwar bereits entfernt hatte, seitdem aber eine ununterbrochene Verfolgung desjenigen stattfand (zwischen Vollendung und Beendigung) und 3. die vermeintliche Tatfrische, wenn eine Person mit Objekten und Nachweisen ertappt wird, die mit an Sicherheit grenzender Wahrscheinlichkeit auf eine gerade begangene Straftat hinweisen (bereits nach Beendigung der Tatausführung).[19]

---

[16] Siehe *Di Corleto/Soberano*, CDJP 2000, Nr. 10, S. 393 m.w.N.
[17] So *Di Corleto/Soberano*, CDJP 2000, Nr. 10, S. 393 m.w.N.
[18] Vgl. *D'Albora*, CPPN, vor Art. 353 bis, S. 784.
[19] Vgl. *D'Albora*, CPPN, vor Art. 353 bis, S. 784; *Di Corleto/Soberano*, CDJP 2000, Nr. 10, S. 399.

c) Einfach gelagerter Sachverhalt

Es ist aber strittig, ob die Definition der vorläufigen Festnahme des Art. 285 CPPN ohne weitere Voraussetzungen auf die *instrucción sumaria* anwendbar ist. Es wird gefordert, dass neben der Tatfrische als weiteres Merkmal ein einfach gelagerter Sachverhalt zu Grunde liegen muss. Darüber, wann ein einfach gelagerter Sachverhalt vorliegt, besteht aber keine Einigkeit.

Die Literaturansicht ist von einem Vereinfachungseffekt auf das Strafverfahren bereits durch die Tatfrische der Sachverhaltswahrnehmung überzeugt. Die Beweisführung sei in diesem Fall deutlich vereinfacht.[20] Die Unkompliziertheit wird somit der Tatfrische als immanent unterstellt. Diese Ansicht führt im Ergebnis dazu, dass neben der in Art. 285 CPPN definierten Tatfrische keine weiteren Tatbestandsmerkmale zu prüfen sind.

Dagegen wird von der ständigen Rechtsprechung eingewendet, dass nicht jeder Straftat, nur weil sie auf frischer Tat entdeckt wurde, ein einfacher und schnell abzuurteilender Sachverhalt zu Grunde liege.[21] Demnach seien als weitere zusätzlich zu prüfende ungeschriebene Tatbestandsvoraussetzungen der *instrucción sumaria* ein einfacher Sachverhalt und eine klare Beweislage zu fordern.[22]

Die Literaturmeinung argumentiert hingegen, dass der Begriff der Komplexität zu unbestimmt sei und es dadurch für den Untersuchungsrichter ein Leichtes sei, sich des Falles begründet anzunehmen.[23] Mit anderen Worten: Es wird befürchtet, dass die Untersuchungsrichterschaft mit diesem Kriterium versucht, die summarische

---

[20] So *Di Corleto/Soberano*, CDJP 2000, Nr. 10, S. 400, 407 u. 411 m.w.N.

[21] CNCP, sala I, Fall Nr. 7.798, „Papillo Domingo" vom 03.11.1997; oder sala V, Fall, „Fernández" vom 31.10.1997 und „Gómez" vom 31.03.1998; Nachweise aus *Di Corleto/Soberano*, CDJP 2000, Nr. 10, S. 398.

[22] Dem beschleunigten Verfahren gemäß den §§ 417 ff. dStPO liegt auch der Gedanke zu Grunde, dass bei einfach gelagerten Sachverhalten die Wahrheitsermittlung so stark gesichert ist, dass auch ein geringerer Aufwand an Verteidigungsrechten das Risiko von Fehlurteilen nicht erhöht (vgl. *Paeffgen* in: SK-StPO, 3. A., § 417, Rn. 12 ff.).

[23] So *Di Corleto/Soberano*, CDJP 2000, Nr. 10, S. 399 und S. 406, Fn. 69.

Untersuchung gering zu schätzen, um sich im Rahmen dieses unbestimmten Rechtsbegriffes die Machtoptionen[24] offen zu halten.

d) Keine angeordnete Untersuchungshaft

Einige Wechselwirkungen hat die *instrucción sumaria* mit der Untersuchungshaft (*prisión preventiva*). Gemäß Art. 353 bis Absatz 1 CPPN kann bei angeordneter Untersuchungshaft nicht nach der *instrucción sumaria* verfahren werden. Letztere ist damit indirekt von den Voraussetzungen der Haftanordnung und -verschonung abhängig.

Die Gesetzessystematik sieht hierbei die Untersuchungshaft als Regelfall vor, von dem im Bereich der leichteren Kriminalität, bei der nur Geldstrafe und/oder Bewährungsstrafe erwartet wird, zwingend abzusehen ist. Im Bereich der mittleren Kriminalität, bei der eine Strafe von bis zu acht Jahren Freiheitsstrafe prognostiziert wird, ist von der Untersuchungshaft abzusehen, wenn keine Flucht, Fluchtgefahr oder Verdunkelungsgefahr vorliegt. Bei schwereren Straftaten ist eine Haftverschonung praktisch ausgeschlossen.[25] Im Bereich der obligatorischen oder uneingeschränkten Untersuchungshaft ist die Anwendung der *instrucción sumaria* somit nicht möglich. Im Bereich der fakultativen oder eingeschränkten Haftanordnung hat der Untersuchungsrichter durch die Haftverschonungsanordnung (*excarcelación*) unmittelbaren Einfluss auch auf die Anwendung der *instrucción sumaria*. Es mag schwer nachvollziehbar sein, von welchen Motiven er sich leiten lässt und es ist nicht ausgeschlossen, dass bei seiner Entscheidung über die Haftverschonung auch tatbestandsfremde Motive eine Rolle spielen, etwa weil er es vorzieht, eine Untersuchung selbst durchzuführen, was er durch eine fortbestehende Haft sicher erreicht. Die *instrucción sumaria* ist daher so etwas wie das Gegenstück oder das Negativ zur Untersuchungshaft.[26] Außerdem wird die Anwendung der *instrucción sumaria* durch die Untersuchungshaft indirekt hinsichtlich der schwere der Tat nach oben hin begrenzt. Zwar fehlt Art. 353 bis CPPN selbst eine Anwendungsobergrenze, so dass danach theoretisch auch schwerste Straftaten der *instrucción*

---

[24] Zur Machtfülle des Untersuchungsrichters siehe *Woischnik*, Untersuchungsrichter, S. 151 ff.
[25] Zu dieser bedenklichen Systematik kritisch *Woischnik*, Untersuchungsrichter, S. 254 ff.
[26] Vgl. *Di Corleto/Soberano*, CDJP 2000, Nr. 10, S. 401.

sumaria unterfallen könnten. Doch (nach derzeitigem argentinischem Recht) geht jede schwere Straftat mit Untersuchungshaft einher, so dass die *instrucción sumaria* praktisch bei schwereren Delikten nicht angewandt werden kann.

e) Ermittlungsfrist

Im Falle der *instrucción sumaria* darf die Untersuchung nicht mehr als 15 Tage in Anspruch nehmen. Dies zeigt das Konzept der *instrucción sumaria*, die nur einfach gelagerte Fälle umfassen soll.[27] Auch hier ist die Auslegung strittig. Die restriktive Ansicht ist für eine strikte Einhaltung dieser Frist und entbindet die Staatsanwaltschaft notfalls von der begonnenen Untersuchung.[28] Dem liege die unwiderlegliche Vermutung zu Grunde, dass eine Straftat, deren Erforschung länger als 15 Tage in Anspruch nimmt, dem geforderten einfach gelagerten Sachverhalt nicht entspreche. Andere stellen nur auf die Prüfung der Betroffenheit auf frischer Tat ab und lehnen die Komplexitätsprüfung und somit eine Fristprognose grundsätzlich ab (s.o.). Ist demnach einmal die Entscheidung zur Durchführung der *instrucción sumaria* gefallen, also zu Gunsten einer ermittelnden Staatsanwaltschaft, soll die Ermittlungstätigkeit bis zum Abschluss der Voruntersuchung in den Händen der Staatsanwaltschaft bleiben.[29] Art. 353 bis CPPN sei eine Vorgabe, die an keine unmittelbare verfahrensrechtliche Sanktion geknüpft sei, sondern im Einzelfall disziplinarische Konsequenzen habe oder das Recht auf ein zügiges Verfahren (Art. 8 Nr. 1 AMRK) verletzen könne.[30]

4. Kombination mit anderen Verfahrensarten

Abschließend ist noch zu erwähnen, dass die *instrucción sumaria* mit dem abgekürzten Verfahren[31] und der Aussetzung der Hauptverhandlung zur Bewährung[32] ausdrücklich kombiniert werden kann.[33] Es existieren somit staatsanwaltlich ge-

---

[27] Vgl. *Di Corleto/Soberano*, CDJP 2000, Nr. 10, S. 406.
[28] Vgl. *Di Corleto/Soberano*, CDJP 2000, Nr. 10, S. 406.
[29] So *Di Corleto/Soberano*, CDJP 2000, Nr. 10, S. 406 f.
[30] So *D'Albora*, CPPN, Art. 353 bis, S. 792; ebenso *Di Corleto/Soberano*, CDJP 2000, Nr. 10, S. 408 ff. m.w.N. auch für die Gegenmeinung.
[31] Kapitel XV.
[32] Kapitel XVI.
[33] Vgl. *Marchisio*, Juicio abreviado, S. 141.

führte summarische Verfahren im argentinischen Bundesstrafprozess. Das argentinische Recht kennt demzufolge Verfahren, die in ihrer Struktur den praktisch am häufigsten angewandten deutschen Untersuchungs- und Hauptverfahren entsprechen.

5. Fazit und Würdigung

Die *instrucción sumaria* ist eine starke Vereinfachung des ansonsten sehr formalisierten Vorverfahrens des CPPN. Die damit einhergehende Stärkung der Rolle der Staatsanwaltschaft im Vorverfahren wird von den Stimmen begrüßt, die die Staatsanwaltschaft im Regelfall als Vorverfahrensherrin etablieren möchten. Die Forderung nach einem möglichst großen Anwendungsbereich der *instrucción sumaria* scheint daher vorwiegend von dem Wunsch nach einer stärkeren und eigenständigeren Rolle der Staatsanwaltschaft im Ermittlungsverfahren motiviert zu sein. Dies an einem größeren Anwendungsbereich der *instrucción sumaria* festzumachen, scheint allerdings problematisch. Denn prinzipiell ist es im Interesse des Beschuldigten, dass eine summarische Untersuchung nur in einfach gelagerten Fällen zur Anwendung kommt. Die „Crux" der Diskussion ist die Stellung des Untersuchungsrichters und dessen Funktionshäufung als Staatsanwalt und Ermittlungsrichter (im deutschen Sinne).[34] Deshalb ist es aber nicht richtig, die Tatbestandsvoraussetzungen der *instrucción sumaria* zu verändern, wenn man dem Grunde nach die Person des Untersuchungsrichters und dessen strukturelle Befangenheit kritisiert. Das Ablehnen einer an sich im Beschuldigteninteresse stehenden Tatbestandsvoraussetzung der *instrucción sumaria* ist somit Flickschusterei. Man müsste die Trennung von Inquisitions- und Kontrollfunktion beim Untersuchungsrichter insgesamt erreichen.

---

[34] Vgl. Kapitel XI.3.c).

XVIII. Korrektionalverfahren (juicio correccional)

1. Überblick

Das Korrektionalverfahren (*juicio correccional*) bezeichnet in erster Linie eine Gerichts- und Richterzuständigkeit, wie etwa die Zuweisung von Strafsachen an den Einzelrichter beim Amtsgericht. So sind nach Art. 27 CPPN die leichten Strafsachen mit einer Strafandrohung von maximal drei Jahren dem Korrektionalgericht bzw. -richter zugewiesen. Darüber hinaus bot das Korrektionalverfahren nach den Art. 405 ff. CPPN bisher eine besondere Vereinfachungsmöglichkeit. Es wies sich dadurch aus, dass ein und derselbe Richter in Untersuchungsfunktion das Vorverfahren leitete und später erkennendes Organ des Hauptverfahrens war. Somit vereinten sich Untersuchungsrichter und erkennender Richter in einer Person. Das hatte den praktischen Effekt, dass sich der erkennende Richter nicht erst in die Akten einarbeiten musste, sondern mit dem Fall aus seiner Untersuchungstätigkeit bereits bestens vertraut war.[1] Insofern lag hierin ein prozessökonomischer Aspekt.

Selbstverständlich wird diese Funktionsverschmelzung von Ermittlungs- und Entscheidungsfunktion als dem überkommenen Inquisitionsprozess direkt entstammend und mit dem Unparteilichkeitsprinzip für unvereinbar angeprangert.[2] Insbesondere in der Kombination mit der (verworfenen) staatlichen Klageerzwingungsmöglichkeit[3] konnte daher ein entschlossener Korrektionalrichter das Vorverfahren, die Anklage, das (quasi) Zwischenverfahren und das Hauptverfahren aus eigener Kraft vorantreiben.

2. Gesetzliche Grundlage der unipersonalen Praxis

Art. 27 CPPN regelt, dass die Korrektionalrichter in alleiniger Instanz (*única instancia*) ermitteln und entscheiden. Das heißt, dass sowohl die Aufgaben des Untersuchungsrichters als auch die des erkennenden Richters durch einen Korrektionalrichter durchgeführt werden. Zwingend ist hieraus die Vereinigung beider Tä-

---

[1] Hierzu *Woischnik*, Untersuchungsrichter, S. 183.
[2] So eingehend *Woischnik*, Untersuchungsrichter, S. 180 ff. m.w.N.
[3] Vgl. Kapitel XI.2.

tigkeiten in einer Person nicht, da auch ein personeller Wechsel innerhalb der Korrektionalrichterschaft beim Übergang des Ermittlungsverfahrens in das Hauptverfahren denkbar wäre.

Doch die bisherige Jurisprudenz zog in historischer Auslegung ein Argument heran: Vor der Reform von 1992 wurde nach dem alten CPMP das Korrektionalverfahren in unipersonaler Form angewandt. Mit der Einführung des neuen CPPN wurde eine Fassung des Befangenheitskatalogs in Art. 55 CPPN auf den Weg gebracht, nach dessen Nr. 1 ein Befangenheitsgrund vorliegt, wenn der erkennende Richter bereits im Ermittlungsvorfeld Entscheidungen in diesem Prozess getroffen hat. Dieser Zusatz wurde allerdings nur kurze Zeit später in einer weiteren Gesetzesnovelle gestrichen.[4] Hierin kam der gesetzgeberische Wille zum Ausdruck, an dem unipersonalen Korrektionalverfahren alter Prägung festzuhalten. Die Streichung des abschließenden – so der Wortlaut des Art. 58 CPPN –[5] Befangenheitskataloges machte den Weg frei für diese Funktionsverschmelzung.

Somit wurde das Korrektionalverfahren nach der Reform von 1992 unverändert fortgeführt, auch unter den bereits angesprochenen Protesten. Der neue CPPN hatte ein belastendes Vermächtnis des alten geheimen und schriftlichen Inquisitionsverfahrens des CPMP geerbt.

3. Die Entscheidung „Llerena"

Erst eine Entscheidung des Verfassungsgerichts im Jahre 2005 hat diese Praxis nun beendet.[6] Im vielbeachteten Urteil zu „Llerena", konnte sich die CSJN zwar nicht dazu durchringen, den betreffenden Artikel 88 Absatz 2 des nachträglichen Änderungsgesetzes 24.121 zu Artikel 55 CPPN für verfassungswidrig zu erklären und

---

[4] Art. 88 Absatz 2 des Gesetzes 24.121, Beschlussfassung am 26.08.1992, erlassen am 02.09.1992, B.O. am 08.09.1992. Die Änderung wurde somit nur drei Tage nach in Kraft treten des neuen CPPN veröffentlicht. Nach Art. 2 des *Código Civil* trat die Änderung acht Tage später in Kraft. Die ursprüngliche Fassung des Art. 55 Nr. 1 CPPN galt somit nur elf Tage.

[5] *[...] podrán recusar al juez sólo cuando exista uno de los motivos enumerados en el art. 55.*

[6] CSJN, Fall Nr. 3221 „Llerena" vom 17.05.2005, abgedruckt in La Ley 2005-C, S. 557, Auszüge in La Ley 2005-E, S. 98; Besprechung von *Naddeo*, CDJP - Casación 2006, Nr. 5, S. 173 ff.; ebenso *Ríos*, La Ley 2005-E, S. 99 ff.

somit den Ablehnungsgrund im Korrektionalfalle wieder (gesetzlich) aufleben zu lassen. Jedoch stellte sie deutlich fest, dass die bisherigen Auslegungen der Art. 27, 55 und 58 CPPN den international gesetzten Mindeststandards an die Unparteilichkeit des Richters nicht gerecht werden.[7] Art. 55 CPPN sei vielmehr teleologisch auszulegen. Demnach ist ein Richter zwar nicht per se befangen, wenn er im Vorverfahren (passiv) auftritt, doch ist eine Befangenheit zumindest nicht mehr zweifelsfrei ausgeschlossen, wenn er (aktiv) in Entscheidungsfunktion (*de modo decisivo*) erscheint. Da es dem Korrektionalrichter immer obliegt, den Eröffnungsbeschluss im Vorverfahren zu erlassen, dürfte letzteres immer der Fall sein, was den unipersonalen Korrektionalrichter de facto ausschließt.[8]

Hierin zeigt sich ein grundlegender Wandel der Verfassungsgerichtsrechtsprechung im Hinblick auf die richterliche Unabhängigkeit. Bereits im Fall „Quiroga"[9] stellte die CSJN fest, dass die vorherige Befassung mit der Strafsache in entscheidungserheblicher Weise die Richterbefangenheit begründe, auch wenn dies nur im Rahmen des Vorverfahrens und auf eine gezielte Einzelentscheidung gerichtet ist (typischerweise ein Zwangsmittel). Nach der Rechtsprechung zu „Quiroga" war es folglich konsequent, dass die Verfassungshüter die gängige Korrektionalpraxis unterbinden würden.[10]

Somit reiht sich die Rechtsprechung im Fall „Llerena" in einen erkennbaren Rechtsprechungstrend der CSJN ein. Hierbei werden (inquisitorische) Mängel der Reform von 1992 beseitigt, die der Reform noch das Prädikat „halbherzig"[11] eingebracht hatten. Diese Rechtsprechung, die auf jahrelanger, unermüdlicher Arbeit und Kritik aus dem Schrifttum gründet, verhilft der Reform letztlich zu deutlich mehr rechtsstaatlichem Erfolg.

---

[7] Siehe *Naddeo*, CDJP - Casación 2006, Nr. 5, S. 173.

[8] Tatsächlich hatten - wie Praktiker berichten - die ganz überwiegend unipersonal ausgerichteten Korrektionalgerichte (so *Woischnik*, Untersuchungsrichter, S. 183) nach der höchstrichterlichen Entscheidung große organisatorische Schwierigkeiten im Geschäftsverteilungsplan. Die Umgestaltung bedeutet zudem einen nicht unerheblichen Mehraufwand, denn die Richter der Hauptverhandlung müssen sich zu deren Vorbereitung erst in die Akten neu einarbeiten (s.o.).

[9] CSJN, Fall Nr. 4302 „Quiroga" vom 23.12.2004, B. 327-4, S. 5863 ff.; Auszüge abgedruckt in La Ley 2005-B, S. 157 ff.

[10] Vgl. auch Kapitel XI.2. Anm. 43.

[11] *Ambos/Woischnik*, ZStW 113, 351 f.

4. Beweiserleichterung bei geständigem Angeklagten

Interessant ist zudem die Regelung des Korrektionalverfahrens in Art. 408 CPPN. Danach kann der Korrektionalrichter auf die (weitere) Beweisaufnahme verzichten, wenn der Angeklagte in der Hauptverhandlung ein umfassendes und schlüssiges Geständnis ablegt.[12] Hierfür bedarf es der Zustimmung des Staatsanwalts, des evtl. Nebenklägers, des Verteidigers und des Korrektionalrichters selbst.[13]

Art. 408 CPPN ist damit ein Vorgänger des abgekürzten Verfahrens in Art. 431 bis CPPN, freilich mit dem Unterschied, dass das abgekürzte Verfahren kein Geständnis, sondern ein Einverständnis voraussetzt, somit die Erklärung des Beschuldigten im *juicio abreviado* kein Beweismittel des Hauptverfahrens ist.[14] Art. 408 CPPN trifft aber – allein schon wegen des rein formalen Unterschieds zwischen Ge- und Einverständnis –[15] grundsätzlich auf die gleichen Bedenken. So ist vor allem die Freiwilligkeit des Geständnisses zwingende Voraussetzung.[16]

5. Fazit und Würdigung

Mit dem Urteil zu „Llerena" wurde die bedenkliche Rechtspraxis aufgegeben, nach der sich in der Person des Untersuchungsrichters die Ermittlungs- und Entscheidungsfunktion vereinten. Dieser Schritt konnte somit mit einem belastenden inquisitorischen Erbe im CPPN brechen, auch wenn dies auf Kosten des Einsparungspotenzials geschah, die aus der bereits vorhandenen Aktenkenntnis des Korrektionalrichters im Hauptverfahren resultierte.

Interessant sind zudem Schlussfolgerungen, die zur deutschen Rechtslage gezogen werden können. Denn in der argentinischen Verfassungsgerichtsrechtsprechung lässt sich nunmehr ein restriktiverer Umgang mit der aus der instruktorischen

---

[12] Siehe *Gropengießer*, ZStW 105, S. 196.
[13] *Si el imputado confesara circunstanciada y llanamente su culpabilidad, podrá omitirse la recepción de la prueba tendiente a acreditarla, siempre que estuvieren de acuerdo el juez, el fiscal, la parte querellante y el defensor.*
[14] So auch *Navarro/Daray*, CPPN, B. 2, Art. 408, S. 1198.
[15] Vgl. Kapitel XV.5.c).
[16] Vgl. *Navarro/Daray*, CPPN, B. 2, Art. 408, S. 1198.

Struktur unseres Strafverfahrens herrührenden Befangenheit ausmachen. Die CSJN steht der Vorbefassung des Richters mit dem Verfahren kritischer gegenüber als die deutsche Justiz. Die Entscheidung „Llerena" kann demnach zur Kritik an der deutschen Rechtsprechung herangezogen werden. „Llerena" lag ein Sachverhalt zu Grunde, in dem ein Korrektionalrichter in seiner Funktion als Untersuchungsrichter Untersuchungshaft anordnete. Diesen Auftritt des Korrektionalrichters in entscheidungserheblicher Weise nahm die CSJN zum Anlass, die Befangenheit zu begründen. Eine gleich gelagerte Konstellation in Deutschland, wo eine Richterin Untersuchungshaft anordnete und später (zufällig) durch Versetzung Mitglied des Entscheidungsorgans wurde, wird vom BGH nicht beanstandet.[17] Während der BGH in der beschränkten Funktion des Ermittlungsrichters keinen Ablehnungsgrund sieht, ist davon auszugehen, dass die richterliche Anordnung von Zwangsmitteln im Vorverfahren für die CSJN nunmehr generell einen von Amts wegen zu beachtenden Befangenheitsgrund darstellt.[18] Die neue argentinische Rechtsprechung bewirkt daher, dass die argentinische Haltung gegenüber dem vorbefassten Richter restriktiver ist als die deutsche Rechtsprechung.

Auch das deutsche Recht sollte die Richterbefangenheit durch Vorbefassung als Ermittlungsrichter ernst nehmen. Hierzu wäre ein gesetzgeberisches Tätigwerden notwendig, weil die katalogmäßigen Ausschlussgründe des § 22 dStPO nach der herrschenden Meinung abschließend sind[19] und die Ablehnungsgründe des § 24 dStPO kein Superkorrektiv für die in der dStPO selbst angelegten Verfahrensstrukturen sein können.[20] Einschränkend ist allerdings zu § 24 dStPO zu sagen, dass die dStPO, anders als etwa bei der Entscheidung zur Fortdauer der Untersuchungshaft des Hauptverhandlungsgerichts, nicht von einer identischen Person von Ermittlungs- und Erkennungsrichter ausgeht, so dass ein Ablehnungsgrund gemäß § 24 Absatz 2 dStPO wegen Besorgnis der Befangenheit zumindest begründbar erscheint. Allerdings würde nur ein Ausschlussgrund nach § 22 dStPO das Maß an Schutz gewähren, wie es nunmehr die CSJN in Argentinien fordert, weil dieser Grund von Amts wegen zu beachten ist. Außerdem scheint der für Einzelfälle kon-

---

[17] BGHSt 9, S. 233; vgl. ebenso BGH NStZ-RR 2009, S. 85.
[18] Zum Ganzen siehe ebenso Kapitel XI.2. Anm. 43.
[19] „Wegen der bewusst kasuistischen, abschließend aufzählenden Fassung [...]", *Roxin/Schünemann*, Strafverfahrensrecht, S. 40 Rn. 5.
[20] So *Roxin/Schünemann*, Strafverfahrensrecht, S. 42 Rn. 10.

zipierte § 24 dStPO für strukturelle Befangenheitsprobleme ungeeignet, weil die Konstellation eines ermittlungsrichterlich vorbefassten Richters der Hauptsache eine „verdichtete", stets in gleicher Form erscheinende Besorgnis der Befangenheit auslöst.[21] Auch vor dem Hintergrund des Gleichbehandlungsgrundsatzes wäre ein absoluter Ausschlussgrund in § 22 dStPO daher geboten. Diese Änderung wäre zudem nur mit wenig Aufwand für die deutschen Gerichte verbunden. Ein neuer Ausschlussgrund wegen einer ermittlungsrichterlichen Vorbefassung in § 22 dStPO wäre insbesondere empfehlenswert, weil es der Gesetzgeber unlängst im Gesetz zur Verständigung im Strafverfahren versäumte, das durch die (richterliche) Absprachenpraxis erschütterte Vertrauen, in die Strukturen des deutschen Strafprozesses wieder herzustellen.[22]

---

[21] Nach *Beulke*, Strafprozessrecht, Rn. 68, sind die Ausschlussgründe nichts anderes als „verdichtete Befangenheitsgründe, bei denen sich die Einzelfallprüfung erübrigt".
[22] „Korrumpierung der Richterrolle", *Schünemann*, ZRP 2009, S. 104; siehe Kapitel XV.6.a)dd).

XIX. Schlussbetrachtung

Ausgehend von der großen Strafprozessreform im Jahr 1992, bei der mit dem neuen CPPN erstmals das öffentliche und mündliche Strafverfahren auf argentinischer Bundesebene etabliert wurde, waren die von der Legislative und Judikative im Nachhinein zur Ursprungsreform vorgenommenen Umwälzungen nicht weniger tiefgreifend. Besonders der Einzug von prozessökonomischen Verfahrensarten war nur eine Frage kurzer Zeit, weil diese im Ursprungsreformwerk keine Berücksichtigung fanden, die Umstellung auf ein öffentliches und mündlich geführtes Hauptverfahren aber Einsparungspotenzial erforderte. So hat Argentiniens Strafprozessgeschichte eine Entwicklung in kaum zwei Dekaden durchschritten, für die die deutsche Strafprozessordnung seit ihrer Entstehung im Jahr 1877, über die Emminger-Reform von 1924 bis zum Gesetz zur Regelung zur Verständigung im Strafverfahren im Jahr 2009 mehr als ein Jahrhundert Zeit beanspruchte.

Die Ausgangsfragen[1] dieser Untersuchung zeigen nach Betrachtung der föderalen Gesetzgebungskompetenzen und der föderalen Gerichtsorganisation, der wichtigsten Verfahrens- und Verfassungsgrundsätze für die Prozessökonomie und der einzelnen Verfahrensmaßnahmen und -arten nun das Gesamtbild dieser rasanten Entwicklungen.

1. Rechtsstaatliche Anforderungen

Es stellte sich die Frage, ob das argentinische Bundesstrafverfahren unter Berücksichtigung von notwendiger Prozessökonomie rechtsstaatlichen Anforderungen genügt. In dieser Hinsicht ergibt sich ein uneinheitliches Bild.

a) Föderale (Zer-)Gliederung

Es wurde festgestellt, dass die Organisation der Strafgerichtsbarkeit durch die föderale (Zer-)Gliederung störanfällig ist. Häufig sind Zuständigkeitsfragen zu klären. Dies ist ein Faktor der zu längeren Verfahrensdauern beiträgt und judikative Res-

---

[1] Vgl. Kapitel III.2.

sourcen verschleißt, die an anderer Stelle fehlen. Die komplizierte, föderale Aufteilung trifft deshalb auf Bedenken hinsichtlich des Beschleunigungsgrundsatzes. Darüber hinaus löst die kaum durchschaubare Einzelfallkasuistik Bedenken gegenüber der Verfassungsgarantie des gesetzlichen Richters aus.

Häufig ist auch die Antwort diffus, ob der jeweilige Gesetzgeber zur Kodifikation durch die Verfassung legitimiert war, denn die Zuordnung zum materiellen oder formellen Recht ist entscheidend für die Gesetzgebungskompetenz des Bundes oder der Provinzen. Gerade für das Legalitätsprinzip und dessen (verfahrensökonomischen) Opportunitätsausnahmen ist dies umstritten.

b) Ungleichgewicht zwischen Legalitätsprinzip und Opportunitätsprinzip

Des Weiteren fällt auf, dass das argentinische Bundesstraf(verfahrens-)recht zwar Fälle des sogenannten „weichenden Interesses" berücksichtigt, was besonders durch das abgekürzte Verfahren und die Aussetzung der Hauptverhandlung zur Bewährung repräsentiert wird, dagegen die Fälle des sogenannten „schwindenden Interesses"[2] nicht vorsieht. Es fehlt insbesondere an einer gänzlich auflagenfreien Einstellungsmöglichkeit für Kleinstvergehen. Somit sind im argentinischen Bundesstrafprozessrecht die tendenziell rechtsstaatlich bedenklichen Unterwerfungsverfahren und summarischen Erledigungsformen verwirklicht, die rechtsstaatlich unbedenklichen, verfassungsmäßig sogar gebotenen (*ultima ratio*) Einstellungsmöglichkeiten für die Bagatellkriminalität dagegen nicht. Die Mechanismen des „weichenden Interesses" müssen die Fälle des „schwindenden Interesses" mit kompensieren, sind aber immer mit einer Sanktion verknüpft, sei sie strafrechtlicher oder nichtstrafrechtlicher Natur.

c) Ermessensfeindlichkeit

Weiterhin lässt sich im Vergleich zum deutschen Recht eine Ermessenfeindlichkeit des argentinischen Bundesstrafprozessrechts beobachten. Prozessökonomische Rechtsinstitute, die in Deutschland in der Regel mit Generalklauseln operieren und

---

[2] Begriffe aus *Roxin/Schünemann*, Strafverfahrensrecht, S. 71 f., Rn. 5.

so den Strafverfolgungsbehörden einen gewissen Entscheidungsspielraum für den Einzelfall eröffnen, sind im argentinischen Strafprozessrecht meist mit genauen und uninterpretierbaren Vorgaben ausgestattet.

Beobachten lässt sich dies bspw. bei den Antragsdelikten. Im ohnehin kleinen Katalog der Delikte, die unter ein Antragserfordernis gestellt werden, sind einzig die fahrlässige und vorsätzliche Körperverletzung als relative Antragsdelikte ausgestaltet. Der Gedanke der häuslichen oder familiären Nähebeziehung ist zudem nicht durch ein Antragserfordernis verwirklicht, sondern durch einen materiellen Strafausschließungsgrund für einen klar definierten Personenkreis. Damit sind einige Eigentums- und Vermögensdelikte vollständig entkriminalisiert, wenn sie im persönlichen Nahbereich des Täters stattfinden.

Die Ermessensfeindlichkeit des argentinischen Strafprozessrechts zeigt sich etwa auch in den Anwendungsvoraussetzungen der *suspensión del juicio a prueba*. Dabei wird auf feste Zeiträume rekurriert, wo das deutsche Prozessrecht die Klausel des „öffentlichen Interesses" vorsieht und somit einen Entscheidungs- bzw. Ermessenspielraum eröffnet. Zwar kennt das argentinische Recht auch Klauseln wie das „öffentliche Interesse" (bspw. bei der zweiten Fallgruppe der Antragsdelikte), doch finden diese insgesamt weniger Anwendung. Insbesondere bei den Erledigungsformen des *juicio abreviado* und der *suspensión del juicio a prueba* wird eine Prüfung eines entgegenstehenden öffentlichen Interesses nicht explizit verlangt. Möglich wäre dies, im Rahmen dieser „Kann-Vorschriften" zu überprüfen. Vermutlich weil es aber an einer ausdrücklichen Gesetzesformulierung fehlt, wird dies in der argentinischen Literatur kaum gefordert und seltener thematisiert als in der deutschen Literatur.

Ein Nachteil dieser Ermessensfeindlichkeit könnte sein, dass der Ausbau bestehender prozessökonomischer Verfahrensinstitute nicht voranschreitet. Am Beispiel der Privatklage wird dies deutlich. Da diese – anders als im deutschen Recht – vollständig privatisiert ist, sind für sie nur Delikte geeignet, denen eine gewisse Intensitätsobergrenze immanent ist, also Straftatbestände, die nicht nur typischerweise im leichten Bereich liegen, sondern immer. Ohne einen Ermessens- oder Subsumtionsspielraum der Strafverfolgungsbehörden müssten so bei Delikten, die auch im mittleren Kriminalitätsbereich liegen können, empfindliche Strafbarkeitslücken hingenommen werden. Es liegt daher nahe, dass ohne einen Ermessens- oder Beurteilungsspielraum der Strafverfolgungsbehörden im Rahmen des Privatklagedelikts, sich weniger Delikte zur Ausgestaltung als Privatklagedelikt eignen. Dementsprechend ist die Anzahl der Privatklagedelikte im argentinischen Bundesstraf(prozess-) recht kleiner als im deutschen Strafprozessrecht. Ein ähnlicher Effekt verursacht das enge Verständnis des Grundsatzes *ne bis in idem*, der bereits jedwede Gefahr einer mehrfachen Strafverfolgung – und nicht nur Bestrafung – verbietet. Aus Angst vor Fehlentscheidungen mag dies im instruktorischen System frühzeitige hypothetische Schuldausschlüsse verhindern, wie sie für Einstellungsmöglichkeiten bei Bagatelldelikten notwendig wären.

Bedenken gegen Generalklauseln bestehen hingegen, weil diese als Einfallstor für übertrieben autoritäre Strafverfolgungstätigkeit fungieren könnten. Solcher Ermessens- bzw. Subsumtionsfehlgebrauch steht zu befürchten, auch im Hinblick auf Vorteilsnahme und Bestechung. Die vom argentinischen Bundesstrafprozessrecht angestrebten „Alles-oder-Nichts-Lösungen" haben daher den Vorteil, dass die als zu autoritär empfundene argentinische Strafverfolgungstätigkeit in harte Anwendungsschranken gewiesen bleibt.

d) Formales Vorverfahren

Der argentinische Strafprozess ist durch ein sehr formales Vorverfahren geprägt. Es sind Verfahrensschritte und -beschlüsse notwendig, wo es im deutschen Vorverfahren keine Regelungen gibt (bspw. *indagatoria*). Vor allem ist das Vorverfahren durch die komplizierte Rollenaufteilung zwischen Staatsanwaltschaft und Untersuchungsrichter geprägt. Die Verfassungsgerichtsrechtsprechung konnte zumindest die Kompetenzen bei der Anklageerhebung klären. Dadurch wurde eine Lücke im Akkusationsprinzip geschlossen. Allerdings verursachen die vielen notwendigen Instruktions- bzw. Beteiligungsrechte beider Vorverfahrensbehörden einen hohen organisatorischen Aufwand.

Des Weiteren ist nach wie vor die Machtstellung des Untersuchungsrichters im Vorverfahren problematisch. Dieser kann schwerwiegende Zwangsmittel allein anordnen. Es fehlt also an der Vorkontrollinstanz eines Ermittlungsrichters. Die gestärkten Rechte der Staatsanwaltschaft durch die Rechtsprechung zu „Quiroga" ermöglichen zumindest eine gewisse End- und Eingangskontrolle. Die Garantiefunktion eines Ermittlungsrichters wird jedoch nicht erreicht. Die Lösung könnte eine weitere unabhängige Instanz des Vorverfahrens sein, die über besonders grundrechtseinschneidende Zwangsmaßnahmen im Vorfeld zu entscheiden hat. Oder man entscheidet sich für die Umgestaltung des Vorverfahrens und übergibt die Untersuchungstätigkeit grundsätzlich an die Staatsanwaltschaft und macht die Untersuchungsrichter zu reinen Ermittlungsrichtern. Diese naheliegende, etwa in der argentinischen Provinz *Córdoba* praktizierte, Lösung, würde auch die komplizierte Rollenaufteilung des Vorverfahrens „entrümpeln". Wenngleich in der argentinischen Literatur eingehend gefordert, scheint diese Lösung derzeit rechtspolitisch nicht durchsetzbar.

e) Wichtige Verfassungsgerichtsentscheidungen

Es sind enorme Fortschritte durch die Verfassungsgerichtsrechtsprechung zu beobachten, welche Defizite der Strafprozessreform beseitigt haben und teilweise Vorbild für das deutsche Recht sein können (siehe sogleich zu Frage 2).

Zu nennen ist hier die Rechtsprechung zu „Quiroga", welche die bestehende Lücke im Akkusationsprinzip schloss. Ebenso wurden mit der Entscheidung „Benítez" wichtige Eckpfeiler zur Einhaltung des Unmittelbarkeitsprinzips und der kontradiktorischen Verfahrensweise festgelegt.

Das bisher größte inquisitorische Manko des unipersonalen Korrektionalrichters, als Untersuchungsorgan und Spruchkörper in einer Person, wurde mit der Entscheidung „Llerena" beseitigt.

Weil es gerade diese Kritikpunkte waren, die der argentinischen Bundesstrafprozessreform noch bis vor kurzem das Atrribut „halbherzig"[3] einbrachten, darf man nunmehr von einem rechtsstaatlichen Erfolg der Strafprozessreform sprechen. Wä-

---

[3]   *Ambos/Woischnik*, ZStW 113, 351 f.; siehe Kapitel I.1.a).

re daneben die Tendenz zur Flucht des Staates ins (materielle) Strafrecht nicht bedenklich, als derzeit populäre und billige Antwort auf bestehende soziale Schiefla-
gen, wäre es ein großer Erfolg.

2. Anregungen für den deutschen Strafprozess

Auf die Frage, ob sich Anregungen durch Rückschlüsse und einen Rechtsvergleich
für die deutsche Strafrechtsdogmatik aus den Gestaltungen des argentinischen Bundesstrafprozessrechts schöpfen lassen, kann geantwortet werden: in einzelnen
Punkten ja.

Insbesondere der strukturellen Befangenheit durch die instruktorische Verfahrensweise wird im argentinischen Recht besser vorgebeugt. Dies geschieht einmal
durch die neuen Maßstäbe der Verfassungsgerichtsrechtsprechung und zum anderen in den besonderen Verfahrensarten durch das Gesetz selbst.

a) Neue Maßstäbe der Verfassungsgerichtsrechtsprechung

Mit dem Urteil zu „Quiroga" und fortgeführt im Urteil zu „Llerena" hat die CSJN
für Argentinien neue Anforderungen an die richterliche Unbefangenheit gestellt. So
hat sie klargestellt, dass jede Beteiligung der später erkennenden Richter in entscheidungserheblicher Weise im Vorverfahren einen von Amts wegen zu beachtenden Befangenheitsgrund auslöst. Die deutsche herrschende Meinung verweist
auf die verständige Richterperson und verneint somit die Gefahren wie Perseve-
ranz- und Inertiaeffekt,[4] die der instruktorischen Verfahrensweise immanent sind.
Damit entscheidet sich die CSJN für einen höheren personellen Aufwand, da sie
grundsätzlich die Beteiligung eines Richters an der Entscheidung sperrt, wenn dieser in irgend einer entscheidungserheblichen Form am Vorverfahren beteiligt war.
Die (ökonomischen) Anforderungen der CSJN sind daher höher, als die deutsche
Gerichtspraxis, die einen erkennenden Richter nicht für strukturell befangen erklärt, wenn dieser bereits in der selben Sache als Ermittlungsrichter tätig war.

---

[4]   Hierzu *Roxin/Schünemann*, Strafverfahrensecht, S. 304, Rn. 3 und S. 80, Rn. 7; *Schünemann*,
      StV 2000, S. 159.

b) Gesetzliche Maßstäbe

Auch die argentinischen Gesetze schützen die erkennenden Richter vor einer möglichen strukturellen Befangenheit besser als das deutsche Recht. So ist es zwar im Hinblick auf den Schutzzweck des Zwischenverfahrens unzureichend, dass der Überleitungsbeschluss ins Hauptverfahren kumulativ von den Vorverfahrensbeteiligten zu treffen ist. Doch ist dadurch der Spruchkörper nicht gezwungen eine frühzeitige Feststellung des hinreichenden Tatverdachts zu fällen. Weil die Verfahrenseinstellung in der Phase des Hauptverfahrens zudem nur in engen Grenzen erfolgen kann, ist der Spruchkörper bis zum Urteil nicht gehalten, eine Entscheidungstendenz kundzutun.

Ebenso lässt sich beim abgekürzten Verfahren und bei der Aussetzung der Hauptverhandlung zur Bewährung eine passivere Rolle des erkennenden Gerichts ausmachen. Dieses ist in Argentinien auf die Zustimmung zum bereits getroffenen Konsens bzw. zum Reparationsangebot beschränkt. Das deutsche Strafverfahrensrecht macht die Richter hingegen zu Absprachepartnern und -initiatoren. Gerade mit der Gesetzesnovelle zur Verständigung im Strafprozess hat es der Gesetzgeber versäumt, diesen Missstand zu beseitigen. Auch im Strafbefehlsverfahren wäre es sinnvoll, wenn der Beschuldigte in eine von der Staatsanwaltschaft vorgeschlagene Strafobergrenze einwilligt und der Richter erst danach über den Erlass des Strafbefehls entscheidet.

3. Gesamtbetrachtung

Das argentinische Bundesstrafverfahren ist in der instruktorischen Verfahrensweise stark verwurzelt, teilweise sogar noch mit inquisitorischen Zügen (s.o.). Obwohl die Verfassung auf einen Rechtsimport der US-amerikanischen *Bill of Rights* zurückgeht, folgt das Strafprozessrecht der instruktorischen Verfahrensweise.

Daran hat auch die Bundesstrafprozessreform nichts geändert. In der Ursprungsreform von 1992 waren in der Bundesstrafprozessordnung, bis auf wenige Ausnahmen, gar keine adversatorischen Verfahrenselemente enthalten.[5] Das argentinische Strafprozessrecht versprach also noch mit der Einführung des CPPN ein fast ausnahmslos gültiges Legalitätsprinzip.

Mit der Einführung der *suspensión del juicio a prueba* und dem Konsensualverfahren des *juicio abreviado* hielt auch das Opportunitätsprinzip im großen Umfang Einzug in das argentinische Strafprozessrecht. Die überwiegende Mehrheit der argentinischen Strafverfahren wird durch eine der summarischen Erledigungsformen beendet. Das Regel-Ausnahmeverhältnis hat sich somit auch in Argentinien faktisch verschoben. Der CP und der CPPN gehen dabei jedoch nicht über das Maß hinaus, welches man in anderen Ländern mit instruktorischer Verfahrensweise gewohnt ist. So beinhaltet etwa das abgekürzte Verfahren nur den Konsens über die Strafzumessung. Die zu verfolgenden Tatbestände stehen nicht zur Disposition.

Der Grundsatz des Legalitätsprinzips als Säule des instruktorischen Verfahrens scheint jedoch nicht angreifbar. Obwohl die argentinische herrschende Meinung das Legalitätsprinzip nicht in der Verfassung verankert sieht, wird dessen nationalweite Gültigkeit, auch in den Provinzen, nur von einer Mindermeinung angezweifelt

---

[5] Einschränkend ist zu sagen, dass die Aussetzung der Hauptverhandlung zur Bewährung in der Ursprungsreform bereits in Art. 293 CPPN angelegt war, jedoch erst zwei Jahre später durch die Kodifizierung im Strafgesetzbuch verwirklicht wurde; vgl. Kapitel XVI.1.

Literaturverzeichnis

Alberdi, Juan Bautista	Bases y puntos de partida para la organización política de la República Argentina. Clásicos Argentinos. Ediciones Estrada. Buenos Aires 1943 (zit. *Alberdi*, Bases).
Amadeo, Sergio Luis Palazzi, Pablo Andrés	Código procesal penal de la Nación. Anotado con jurisprudencia, concordado con los códigos procesales penales provinciales, derecho comparado, normas complementarias. Depalma. Buenos Aires 1999 (zit. *Amadeo/Palazzi*, CPPN).
Ambos, Kai Woischnik, Jan	Strafverfahrensreform in Lateinamerika. ZStW 113 (2001), S. 334 (zit. *Ambos/Woischnik*, ZStW 113).
Ambos, Kai	Strafprozessreform in Lateinamerika. Normalverfahren und abgekürzte Verfahren in den neuen Strafprozessordnungen von Chile, Bolivien, Venezuela, Paraguay und Uruguay. ZStW 110 (1998), S. 225 (zit. *Ambos*, ZStW 110).
Ambos, Kai	Verfahrensverkürzung zwischen Prozessökonomie und „fair trial". Eine Untersuchung zum Strafbefehlsverfahren und zum beschleunigten Verfahren. Jura 1998, S. 281 (zit. *Ambos*, Jura 1998).
Ambos, Kai	Rechtsberatung in Lateinamerika als Aufgabe der Strafrechtswissenschaft. ZStW 108 (1996), S. 445 (zit. *Ambos*, ZStW 108).
Ambos, Kai Malarino, Ezequiel	Die Polizei im lateinamerikanischen Rechtsstaat. Eine vergleichende Untersuchung. ZStW 116 (2004), S. 513 (zit. *Ambos/Malarino*, ZStW 116).
Ambos, Kai (Hrsg.) Gómez Colomer, Juan-Luis (Hrsg.) Vogler, Richard (Hrsg.)	La policía en los estados de derecho latinoamericanos. Un proyecto internacional de investigación. Gustavo Ibañez. Bogotá 2003 (zit. Ambos/Gómez Colomer/Vogler, La policía).
Arnold, Jörg (Hrsg.) Gropp, Walter (Hrsg.) Heine, Günter (Hrsg.) Koch, Hans-Georg (Hrsg.) Lagodny, Otto (Hrsg.) Perron, Walter (Hrsg.) Walter, Susanne (Hrsg.)	Menschengerechtes Strafrecht. Festschrift für Albin Eser. C.H. Beck. München 2005 (zit. Eser-FS).

Baedeker, Stephan	Entwicklung und Stand der Freiheitsstrafe in Costa Rica. Ein Beitrag zur Unterentwicklung und Entwicklung des Rechts in Lateinamerika. Centaurus-Verlagsgesellschaft. Pfaffenweiler 1984 (zit. *Baedeker*, Freiheitsstrafe in Costa Rica).
Baigún, David (Hrsg.) Zaffaroni, Eugenio Raúl (Hrsg.) Terragni, Marco A. (Koord.)	Código Penal de la Nación y normas complementarias. Análisis doctrinal y jurisprudencial. Parte general. Band 2A und 2B. 2. A. Hammurabi. Buenos Aires 2007 (zit. Baigún/Zaffaroni, CP).
Baumann, Jürgen (Hrsg.) Tiedemann, Klaus (Hrsg.)	Einheit und Vielfalt des Strafrechts, Festschrift für Karl Peters. Mohr Siebeck. Tübingen 1974 (zit. Peters-FS).
Bertelotti, Mariano	La inconstitucionalidad del procedimiento de consulta. La Ley 2006-B, S. 732 (zit. *Bertelotti*, La Ley 2006-B).
Beulke, Werner	Strafprozessrecht. 11. A. C.F. Müller. Heidelberg / München / Landsberg / Frechen / Hamburg 2010 (zit. *Beulke*, Strafprozessrecht).
Beulke, Werner	Die unbenannten Auflagen und Weisungen des § 153 a StPO. Erschienen in: Festschrift für Hans Dahs, hrsg. von Gunter Widmaier / Heiko Lesch / Bernd Müssig / Rochus Wallau. Verlag Dr. Otto Schmidt. Köln 2005. S. 209 (zit. *Beulke*, Dahs-FS).
Bigliani, Paola	El juicio abreviado y su recepción en el orden jurídico argentino. Erschienen in: Julio B. Maier / Alberto Bovino (Hrsg.), El procedimiento abreviado. Editores del Puerto. Buenos Aires 2001. S. 161 (zit. *Bigliani* in: Maier/Bovino, Procedimiento abreviado).
Binder, Alberto M.	Introducción al derecho procesal penal. 4. Wiederdruck der 2. A. Ad-Hoc. Buenos Aires 2005 (zit. *Binder*, Introducción).
Boehringer, Simone	Das Pleiteparadies. Onlineausgabe der Süddeutschen Zeitung vom 18.01.2010. www.sueddeutsche.de/finanzen/235/500500/text/ (Januar 2011) (zit. *Boehringer*, Das Pleiteparadies, 18.01.2010, www.sueddeutsche.de/finanzen/ 235/500500/text/).

Bovino, Alberto   La Suspensión del Procedimiento Penal a Prueba en el Código Penal argentino. Editores del Puerto. Buenos Aires 2001 (zit. *Bovino*, Suspensión).

Bovino, Alberto   Simplificación del procedimiento y "juicio abreviado". Cuadernos de Doctrina y Jurisprudencia Penal, Jahr IV (1998), Nr. 8-A, S. 527 (zit. *Bovino*, CDJP 1998, Nr. 8-A).

Bovino, Alberto   Procedimiento abreviado y juicio por jurados. Erschienen in: Julio B. Maier / Alberto Bovino (Hrsg.), El procedimiento abreviado. Editores del Puerto. Buenos Aires 2001. S. 53 (zit. *Bovino* in: Maier/Bovino, Procedimiento abreviado).

Bruzzone, Gustavo A.   Acerca de la adecuación constitucional del juicio abreviado. Cuadernos de Doctrina y Jurisprudencia Penal, Jahr IV (1998), Nr. 8-A, S. 571 (zit. *Bruzzone*, CDJP 1998, Nr. 8-A).

Bruzzone, Gustavo A.   Hacia un juicio abreviado sin "tope" y otras adecuaciones constitucionales. Erschienen in: Julio B. Maier / Alberto Bovino (Hrsg.), El procedimiento abreviado. Editores del Puerto. Buenos Aires 2001. S. 191 (zit. *Bruzzone* in: Maier/Bovino, Procedimiento abreviado).

Cafferata Nores, José I.   Cuestiones actuales sobre el proceso penal. Editores del Puerto. Buenos Aires. 1. A. 1997. 2. A. 1998 (zit. *Cafferata Nores*, Cuestiones actuales; sofern nichts weiter angegeben, handelt es sich um die 2. A.).

Cafferata Nores, José I.   La invesitgación fiscal preparatoria como alternativa frente a la instrucción jurisdiccional. Doctrina Penal 1987, S. 675 (zit. *Cafferata Nores*, Doctrina Penal 1987).

Cafferata Nores, José I.   La prueba en el proceso penal. Con especial referencia a la ley 23.984. 3. A. Editores Depalma. Buenos Aires 1998 (zit. *Cafferata Nores*, La prueba).

Castejón, Fernando F.   Consideraciones Respecto de la Ley 24.825. La Ley 1998-A, S. 928 (zit. *Castejón*, La Ley 1998-A).

Clariá Olmedo, Jorge A.	Tratado de derecho procesal penal. Ediar. Buenos Aires. Band I, Nociones fundamentales 1960. Band VII, El procedimiento penal 1968 (zit. *Clariá Olmedo*, DPP).
Córdoba, Gabriela E.	El juicio abreviado en el Código Procesal Penal de la Nación. Erschienen in: Julio B. Maier / Alberto Bovino (Hrsg.), El procedimiento abreviado. Editores del Puerto. Buenos Aires 2001. S. 229 (zit. *Córdoba* in: *Maier/Bovino*, Procedimiento abreviado).
Córdoba, Gabriela E. Pastor, Daniel R.	La policía en el Estado de Derecho Latinoamericano: El caso Argentina. Erschienen in: Kai Ambos / Juan-Luis Gómez-Colomer / Richard Vogler (Hrsg.), La Policía en los Estados de Derecho Latinoamericanos, Un Proyecto Internacional de Investigación. Ibañez. Bogotá 2003 (zit. *Córdoba/Pastor* in: Ambos/Gómez-Colomer/ Vogler, La policía).
Cosacov, Gustavo	El mito de la no impunidad. Centro de Investigaciones Juridicas y Sociales. Córdoba 1988 (zit. *Cosacov*, Mito de la no impunidad).
Costa, Mario Gustavo	Perversiones "abreviadas". Cuadernos de Doctrina y Jurisprudencia Penal, Jahr VII (2001), Nr. 12, S. 423 (zit. *Costa*, CDJP 2001, Nr. 12).
Cünnen, Andrea	Parallelen zwischen Griechenland und Argentinien. Onlineausgabe des Handelsblattes vom 16.02.2010. www.handelsblatt.com/finanzen/ bulle-baer/bulle-baer-parallelen-zwischen-griechenland-und-argentinien;2530225 (Januar 2011) (zit. *Cünnen*, Parallelen zwischen Griechenland und Argentinien, 16.02.2010, www.handelsblatt.com/ finanzen/bulle-baer/bulle-baer-parallelen-zwischen-griechenland-und-argentinien;2530225).
D'Albora, Francisco J.	Código Procesal Penal de la Nación. Anotado, comentado, concordado. Band I und II. 7. A. LexisNexis/Abeledo-Perrot. Buenos Aires 2005 (zit. *D'Albora*, CPPN).
D'Albora, Francisco J.	El proceso penal y los juicios abreviados (Ley 24.825). Cuadernos de Doctrina y Jurisprudencia Penal, Jahr IV (1998), Nr. 8-A, S. 457 (zit. *D'Albora*, CDJP 1998, Nr. 8-A).
D'Alessio, Andrés J.	Código Penal. Comentado y anotado. Band I und II. La Ley. Buenos Aires 2004 (zit. *D'Alessio*, CP).

De la Rúa, Jorge — Código penal argentino. Parte general. 2. A. Editores Depalma. Buenos Aires 1997 (zit. *De la Rúa*, CP).

De la Rúa, Jorge — Un agravio federal. La Ley 1997-D, S. 1198 (zit. *De la Rúa*, La Ley 1997-D).

Devoto, Eleonora A. — "Probation" e institutos análogos. 2. A. Hammurabi. Buenos Aires 2005 (zit. *Devoto*, "Probation").

Di Corleto, Julieta B. Soberano, Marina V. — La denominada "instrucción sumaria". Cuadernos de doctrina y jurisprudencia penal, Jahr VI (2000), Nr. 10, S. 377 (zit. *Di Corleto/Soberano*, CDJP 2000, Nr. 10).

Díaz Cantón, Fernando — Juicio abreviado vs. estado de derecho. Erschienen in: Julio B. Maier / Alberto Bovino (Hrsg.), El procedimiento abreviado. Editores del Puerto. Buenos Aires 2001. S. 251 (zit. *Díaz Cantón* in: Maier/Bovino, Procedimiento abreviado).

Donna, Edgardo Alberto — Derecho penal. Parte especial. Rubinzal-Culzoni. Buenos Aires. Band 1, 2. A., 2003. Band 2B, 2001 (zit. *Donna*, DP, Parte especial).

Donna, Edgardo Alberto — Delitos contra la integridad sexual. 2. A. Rubinzal-Culzoni. Buenos Aires 2005 (zit. *Donna*, Delitos contra la integridad sexual).

Dreier, Horst (Hrsg.) — Grundgesetz. 4. A. Mohr Siebeck. Tübingen 2009 (zit. Dreier, GG).

Dubber, Markus D. — Einführung in das US-amerikanische Strafrecht. C.H. Beck. München 2005 (zit. *Dubber*, US-amerikanisches Strafrecht).

Duve, Thomas — Feuerbach auf Feuerland? Das Strafgesetzbuch für das Königreich Baiern von 1813 und die Strafrechtsentwicklung in Argentinien. Erschienen in: Grundlagen des Rechts, Festschrift für Peter Landau, hrsg. von Richard H. Helmholz. Ferdinand Schöningh. Paderborn / München / Wien / Zürich 2000 (zit. *Duve*, Landau-FS).

Ekmekdjian, Miguel Ángel — Manual de la Constitución Argentina. 3. A. Depalma. Buenos Aires 1997 (zit. *Ekmekdjian*, Manual de la CN).

Elbert, Carlos Alberto	Auf der Suche nach einer neuen Kriminalpolitik – aber welcher? ZStW 118 (2006), S. 953 (zit. *Elbert*, ZStW 118).
Eser, Albin	Das rechtliche Gehör im Strafbefehls- und Strafverfügungsverfahren. JZ 1966, S. 660 (zit. *Eser*, JZ 1966).
Esser, Robert	Anmerkung zu OLG Stuttgart StV 2007, S. 232. Erschienen in: StV 2007, S. 235 (zit. *Esser*, StV 2007).
Estrella, Oscar Alberto Godoy Lemos, Roberto	Código Penal. Parte especial. De los delitos en particular. Band 2. 2. A. Hammurabi. Buenos Aires 2007 (zit. *Estrella/Godoy Lemos*, CP, Parte especial).
Fezer, Gerhard	Inquisitionsprozess ohne Ende? Zur Struktur des neuen Verständigungsgesetzes. NStZ 2010, S. 177 (zit. *Fezer*, NStZ 2010).
Fontán Balestra, Carlos	Tratado de derecho penal. Parte general. Band III. 2. A.. Abeledo Perrot. Buenos Aires 1980 (zit. *Fontán Balestra*, DP).
Frowein, Jochen	Die Europäische und die Amerikanische Menschenrechtskonvention – Ein Vergleich. EuGRZ 1980, S. 442 (zit. *Frowein*, EuGRZ 1980).
García, Luis M.	La suspensión del juicio a prueba según la doctrina y la jurisprudencia. Un ejercicio dialéctico a poco más de un año de entrada en vigencia la ley 24.316. Cuadernos de Doctrina y Jurisprudencia Penal, Jahr II (1996), Nr. 1-2, S. 319 (zit. *García*, CDJP 1996, Nr. 1-2).
Gelli, María Angélica	Constitución de la Nación Argentina. Comentada y Concordada. 3. A. La Ley. Buenos Aires 2005 (zit. *Gelli*, CN).
Gil Lavedra, Ricardo R.	Legalidad vs. Acusatorio (una falsa controversia). Cuadernos de Doctrina y Jurisprudencia Penal, Jahr III (1997), Nr. 7, S. 829 (zit. *Gil Lavedra*, CDJP 1997, Nr. 7).
Gómez Colomer, Juan-Luis	La instrucción del proceso penal por el Ministerio Fiscal: Aspectos estructurales a la luz del derecho comparado. Cuadernos de Doctrina y Jurisprudencia Penal, Jahr III (1997), Nr. 7, S. 901 (zit. *Gómez Colomer*, CDJP 1997, Nr. 7).

Gómez Colomer, Juan-Luis	El proceso penal alemán. Introducción y normas basicas, introducción al proceso penal alemán, traducción de la ley procesal alemana y de sus leyes complementarias, diccionario juridico procesal-penal (alemán-espanol). Bosch. Barcelona 1985 (zit. *Gómez Colomer*, Proceso penal alemán).
Götz, Heinrich	Strafprozessuale und aktienrechtliche Anmerkungen zum Mannesmann-Prozess. NJW 2007, S. 419 (zit. *Götz*, NJW 2007).
Gropengießer, Helmut	Die neue argentinische Bundesstrafprozessordnung. ZStW 105 (1993), S. 169 (zit. *Gropengießer*, ZStW 105).
Guariglia, Fabricio	Der verdeckte Ermittler im Strafverfahren Argentiniens. ZStW 109 (1997), S. 686 (zit. *Guariglia*, ZStW 109).
Guariglia, Fabricio Bertoni, Eduardo	Landesbericht Argentinien. Erschienen in: Julio B. Maier / Kai Ambos/ Jan Woischnik (Hrsg.), Las reformas procesales penales en América Latina. Ad-Hoc. Buenos Aires 2000. S. 35 (zit. *Guariglia/Bertoni*, in: Maier/Ambos/Woischnik, Las reformas).
Guzmán, Nicolás	La verdad y el procedimiento abreviado. Erschienen in: Julio B. Maier/ Alberto Bovino (Hrsg.), El procedimiento abreviado. Editores del Puerto. Buenos Aires 2001. S. 277 (zit. *Guzmán* in: Maier/Bovino, Procedimiento abreviado).
Helmholz, Richard H. (Hrsg.)	Festschrift für Peter Landau. Ferdinand Schöningh. Paderborn / München / Wien / Zürich 2000 (zit. Landau-FS).
Herzog, Felix (Hrsg.) Neumann, Ulfrid (Hrsg.)	Festschrift für Winfried Hassemer. C.F. Müller. Heidelberg 2010 (zit. Hassemer-FS).
Hinton, Mercedes S.	The State on the Streets. Police and polititcs in Argentina and Brazil. Lynne Rienner. Boulder (Colorado) 2006 (zit. *Hinton*, State on the Streets).
Instituto Iberoamericano de Derecho Procesal (Hrsg.)	Código Procesal Penal Modelo para Iberoamérica. Historia, antecedentes, exposición de motivos y texto del proyecto. Buenos Aires 1989 (zit. Instituto Iberoamericano de Derecho Procesal [Hrsg.], Código Procesal Penal Modelo para Iberoamérica).

Jarass, Hans D. Pieroth, Bodo	Grundgesetz für die Bundesrepublik Deutschland. Kommentar. 11. A. C.H. Beck. München 2011 (zit. *Jarass/Pieroth*, GG).
Karlsruher Kommentar zur Strafprozessordnung	Mit GVG, EGGVG und EMRK. Rolf Hannich (Hrsg.), 6. A. C.H. Beck. München 2008 (zit. KK-StPO).
Kausch, Erhard	Der Staatsanwalt – ein Richter vor dem Richter? Untersuchungen zu § 153a StPO. Duncker & Humblot. Berlin 1980 (zit. *Kausch*, Der Staatsanwalt).
KMR-StPO	KMR-StPO: Kommentar zur Strafprozessordnung, Bernd von Heintschel-Heinegg/Heinz Stöckel (Hrsg.). Loseblatt. Stand der 61. EL (Juli 2011). Heymann. Köln (zit. KMR-StPO).
Kreß, Claus	Absprachen im Rechtsvergleich. Bericht über die Sitzung der Fachgruppe Strafrechtsvergleichung der Gesellschaft für Rechtsvergleichung vom 18.9.2003 in Dresden. ZStW 116 (2004), S. 172 (zit. *Kreß*, ZStW 116).
Krey, Volker	Deutsches Strafverfahrensrecht. Studienbuch in systematisch-induktiver Darstellung. Kohlhammer. Stuttgart. Band I, 2006. Band II, 2007 (zit. *Krey*, Strafverfahrensrecht).
Krey, Volker Esser, Robert	Deutsches Strafrecht. Allgemeiner Teil. 4. A. Kohlhammer. Stuttgart 2011 (zit. *Krey/Esser*, Strafrecht AT).
Leipziger Kommentar	Strafgesetzbuch. Großkommentar. De Gruyter. Berlin. Band 3, 12. A, Stand 2008. Band 5, 11. A., Kommentierung zu § 182, Stand 1994. Band 6, 12. A., Kommentierung zu § 182, Stand 2009 (zit. LK-StGB).
Llobet Rodríguez, Javier	Die Strafprozessreform in Lateinamerika. Erschienen in: Menschengerechtes Strafrecht, Festschrift für Albin Eser, hrsg. von Jörg Arnold / Walter Gropp / Günter Heine / Hans-Georg Koch / Otto Lagodny / Walter Perron / Susanne Walter. C.H. Beck. München 2005. S. 549 (zit. *Llobet Rodríguez*, Eser-FS).

Llobet Rodríguez, Javier	Die Unschuldsvermutung und die materiellen Voraussetzungen der Untersuchungshaft: ein Beitrag zur Strafprozessreform in Lateinamerika. Edition iuscrim. Freiburg i. Br. 1995 (zit. *Llobet Rodríguez*, Unschuldsvermutung).
Loritz, Hartmut	Kritische Betrachtungen zum Wert des strafprozessualen Zwischenverfahrens. Lang. Frankfurt a.M. / Berlin / Bern / New York / Paris / Wien 1996 (zit. *Loritz*, Zwischenverfahren).
Löwe-Rosenberg	Die Strafprozessordnung und das Gerichtsverfassungsgesetz. Großkommentar. Volker Erb / Robert Esser / Ulrich Franke / Kirsten Graalmann-Scheerer / Hans Hilger / Alexander Ignor (Hrsg.). 26. A. De Gruyter. Berlin. Band 1, 2006. Band 5, 2007 (zit. LR-StPO).
Lübbe-Wolff, Gertrude (Übers.) Wölker, Ulrich (Übers.)	Amerikanische Menschenrechtskonvention vom 22. November 1969. Übersetzung aus der englischen Fassung. EuGRZ 1980, S. 435 (zit. *Lübbe-Wolff/Wölker* [Übers.], EuGRZ 1980).
Maier, Julio B.	El proyecto de Código Procesal Penal de la Nación. Doctrina Penal, Nr. 9 (1986), S. 645.
Maier, Julio B.	Demokratischer Rechtsstaat, Strafrecht und Strafverfahren. Erschienen in: Strafrecht und Wirtschaftsstrafrecht, Dogmatik, Rechtsvergleich, Rechtstatsachen, Festschrift für Klaus Tiedemann, hrsg. von Ulrich Sieber / Gerhard Dannecker / Urs Kindhäuser / Joachim Vogel / Tonio Walter. Carl Heymanns. Köln / München 2008. S. 1223 (zit. *Maier*, Tiedemann-FS).
Maier, Julio B.	Inquisition oder Komposition. Erschienen in: Festschrift für Claus Roxin, hrsg. von Bernd Schünemann / Hans Achenbach / Wilfried Bottke / Bernhard Haftke / Hans-Joachim Rudolphi. De Gruyter. Berlin / New York 2001. S. 1215 (zit. *Maier*, Roxin-FS).
Maier, Julio B.	Die Zukunft des Strafrechts. Erschienen in: Festschrift für Winfried Hassemer, hrsg. von Felix Herzog / Ulfrid Neumann. C.F. Müller. Heidelberg 2010. S. 481 (zit. *Maier*, Hassemer-FS).
Maier, Julio B.	Derecho procesal penal. Band I, Fundamentos, 3. Wiederdruck der 2. A. Band II, Parte general: Sujetos procesales, 1. Wiederdruck der 1. A. Editores del Puerto. Buenos Aires 2004 (zit. *Maier*, DPP).

Maier, Julio B.	Mecanismos de simplificación del procedimiento penal. Cuadernos de Doctrina y Jurisprudencia Penal, Jahr IV (1998), Nr. 8-A, S. 433 (zit. *Maier*, CDJP 1998, Nr. 8-A).
Maier, Julio B.	La ordenanza procesal penal alemana. Su comentario y comparación con los sistemas de enjuiciamiento penal argentinos. Editores Depalma. Buenos Aires. Band I, 1978. Band II, 1982 (zit. *Maier*, Ordenanza procesal penal alemana).
Maier, Julio B.	Prólogo zu: Julio B. Maier / Alberto Bovino (Hrsg.), El procedimiento abreviado. Editores del Puerto. Buenos Aires 2001. S. I (zit. *Maier* in: Maier/Bovino, Procedimiento abreviado).
Maier, Julio B. (Hrsg.) Ambos, Kai (Hrsg.) Woischnik, Jan (Hrsg.)	Las reformas procesales penales en América Latina. Ad-Hoc. Buenos Aires 2000 (zit. *Maier/Ambos/Woischnik*, Las reformas).
Maier, Julio B. (Hrsg.) Bovino, Alberto (Hrsg.)	El procedimiento abreviado. Editores del Puerto. Buenos Aires 2001 (zit. *Maier/Bovino*, Procedimiento abreviado).
Marchisio, Adrián	Principio de oportunidad, Ministerio Público y política criminal. Ad-Hoc. Buenos Aires 2008 (zit. *Marchisio*, Principio de oportunidad).
Marchisio, Adrián	El juicio abreviado y la instrucción sumaria. Procedimiento penal nacional y derecho comparado. Ad-Hoc. Buenos Aires 1998 (zit. *Marchisio*, Juicio abreviado).
Marín, Jorge L.	Derecho penal. Parte especial. 2. A. Hammurabi. Buenos Aires 2008 (zit. *Marín*, DP, Parte especial).
Mass, Edgar (Hrsg.)	Montesquieu zwischen den Disziplinen. Einzel- und kulturwissenschaftliche Zugriffe. Internationale Konferenz aus Anlass des 250. Todesjahres von Charles-Louis de Montesquieu an der Universität Potsdam. Forschungszentrum Europäische Aufklärung. Duncker & Humblot. Berlin 2010 (zit. Mass, Montesquieu).
Meyer-Goßner, Lutz	Strafprozessordnung. Gerichtsverfassungsgesetz, Nebengesetze und ergänzende Bestimmungen. 54. A. C.H. Beck. München 2011 (zit. *Meyer-Goßner*, StPO).

Meyer-Goßner, Lutz	Was nicht Gesetz werden sollte! Einige Bemerkungen zum Gesetzentwurf der Bundesregierung zur Verständigung im Strafverfahren. ZRP 2009, S. 107 (zit. *Meyer-Goßner*, ZRP 2009).
Ministerio Público Fiscal (Hrsg.)	Kriminalitätsstatistiken abrufbar unter www.mpf.gov.ar/estadisticas/. Vom Secretaría General de Coordinación Institucional, Oficina de Investigación y Estadísticas Político Criminales, www.mpf.gov.ar/index.asp?page=Organigrama/CoordinacionI/coordinacion3.html.
Molinario, Alfredo	Los delitos. Band II. Aktualisierte Fassung von Eduardo Aguirre Obarrio. Tea. Buenos Aires 1996 (zit. *Molinario*, Los delitos).
Montesquieu, Charles Louis de Secondat de	De l'esprit des lois. Band I. Hrsg. von Derathé Robert. Garnier Frères. Paris 1973 (zit. *Montesquieu*, De l'esprit des lois).
Montesquieu, Charles Louis de Secondat de	Vom Geist der Gesetze. Band I. Hrsg. von Ernst Forsthoff. H. Laupp'sche Buchhandlung. Tübingen 1951 (zit. Forsthoff, Vom Geist der Gesetze, 1951).
Muhm, Raoul	Dependencia del ministerio fiscal del ejecutivo en la República Federal Alemana (Crisis del modelo y perspectivas de reforma). Cuadernos de Doctrina y Jurisprudencia Penal, Jahr III (1997), Nr. 7, S. 937 (zit. *Muhm*, CDJP 1997, Nr. 7).
Münchner Kommentar zum Strafgesetzbuch	Band 2/2. Wolfgang Joecks / Klaus Miebach (Hrsg.). C.H. Beck. München 2005 (zit. MK-StGB).
Naddeo, Cecilia C.	La imparcialidad del juzgador frente al caso concreto: el problema de los jueces correcionales en la justicia nacional. Cuadernos de Doctrina y Jurisprudencia Penal – Casación, Jahr V (2006), Nr. 5, S. 173 (zit. *Naddeo*, CDJP – Casación 2006, Nr. 5).
Navarro, Guillermo Rafael Daray, Roberto Raúl	Código procesal penal de la Nación. Análisis doctrinal y jurisprudencial. Hammurabi. Buenos Aires 2008 (zit. *Navarro/Daray*, CPPN).
Nistler, Eva	Der Deal – Das Gesetz zur Regelung der Verständigung im Strafverfahren. JuS 2009, S. 916 (zit. *Nistler*, JuS 2009).

Nuñez, Ricardo C.	Tratado de derecho penal. Parte general. Band II. 1. Wiederdruck der 2. A. Lerner. Córdoba 1978 (zit. *Nuñez*, Tratado de DP).
Nuñez, Ricardo C.	Derecho penal argentino. Parte general. Band II. Bibliográfica Omeba. Buenos Aires 1959 (zit. *Núñez*, DP, Parte general [1959]).
Ochoa, Carlos Arturo	La suspensión del juicio a prueba. La Ley 1995-C, S. 1274 (zit. *Ochoa*, La Ley 1995-C).
Olszaniecki, Gisela	"Juicio abreviado": entre la eficacia y la garantía. Revista procesal penal, Nr. 39 (2005), S. 35 (zit. *Olszaniecki*, Revista procesal penal, Nr. 39 [2005]).
Ossorio y Florit, Manuel	Código Penal de la República Argentina. 14. A. Editorial Universidad. Buenos Aires 2007 (zit. *Ossorio y Florit*, CP).
Pacheco, Máximo (Hrsg.)	Los Derechos Humanos. Documentos Basicos. 2. A. Santiago de Chile 1992 (zit. Pacheco [Hrsg.], Los Derechos Humanos).
Palacio, Lino Enrique	El juicio penal abreviado en una des sus primeras aplicaciones. La Ley 1997-D, S. 587 (zit. *Palacio*, La Ley 1997-D).
Papier, Hans-Jürgen	Rechtssprechung zwischen Subsumtion und Gesetzessurrogation. Erschienen in: Montesquieu zwischen den Disziplinen, Einzel- und kulturwissenschaftliche Zugriffe, Internationale Konferenz aus Anlass des 250. Todesjahres von Charles-Louis de Montesquieu an der Universität Potsdam, Forschungszentrum Europäische Aufklärung, hrsg. von Edgar Mass. Duncker & Humblot. Berlin 2010. S. 15 (zit. *Papier* in: Mass, Montesquieu).
Pastor, Daniel R.	El plazo razonable en el proceso del estado de derecho: una investigación acerca del problema de la excesiva duración del proceso penal y sus posibles soluciones. Ad-Hoc. Buenos Aires 2002 (zit. *Pastor*, Plazo razonable).
Pastor, Daniel R.	Apostillas al futuro de la casación penal. Cuadernos de Doctrina y Jurisprudencia Penal – Casación, Jahr V (2006), Nr. 5, S. 15 (zit. *Pastor*, CDJP – Casación 2006, Nr. 5).

Pastor, Daniel R.

Prohibicion de la aplicación retroactiva de normas penalessustantivas, adjetivas y ambivalentes. La Ley 2002-B, S. 682 (zit. *Pastor, La Ley 2002-B*).

Perron, Walter

Sind die nationalen Grenzen des Strafrechts überwindbar? Überlegungen zu den strukturellen Voraussetzungen der Angleichung und Vereinheitlichung unterschiedlicher Strafrechtssysteme. ZStW 109 (1997), S. 281 (zit. *Perron*, ZStW 109).

Perron, Walter

Erläuterung der Vorgehensweise und Rechtsvergleichender Querschnitt und rechtspolitische Bewertung. Erschienen in: Walter Perron (Hrsg.), Die Beweisaufnahme im Strafverfahrensrecht des Auslands, Rechtsvergleichendes Gutachten im Auftrag des Bundesministeriums der Justiz. Edition iuscrim. Freiburg i.Br. 1995. S. 1 und 549 (zit. *Perron* in: ders., Die Beweisaufnahme).

Perron, Walter (Hrsg.)

Die Beweisaufnahme im Strafverfahrensrecht des Auslands. Rechtsvergleichendes Gutachten im Auftrag des Bundesministeriums der Justiz. Edition iuscrim. Freiburg i.Br. 1995 (zit. Perron, Die Beweisaufnahme).

Plazas, Florencia G. (Hrsg.)
Hazan, Luciano A. (Hrsg.)

Garantías constitucionales en la investigación penal. Un estudio crítico de la jurisprudencia. Editores del Puerto. Buenos Aires 2006 (zit. Plazas/Hazan, Garantías constitucionales).

Prunotto Laborde, Adolfo

Principio de legalidad. Alcances y preciciones. Revista de Derecho Penal, 2001-1, Garantías constitucionales y nulidades procesales- I, S. 358 (zit. *Prunotto Laborde*, Revista de DP 2001-1).

Rafecas, Daniel Eduardo

La "estimación" de la pena por parte del fiscal en el marco del "juicio abreviado" (ley 24.825). Cuadernos de Doctrina y Jurisprudencia Penal, Jahr VII (2001), Nr. 12, S. 443 (zit. *Rafecas*, CDJP 2001, Nr. 12).

Rieß, Peter

Die Zukunft des Legalitätsprinzips. NStZ 1981, S. 2 (zit. *Rieß*, NStZ 1981, S. 5).

Righi, Esteban
Fernandez, Alberto A.

Derecho Penal. La Ley, el delito, el proceso y la pena. Auflage unbekannt. Hammurabi. Buenos Aires 1996 (zit. *Righi/Fernandez*, DP).

Riklin, Franz	Die Strafprozessrechtsreform in der Schweiz. GA 2006, S. 495 (zit. *Riklin*, GA 2006).
Ríos, Carlos Ignacio	El temor de parcialidad como causa de recusación. La Ley 2005-E, S. 99 (zit. *Ríos*, La Ley 2005-E).
Rodríguez, Augustina I.	El sobreseimiento según la jurisprudencia. Diferencias con la sentencia absolutoria. Erschienen in: Florencia G. Plazas / Luciano A. Hazan (Hrsg.), Garantías constitucionales en la investigación penal, Un estudio crítico de la jurisprudencia. Editores del Puerto. Buenos Aires 2006. S. 395 (zit. *Rodríguez* in: Plazas/Hazan, Garantías constitucionales).
Roxin, Claus Schünemann, Bernd	Strafverfahrensrecht. Ein Studienbuch. 26. A. C.H. Beck. München 2009 (zit. *Roxin/Schünemann*, Strafverfahrensrecht).
Roxin, Claus Córdoba, Gabriela E. (Übers.) Pastor, Daniel R. (Übers.)	Derecho procesal penal. Übersetzung der 25. deutschen Auflage (1995): Strafverfahrensrecht. Editores del Puerto. Buenos Aires 2000 (zit. *Roxin*, DPP).
Saez Zamora, Daniel A. Fantini, Veronica	Reflexiones sobre la implementación de la ley 24.316 en nuestro sistema penal. La Ley 1995-D, S. 1136 (zit. *Saez Zamora/Fantini*, La Ley 1995-D).
Said, José Luis	Sobre la facultad de las provincias para reglar el principio de oportunidad en la persecución penal. La Ley 1997-F, S. 1040 (zit. *Said*, La Ley 1997-F).
Samtleben, Jürgen	Föderale Gerichtsverfassung in Argentinien und Brasilien – zwei unterschiedliche Modelle. RabelsZ 66 (2002), S. 250 (zit. *Samtleben*, RabelsZ 2002).
Schaffstein, Friedrich	Überlegungen zum Täter-Opfer-Ausgleich und zur Schadenswiedergutmachung. Erschienen in: Festschrift für Claus Roxin, hrsg. von Bernd Schünemann / Hans Achenbach / Wilfried Bottke / Bernhard Haftke / Hans-Joachim Rudolphi. De Gruyter. Berlin / New York 2001. S. 1064 (zit. *Schaffstein*, Roxin-FS).

Scherzberg, Thomas Thiée, Philipp	Die Wiederaufnahme zu Ungunsten des Angeklagten. Ein Plädoyer für Rechtssicherheit und gegen rechtsfreie Räume. ZRP 2008, S. 80 (zit. *Scherzberg/Thiée*, ZRP 2008).
Schiffrin, Leopoldo H.	*Corsi e ricorsi* de las garantías procesales penales en la Argentina (a propósito del juicio abreviado y del "arrependito"). Cuadernos de Doctrina y Jurisprudencia Penal, Jahr IV (1998) Nr. 8-A, S. 481 (zit. *Schiffrin*, CDJP 1998, Nr. 8-A).
Schönke, Adolf (Begr.) Schröder, Horst (Forts.)	Strafgesetzbuch. Kommentar. 28. A. C.H. Beck. München 2010 (zit. Schönke/Schröder, StGB).
Schroeder, Friedrich Christian	Das 29. Strafrechtsänderungsgesetz §§ 172, 182 StGB. NJW 1994, S. 1501 (zit. *Schroeder*, NJW 1994).
Schroeder, Friedrich Christian	Legalitäts- und Opportunitätsprinzip heute. Erschienen in: Einheit und Vielfalt des Strafrechts, Festschrift für Karl Peters, hrsg. von Jürgen Baumann / Klaus Tiedemann. Mohr Siebeck. Tübingen 1974. S. 411 (zit. *Schroeder*, Peters-FS).
Schroeder, Friedrich-Christian	Der Begriff der Strafverfolgung. GA 1985, S. 485 (zit. *Schroeder*, GA 1985).
Schünemann, Bernd	Der Richter im Strafverfahren als manipulierter Dritter? Zur empirischen Bestätigung von Perseveranz- und Schulterschlusseffekt. StV 2000, S. 159 (zit. *Schünemann*, StV 2000).
Schünemann, Bernd	Zur Kritik des amerikanischen Strafprozessmodells. Erschienen in: Festschrift für Gerhard Fezer, hrsg. von Edda Weßlau / Wolfgang Wohlers. De Gruyter. Berlin 2008. S. 555 (zit. *Schünemann*, Fezer-FS).
Schünemann, Bernd	¿Crisis del procedimiento penal? ¿Marcha triunfal del procedimiento penal americano en el mundo? Cuadernos de Doctrina y Jurisprudencia Penal, Jahr IV (1998), Nr. 8-A, S. 417 (zit. *Schünemann*, CDJP 1998).
Schünemann, Bernd	Ein deutsches Requiem auf den Strafprozess des liberalen Rechtsstaats. ZRP 2009, S. 104 (zit. *Schünemann*, ZRP 2009).

Schünemann, Bernd	Die Zukunft des Strafverfahrens – Abschied vom Rechtsstaat? ZStW 119 (2007), S. 945 (zit. *Schünemann*, ZStW 119).
Schünemann, Bernd (Hrsg.) Achenbach, Hans (Hrsg.) Bottke, Wilfried (Hrsg.) Haftke, Bernhard (Hrsg.) Rudolphi, Hans-Joachim (Hrsg.)	Festschrift für Claus Roxin. De Gruyter. Berlin / New York 2001 (zit. Roxin-FS).
Schwarz, Torsten Sengbusch, René	Zur Wirksamkeit von Strafanträgen minderjähriger Verletzter. NStZ 2006, S. 673 (zit. *Schwarz/Sengbusch*, NStZ 2006).
Sessar, Klaus	Wege zu einer Neugestaltung der Hauptverhandlung. ZStW 92 (1980), S. 698 (zit. *Sessar*, ZStW 92).
Sieber, Ulrich (Hrsg.) Dannecker, Gerhard (Hrsg.) Kindhäuser, Urs (Hrsg.) Vogel, Joachim (Hrsg.) Walter, Tonio (Hrsg.)	Strafrecht und Wirtschaftsstrafrecht. Dogmatik, Rechtsvergleich, Rechtstatsachen. Festschrift für Klaus Tiedemann. Carl Heymanns. Köln / München 2008 (zit. Tiedemann-FS).
Sieckmann, Jan-R. (Hrsg.)	Argumentation und politische Legitimation. Interdisziplinäre Studien zu Recht und Staat. Nomos. Baden-Baden 2006 (zit. Sieckmann, Politische Legitimation).
Sodan, Helge (Hrsg.)	Grundgesetz. Beck'scher Kompakt Kommentar. 2. A. C.H. Beck. München 2011 (zit. Sodan, GG).
Soler, Sebastián	Derecho penal argentino. Band II. 5. A. Aktualisiert durch Guillermo J. Fierro. Tea. Buenos Aires 1987 (zit. *Soler*, DP).
Statistisches Bundesamt (Hrsg.)	Justiz auf einen Blick. Onlinepublikation (www.destatis.de/jetspeed/portal/cms/Sites/destatis/Internet/DE/Content/ Publikationen/Broschueren/JustizBlick,property=file.pdf). Wiesbaden 2008 (zit. Statistisches Bundesamt, Justiz auf einen Blick, 2008).

Sternberg-Lieben, Detlev	Einstellungsurteil oder Freispruch. Überlegungen zur Rehabilitierung als zusätzlichem Zweck des Strafverfahrens. ZStW 108 (1996), S. 721 (zit. *Sternberg-Lieben*, ZStW 108).
Störmer, Rainer	Beurteilungsspielräume im Strafverfahren. ZStW 108 (1996), S. 494 (zit. *Störmer*, ZStW 108).
Struensee, Eberhard Maier, Julio B.	Introducción zu: Julio B. Maier / Kai Ambos / Jan Woischnik (Hrsg.), Las reformas procesales penales en América Latina. Ad-Hoc. Buenos Aires 2000. S. 17 (zit. *Struensee/Maier* in: Maier/Ambos/Woischnik, Las reformas).
Systematischer Kommentar zur Strafprozessordnung und zum Gerichtsverfassungsgesetz	Hans-Joachim Rudolphi / Wilhelm Degener / Wolfgang Frisch / Helmut Frister / Hans-Ullrich Paeffgen / Klaus Rogall / Ellen Schlüchter / Petra Velten / Edda Weßlau / Wolfgang Wohlers / Jürgen Wolter (Hrsg.). Loseblatt, 3. A., Stand der 64. EL (Oktober 2009). Luchterhand. München / Unterschleißheim (zit. SK-StPO, 3.A.).
Tamini, Adolfo Luis Freeland López Lecube, Alejandro	La "probation" y la suspensión del juicio penal a prueba. Comentarios a la ley 24.316. La Ley 1994-D, S. 854 (zit. *Tamini/Freeland López Lecube*, La Ley 1994-D).
Tedesco, Ignacio F.	Algunas preciciones en torno al juicio abreviado y al privilegio contra la autoincriminación. Erschienen in: Julio B. Maier / Alberto Bovino (Hrsg.), El procedimiento abreviado. Editores del Puerto. Buenos Aires 2001. S. 311 (zit. *Tedesco* in: Maier/Bovino, Procedimiento abreviado).
Transparency International	Corruption Perceptions Index 2009. http://www.transparency.org/policy_research/surveys_indices/cpi/2009/cpi_2009_table (Januar 2011).
Valdés, Ernesto Garzón	Fünf Thesen über die argentinische politische Kultur. Erschienen in: Sieckmann, Jan-R. (Hrsg.), Argumentation und politische Legitimation, Interdisziplinäre Studien zu Recht und Staat. Nomos. Baden-Baden 2006 (zit. *Valdés* in: Sieckmann, Politische Legitimation).

Vegezzi, Santiago	Juicio abreviado: Su recepción en el orden jurídico argentino. Erschienen in: Julio B. Maier / Alberto Bovino (Hrsg.), El procedimiento abreviado. Editores del Puerto. Buenos Aires 2001. S. 341 (zit. *Vegezzi* in: Maier/Bovino, Procedimiento abreviado).
Velez Mariconde, Alfredo	Derecho procesal penal. 2. A. Lerner. Buenos Aires. Band 1, 1968. Band 2, 1969 (zit. *Velez Mariconde*, DPP).
Verbitsky, Horacio	La mano de Scioli. Beitrag in der Onlineausgabe der Zeitung *Página 12* vom 19.09.2010. www.pagina12.com.ar/diario/elpais/1-153400-2010-09-19.html (Januar 2011) (zit. *Verbitsky*, La mano de Scioli, *Página 12* vom 19.09.2010 [www.pagina12.com.ar/diario/elpais/1-153400-2010-09-19.html.])
Vitale, Gustavo L.	Suspensión del proceso penal a prueba. Editores del Puerto. Buenos Aires 1996 (zit. *Vitale*, Suspensión).
Vitale, Gustavo L.	Tesis amplia de la Corte en materia de suspensión del juicio a prueba. Los casos "Acosta" y "Norverto". Nueva Doctrina Penal, 2009/A, S. 145 (zit. *Vitale*, NDP 2009/A).
Weigend, Thomas	Das „Opportunitätsprinzip" zwischen Einzelfallgerechtigkeit und Systemeffizienz. ZStW 109 (1997), S. 103 (zit. *Weigend*, ZStW 109).
Weigend, Thomas	Die Reform des Strafverfahrens. Europäische und deutsche Tendenzen und Probleme. ZStW 104 (1992), S. 486 (zit. *Weigend*, ZStW 104).
Wenzel, Joachim	Die Bindung des Richters an Gesetz und Recht. NJW 2008, 345 (zit. *Wenzel*, NJW 2008).
Weßlau, Edda (Hrsg.) Wohlers, Wolfgang (Hrsg.)	Festschrift für Gerhard Fezer. De Gruyter. Berlin 2008 (zit. Fezer-FS).
Widmaier, Gunter (Hrsg.) Lesch, Heiko (Hrsg.) Müssig, Bernd (Hrsg.) Wallau, Rochus (Hrsg.)	Festschrift für Hans Dahs. Verlag Dr. Otto Schmidt. Köln 2005 (zit. Dahs-FS).

Woischnik, Jan	Untersuchungsrichter und Beschuldigtenrechte in Argentinien. Eine kritische Würdigung des neuen Bundesstrafverfahrensrechts anhand der rechtsstaatlichen Vorgaben der Menschenrechtskonventionen. Edition iuscrim. Freiburg i. Br. 2001 (zit. *Woischnik*, Untersuchungsrichter).
Zaffaroni, Eugenio Raúl	Die bayrische Vorlage der argentinischen Strafrechtskodifikation. Erschienen in: Strafrecht und Wirtschaftsstrafrecht, Dogmatik, Rechtsvergleich, Rechtstatsachen, Festschrift für Klaus Tiedemann, hrsg. von Ulrich Sieber / Gerhard Dannecker / Urs Kindhäuser / Joachim Vogel / Tonio Walter. Carl Heymanns. Köln / München 2008. S. 1525 (zit. *Zaffaroni*, Tiedemann-FS).
Zaffaroni, Eugenio Raúl	Tratado de derecho penal. Parte general. Band V. Ediar. Buenos Aires 1983 (zit. *Zaffaroni*, Tratado de DP, B. V).
Zaffaroni, Eugenio Raúl	En busca de las penas perdidas. Ediar. Buenos Aires 1989 (zit. *Zaffaroni*, En busca).
Zaffaroni, Eugenio Raúl Alagia, Alejandro Slokar, Alejandro	Derecho Penal. Parte General. 2. A. Ediar. Buenos Aires 2000 (zit. *Zaffaroni/Alagia/Slokar*, DP).
Zaffaroni, Eugenio Raúl (Einführung) Styma, Dirk (Übersetzung)	Das Strafgesetzbuch der argentinischen Nation. Código Penal de la Nación Argentina. Gesetz Nr. 11179 vom 29. Oktober 1921 nach dem Stand vom 1. Januar 2008. Zweisprachige Ausgabe. 2. A. Schriftenreihe des Max-Planck-Instituts für ausländisches und internationales Strafrecht, Sammlung ausländischer Strafgesetzbücher in deutscher Übersetzung. Duncker & Humblot. Berlin 2009 (zit. Zaffaroni/Styma, StGB Argentinien).
Zarini, Helio Juan	Constitución Argentina. Comentada y concordada. Texto según reforma de 1994. 1. Wiederdruck der 1. A. Astrea. Buenos Aires 1998 (zit. *Zarini*, Constitución Argentina).

Centaurus Buchtipp

Felix Walther

Bestechlichkeit und Bestechung
Im geschäftlichen Verkehr
Internationale Vorgaben
und deutsches Strafrecht

Studien zum Wirtschaftsstrafrecht, Bd. 36,
2011, 338 S., br., ISBN 978-3-86226-089-7
€ 26,80

Im Jahre 2012 feiert das strafrechtliche Verbot der Korruption im Geschäftsver-
kehr seinen 100. Geburtstag. Nach einem jahrzehntelangen Schattendasein im
Nebenstrafrecht ist der nunmehr in das StGB überführte § 299 StGB beliebter
Gegenstand dogmatischer Erörterungen und rechtspolitischer Reformvorschlä-
ge. Die vorliegende Arbeit will zu dieser Diskussion einen sehr speziellen Bei-
trag leisten. Sie beschäftigt sich mit der bisher nur unvollkommen thematisierten
Frage, nach den Auswirkungen internationaler Vorgaben zur Bekämpfung der
Korruption im Geschäftsverkehr auf das deutsche Strafrecht. Die Politik hat auf
internationaler Ebene nämlich schon vor längerer Zeit vollendete Tatsachen ge-
schaffen in Form von Tatbestandsvorgaben, denen das deutsche Strafrecht letztlich anzupassen sein wird. Die Ausarbeitung der Rechtsakte gelangte erst in den
Fokus der deutschen juristischen Fachöffentlichkeit, als mit dem „Entwurf eines
Zweiten Gesetzes zur Bekämpfung der Korruption" im September 2006 die
Transformation in das nationale Recht vorgeschlagen wurde.

Die Dissertation wurde mit dem WisteV-Preis 2012 der Wirtschaftsstraf-
rechtlichen Vereinigung e.V. ausgezeichnet. Der Preis wird jährlich für die
aus der Perspektive der Praxis beste Dissertation oder Habilitation des
Wirtschaftsstrafrechts vergeben.

www.centaurus-verlag.de

Jan Friedrich Beckmann
Rechtsgrundlagen der beruflichen Weiterbildung von Arbeitnehmern
Forum Arbeits- und Sozialrecht, Bd. 37, 2012, 402 S.,
ISBN 978-3-86226-151-2, **€ 28,80**

Bastian Kiehn
Konzernbetriebsrat und Konzernbetriebsvereinbarung in der Betriebs- und Unternehmensumstrukturierung
Forum Arbeits- und Sozialrecht, Bd. 36, 2012, 264 S.,
ISBN 978-3-86226-153-6, **€ 25,80**

Moritz Koch
Dreigliedrige Standortsicherungsvereinbarungen
Forum Arbeits- und Sozialrecht, Bd. 35, 2012, 270 S.,
ISBN 978-3-86226-145-1, **€ 26,80**

Julia Anna Martlreiter
Europäisierung des vergaberechtlichen Primärrechtsschutzes bei Unterschwellenaufträgen
Europarechtliche Einflüsse und Anforderungen, Verfassungsmäßigkeit, Rechtsschutzmöglichkeiten
Aktuelle Beiträge zum öffentlichen Recht, Bd. 14, 2011, 240 S.,
ISBN978-3-86226-115-4, **€ 26,80**

Jochen Stockburger
Unternehmenskrise und Organstrafbarkeit wegen Insolvenzstraftaten
Eine Untersuchung zu aktuellen Problemen der Bestimmung der strafrechtlichen Krisenmerkmale und der Strafhaftung von AG-Vorständen und GmbH- und UG- Geschäftsführern wegen Insolvenzstraftaten
Reihe Rechtswissenschaften, Bd. 215, 2011, 364 S.,
ISBN 978-3-86226-093-5., **€ 25,80**

Bianca Schöpper
Die Systeme der progressiven Kundenwerbung unter besonderer Berücksichtigung des Multi-Level-Marketing-Systems
Reihe Rechtswissenschaften, Bd. 214, 2011, 214 S.,
ISBN 978-386226-063-8, **24,80 €**

Karl Huber
Strafrechtlicher Verfall und Rückgewinnungshilfe bei der Insolvenz des Täters
Studien zum Wirtschaftsstrafrecht, Bd. 35, 2011, 260 S.,
ISBN 978-3-86226-053-9, **€ 26,80**